品牌导向型公司及其价值链整合模式

刘 泳◎著

上海人民出版社

序　言

关于品牌，理论研究和实践研究的文章可谓铺天盖地。品牌带来的实际效益和巨大价值，已经成为企业家和经济学家的共识。如果从研究主体的角度进行分类，这些研究无非属于三种范式：企业家研究范式、市场营销学研究范式、价值链和产业链研究范式。

企业家研究范式。企业家是从实践悟性和实战需要的角度研究品牌理论，目的是市场价值的增值和利润的实现。这种研究实战性强，只要能够顺利进入这个领域，一般都能取得远大于实体价值的市场效益。但是，这种研究，缺乏理论思维的品格和特征，缺乏系统性的战略框架，层次不会高。当然，对于企业家而言，品牌研究仅仅是一种实战需要，不一定需要理论思考。中国 20 世纪 30 年代逐步形成的民族品牌就处于这种状态。当企业的运行，经过加工型企业和经营型企业的发展阶段以后，就会进入品牌型企业的运作阶段，追求企业的无形资产。品牌运作的方法可以千姿百态，但也有共性，最初往往是模仿，即对国际成功企业品牌战略的模仿；其后，逐步融入企业自身的价值系统和品味，形成企业特色；最后，经过积累和提升，成为一种具有独特价值内涵的品牌运作模式。

另外一种模式，就是直接切入品牌价值的运行。这是由于品牌型企业本身就是企业发展的一个独立阶段，这样，有远见的企业家可以直接切入品牌运作阶段，从中获取增值效益。恒源祥就属于这种运行模式。当中国大多数企业都在运作实体经济，即产品的生产和经营的时候，恒源祥却已经在成功地运作品牌，实施品牌经营策略，所以它是超前的。虽然恒源祥的品牌运作仅仅是一种广告策略，但是在产品经济时代，这种广告策划在特定的市场条件和环境下，取得了成功。企业家的研究范式缺乏理论思考和学术功力，停留在实战阶段和实践悟性的基础上。如果要把企业品牌升级为区域品牌，升级为国家品牌，这种完全实战性的品牌研究范式是无能为力的。

市场营销学研究范式。中国品牌运作的理论是从西方引进的，所以，这种理论是一种舶来品。这不仅是由于西方社会首先进入了市场经济时代，更是由于西方的分解逻辑和公理系统构成了现代科学研究的基本范式，即基于实证研究基础上的演绎系统，是现代品牌理论研究的基本逻辑。"实证"在于西方首先进入了市场经济时代，提供了品牌操作的基本模本和环境；"演绎"在于充分发挥分解逻辑和公理系统的作用，完成理论的创造。所以，西方的管理学和市场营销学，形成了完备、系统和经典的理论体系，成为当今世界品牌理论研究的主体、模板和基本范式。本书的研究便基于这方面的经典成果，本书第一章就是西方品牌理论的概述。

价值链和产业链研究范式。这是本书研究的基本视角和重点，即从企业价值链和产业链的视角进行品牌理论的研究。散见于文献杂志中的此类文章也可以看到，但是，其一，数量甚少；其二，深度不够；其三，对于经济学的思考和把握缺位；其四，缺乏哲学思考的理论抽象和归纳。也就是说，从企业品牌导向型角度研究价值链、产业链的整合，在国内尚没有引起足够的重视，是一种空缺。那么，为什么本书要从价值链和产业链视角研究品牌理论呢？这是因为：(1)品牌是企业的品牌，如果不能从企业运行的全方位角度进行相关研究，而仅仅停留在营销学范畴，不可能对企业品牌价值和特点有一个全局性的把握。所以，从企业理论和经济学范畴对品牌理论进行研究，有其内在的必然性。(2)品牌作为企业价值系统的市场表达，实际上是企业内在经济逻辑和经济规律的外在表现，即内在价值系统的外溢。所以，不从价值链视角进行研究，不从经济学范畴进行研究，不可能对品牌的内在价值进行有效把握。(3)在现代经济运行的格局下，产业链已成为企业具体运行的基本环境，品牌作为企业的无形资产，必定外溢为整个产业链的市场功能和效应。所以，缺乏产业链视角的研究，不可能从较高的维度把握企业的品牌价值。基于产业链视角的研究是企业品牌理论研究的深化和系统化。(4)品牌的本性乃企业内在价值的系统构架，所以，品牌的形成是对企业具体经营活动和品牌价值理论抽象的结晶，由此，缺乏哲学思辨逻辑的抽象，品牌研究就难以达到预期目标。(5)品牌作为企业的一种经营性知识系统，属于企业观念层文化和经营层文化的范畴。所以，没有文化学视野的思辨逻辑和伦理意识，也不具可行性。

由此可见，品牌具有多维度的价值系统，必须由相关的理论进行研究和匹配。品牌作为企业的品牌，是企业价值链的市场表达，必须具备经济学理论和企业经济学知识；品牌是产业链构架上的企业品牌，没有产业链思想及其整合和升级理论，难以胜任；品牌的市场表现是盈利力，缺乏市场营销理论和实际操作能力也不具可行性；品牌作为企业的无形资产，必须在实体价值升格的基础上抽象和发展，所以没有质量意识、工匠精神、契约意识、服务精神和社会责任心，是无法研究的；品牌作为一种经营性知识系统，是企业内在文化资源的市场表达，不懂核心竞争力理论，不懂核心竞争力的层次结构理论，是不行的。由此可见，品牌理论的研究，之所以在全价值链和全产业链范畴内成果平平，就是因为它对知识结构有多维度的需要。这里涉及:经济学、管理学、市场营销学、哲学、文化学;以及价值链、产业链、供应链等相关的理论和知识;在方法论层面,不仅要求实证分析、分解逻辑、公理系统、数理结构模型构架等为基础,并且还必须具备东方式抽象思维、类比逻辑和伦理考量,等等。由此可见,没有必要的理论储备和实践悟性,不可能进行全价值链和产业链的品牌研究。

阅读本书的启示。本书能够给予企业家的启示是:

第一,本书把价值链理论和品牌理论结合起来进行研究,从而把企业经济学的两大板块整合起来,提供了一种基于价值链整合范畴基础上的品牌运作模式。这样,有利于品牌运作直接切入企业运行的整体结构,这样的理论模型,适合企业家从全局角度对于品牌理论的研究和把握,这是市场营销学范畴品牌理论难以比拟的。

第二,本书以价值链为纽带,把品牌理论的研究延伸到产业链整合的各个环节。这样,就把品牌理论的研究与企业经济学、产业链框架、营销学和战略学等理论整合起来,帮助企业家掌握如何从全产业链的角度研究企业的品牌。显然,这有利于企业家对于整个产业链的掌控和管理。

第三,帮助企业家建立自已的品牌策略。本书"后记"部分,在对全书内容进行高度提炼和总结的基础上,归纳了品牌导向型公司运作模型的理论要点和逻辑思路。这,有利于企业家直接掌握和研究相关的理论和要点,同时结合企业的实际情况,创新企业自身的品牌理论和框架,实施品牌战略。

第四,实战方案的引领。随着中国由制造大国向品牌大国的转变,成功的企业都会面临品牌创建的需求。本书展现的品牌导向型公司品牌模型的建立,提供了企业运作品牌模式的具体路径和方法,为企业创建品牌导向型公司提供了有效的思维逻辑和操作模型。

第五,运用知识系统解决实际问题的能力。品牌研究和策划是一个综合性的课题，它必须动用相关知识系统来解决。但是，理论工作者往往只是某一个领域的专家，难以涉及其他领域的专业知识；品牌理论的研究之所以长期滞留于营销范畴，同这种知识结构的缺失有直接的关系。本书的阅读可以帮助读者感悟该著作在这些方面的研究成果，学习如何整合知识结构以解决实际问题的能力。

本书是在博士论文基础上修订而成的，作者刘泳是我的博士生、高校教师。她是经济学、管理学、市场营销和企业伦理学等课程的授课老师；并且多次参与企业战略、企业文化、企业品牌、企业人力资本理论和CIS项目的研究、策划，因而，对于企业运行的实践具有不亚于企业家的感悟能力。也就是说，在理论和实务方面，作者已经具备从价值链、产业链角度研究企业品牌的基本条件。由于研究视角的独特和理论演绎的科学，本书受到了相关专家的高度认可，被认为是从价值链和产业链视角研究品牌理论的有效尝试。为了便于企业家的阅读，作者对论文又作了通俗化的修改；同时，增加了大量案例，目的在于更好地实现理论和实践的结合。但是，即便如此，本书有的章节还是比较深奥，特别是涉及数学模型的内容，需要相关的专业知识。当然，作者能够把每一章节的要点归纳出来，再用案例注释相关理论，就可以有效提升阅读效果。

在中国经济转型的关键时期，需要大量具有实际指导价值的理论成果和操作案例，本书提供了一个有效的范式。如果中国的博士论文研究，都具有实际操作价值和指导意义；那么，中国的经济转型，中国的企业转型，中国的文化创新，中国的社会转型，就不会再缺少思想武器和理论储备。

陈荣耀

2018 年 5 月

前　言

作为经济总量位居世界第二的国家，我国世界级知名品牌的拥有量明显不足。从制造大国转变为品牌强国，是实现产业升级的一条重要路径。改革开放四十年，我国成功地嵌入全球产业链，从事的环节主要是加工制造。要在全球价值链中获取更多的利润，必须提升技术贡献率和品牌贡献率。作为新兴的发展中国家，劳动密集型的传统产业是我国国民经济的主体。传统产业大多由购买者驱动，产业的转型和升级更多地依赖品牌贡献率的提升。

品牌资产凝结了企业多年持续创新、科学管理、卓越品质、优良服务和企业文化，作为一项重要的无形资产，在市场导向日益深入人心、产品更新换代速度不断加快的经营环境下，能够持久而有力地维系良好的顾客关系，通过品牌溢价和销售增长显著增强企业的盈利能力。

信息技术的快速发展，使基于用户体验的口碑传播变得日益便捷和高效，产品和服务的内在价值变得透明和可视化，品牌价值创造越来越依赖于产品和服务价值的提升。由此，品牌价值与产品和服务价值的一体化管理已成为当代品牌管理至关重要的主题。

基于上述背景，本书对品牌导向型公司及其价值链整合模式展开理论和应用研究。与其他品牌资产创建模式不同，品牌导向型公司将品牌作为公司战略的核心，强调运用品牌推动业务决策和公司运营，实现品牌愿景成为公司所有的努力和资源的投入导向。品牌导向以更加积极和深思熟虑的方式聚焦于品牌开发。本书以价值链为主要的分析工具，意在揭示品牌导向型公司品牌价值与公司价值的一体化管理的模式和机制。

在揭示品牌的战略价值的基础上，本研究首先探讨了品牌导向型公司的内涵及其演进过程。本书认为，品牌导向的本质是一种竞争战略导向。品牌导向是一种更为具体的市场导向，公司通过创建顾客关系资产将内部的资源能力和外部市场联系在一起，使公司获得了长期影响市场的力量。然后，以品牌导向的价值链模型为分析工具，本书深入探讨了品牌战略导向和品牌核心价值导向两种导向作用的内在机理。品牌战略导向要求公司围绕品牌资产的创建和利用来决定资源的交易和组织方式，通过构建高效的价值链来实施品牌战略；品牌核心价值导向要求公司以品牌核心价值作为价值信号，引导资源在价值活动中的配置，保证创造的差异化价值符合品牌的诉求。其次，本书重点分析了品牌导向型公司实施一体化管理的价值链整合模式。本书认为，构建有效的品牌导向的价值链整合模式，必须从品牌导向型公司的价值战略出发，以品牌为关系纽带，在战略层面、文化层面和运营层面实施集成管理，追求协同效应。进一步地，运用品牌导向的价值链模型，对品牌导向的价值链内部整合、价值链纵向整合和价值链横向整合的不同模式进行具体分析，揭示了不同价值链整合模式的整合内容、整合特点和整合动因。为了深化对品牌导向的价值链整合模式的探究，本书通过构建委托代理模型，对品牌导向的零售商与代工厂商的价值链整合、品牌制造商和特许经销商的价值链整合以及虚拟品牌运营商和制造服务商的价值链整合三种典型的价值链纵向整合模式进行量化分析，揭示了品牌溢价能力、品牌影响需求的效应系数对合作机制的影响。

最后，基于对华东地区制造公司的调查数据，通过结构方程模型，验证了品牌导向、价值链整合对品牌权益和公司绩效的影响，揭示了品牌导向型公司高增值的源泉。

刘 泳

2018 年 5 月于上海

目录

绪 论

第一节 产业升级、公司转型与品牌贡献率

改革开放四十年，中国已成长为经济总量位居世界第二的工业大国。但与制造大国地位不相称的是，我们缺少具有国际竞争力的大公司和知名品牌。全球知名品牌拥有量是一个国家经济实力和文化影响力的重要指标。过去四十年，我们成功地嵌入全球产业链，但从事的环节主要是低端的加工制造。据商务部数据显示，2010 年中国出口公司平均利润率为 1.47%，2011 年 1—2 月，进一步下降到1.44%。*2013 年，商务部对重点联系的 1 000 多家企业的问卷调查表明，这些企业的平均出口利润率不足3%。**而 2013 年商务部抽样调查统计显示，参与调查的 630 家企业自有品牌出口平均利润率达到了12.4%。***

* 引自 2011 年 4 月 25 日举行的“2011 年跨境人民币结算——支持公司跨境贸易和投资金融服务论坛”上，商务部财务司处长袁晓明的报告。

** 商务部：逾八成重点出口企业冀人民币汇率稳定，搜狐新闻，2013-6-18（http://news.sohu.com/20130618/n379171372.shtml）。

*** 2013 年商务工作年终述评之十四：加强品牌建设 加快培育外贸竞争新优势，商务部新闻办公室，商务部官网，2013-12-24（http://www.mofcom.gov.cn/article/ae/ai/201312/20131200437280.shtml）。

中国产品在国际市场上是“低价”的代名词，在获取微薄利润的同时，还不断遭遇国外的反倾销制裁。从反倾销的立案调查数量看，我国是世界上遭遇反倾销立案调查最多的国家，国外对华反倾销调查数由1995年的20起发展到2009年的75起，占全球反倾销发起总数的比重由1995年的12.73%上升到2009年的17.16%。[1]据商务部数据显示，至2016年，中国已连续21年成为反倾销最大的目标国。

制造能力与产品质量的提升为我国经济体的转型提供了坚实的基础。中国的经济和企业已进入转型的关键时期，随着我国制造成本的上升，一些公司在高成本和低价格的双重挤压下逐步退出市场，一些公司则在变革和转型中寻求突破。产业升级和公司转型不仅依靠技术进步，品牌在其中也发挥着越来越重要的作用。品牌资产凝练了公司多年持续创新、科学管理、卓越品质、优良服务和公司文化，作为一项重要的无形资产，在市场导向日益深入人心、产品更新换代速度不断加快的经营环境下，能够持久而有力地维系良好的顾客关系，通过品牌溢价和销售增长显著增强公司的盈利能力。

我国作为新兴的发展中国家，劳动密集型的传统产业是国民经济的主体。这部分公司的转型和升级，不能仅仅依靠技术进步的力量，品牌对产业升级的贡献度显得更为重要。根据格雷菲等人(Gereffi et al., 1994)[2]提出的全球价值链理论，全球商品链的运行可分为生产者驱动和购买者驱动两种模式；与生产者驱动主要依赖投资和技术不同，购买者驱动主要依赖渠道和品牌，大型零售商和品牌商是购买者驱动型价值链最主要的驱动者。购买者驱动的价值链条大多是如鞋业、服装、自行车和玩具等劳动密集型的传统产业(Gereffi, 1999)。[3]因此，品牌在我国产业升级过程中具有重要的促进作用。

“微笑”曲线表明，价值链的不同分工环节，增值能力不同(如图0-1所示)。其中，研发、设计、市场营销、品牌等在价值链中可以获取较高的附加值。目前,从总体上看,我国品牌在国际竞争中处于追赶和从属地位,自主品牌出口不足10%。[4]从贴牌加工(OEM)到参与品牌设计的制造商(ODM),再到拥有完全的自主品牌(OBM),在产业升级的道路上,我国品牌具有很大的发展空间。

品牌创建和技术进步是促进产业升级的必由之路。2016年6月,国务院办公厅印发《关于发挥品牌引领作用推动供需结构升级的意见》,认为在消费结构不断升级的当下,发挥品牌引领作用,是今后一段时期加快经济发展方式由外延扩张型向内涵集约型转变、由规模速度型向质量效率型转变的重要举措。国务院同意,自2017年起,将每年5月10日设立为"中国品牌日"。旨在通过大力宣传知名自主品牌,提高自主品牌在中国乃至全球的影响力和认知度。

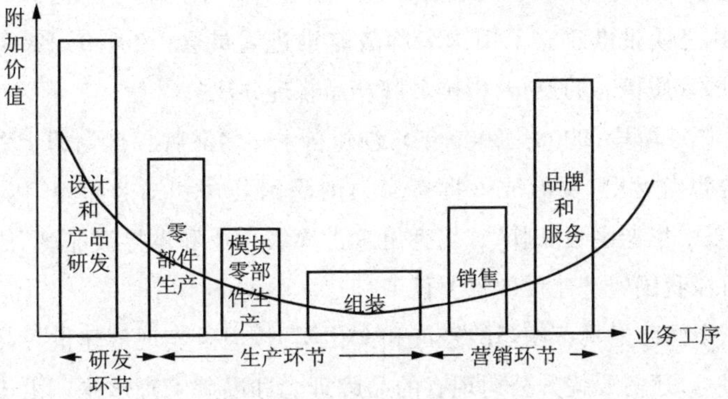

图0-1 价值链增值微笑曲线图[5]

第二节 我国品牌建设的发展阶段及品牌管理中的主要问题

商务部的《中国品牌发展报告(2008—2009)》将改革开放三十年间我国的品牌建设划分为三个阶段。

第一阶段(1978—1991年):以商标促品牌。《中华人民共和国商标法》的正式出台促进了中国公司以注册商标为标志的品牌建设行动。该阶段我国品牌建设基本处于启蒙状态。由于处于买方市场,公司间的竞争并不激烈,公司和消费者对品牌的价值都缺乏真正的了解。

第二阶段(1992—2002年):实施名牌战略。随着改革开放的深入,国际品牌开始进入中国市场,这带来了全新的品牌理念和品牌运作方法,逐步占领中国市场。大批民族品牌在竞争中败落。同时,我国居民收入不断增长、中产阶层的出现,也使消费者的品牌意识逐步确立。品牌的价值和竞争优势在市场中得到彰显,我国政府和公司开始大力推进名牌战略。1997年,国家经贸委和国家质量技术监督局联合发布了《关于推动企业创名牌产品的若干意见》;2001年,国务院批准建立了中国名牌战略推进委员会;2001年12月29日,国家质检总局发布《中国名牌产品管理办法》。

第三阶段(2003—2009年):创建自主知名品牌。自党的十六大报告明确提出"要形成一批有实力的跨国公司和知名品牌"以来,"振兴中华老字号品牌"、"培育更多世界级企业和世界级品牌"成为现阶段我国经济建设的重要任务。

中国已经具备相当的经济和文化实力,但要实现创建世界品牌的目标,还需要提升公司现有的品牌理念和品牌管理水平。由于品牌管理水平的落后,一些公司创建品牌的努力和付出并没有收到预期的效果,品牌创建的低效率成为普遍的现象。

工丽华[6]将问题总结为企业对品牌形象缺乏长期管理意识和管理思路。一些企业将知名度与品牌形象相混淆,对品牌形象缺乏最基本的认知和规划;一些企业的营销策略组合与品牌形象之间缺乏必要的联系;一些企业则以短期的市场驱动因素,如当前的消费需求和竞争对手策略,作为管理品牌形象和定位的基础。

商务部的《中国品牌发展报告(2008—2009)》从六个方面系统地总结了我国当前的品牌管理问题:(1)品牌尚需夯实质量基础;(2)品牌定位不明确;(3)品牌策略不够清晰;(4)将品牌战略简单等同于品牌知名度;(5)品牌战略实施与其他相关战略实施相脱节;(6)品牌运作未能上升到战略层面。

品牌创建是个系统工程,创建世界知名品牌更需要投入长期而艰巨的努力。上述问题是创建自主知名品牌的障碍,而这些问题的产生都直接或间接与企业缺乏品牌的战略导向相关。因此,本书决定对品牌导向型公司展开研究。品牌导向型公司这一概念最早由玛特·阿德(Mats Urde)[7]在1994年提出。通过对美国法玛西亚(Pharmacia)公司力克雷(Nicorette)业务单元历时四年的调研,他提出品牌导向型公司的最初的管理模型,并激发了一系列学者对品牌导向型公司持续的关注和深化研究。品牌导向型公司最大的特点是,品牌不只是公司战略的一部分,而是公司战略的核心。在品牌愿景的推动下,公司将品牌战略和业务战略有效融合,积极地运用品牌推动业务决策和公司运营。

目前,国内关于品牌导向型公司的研究尚属于起步阶段,本书希望能通过学术上的探讨,推动品牌导向型公司的管理思想和管理方法在我国的应用和发展。

第三节　本书的目的与意义

目前,我国处于由"制造大国"向"品牌强国"转型的关键阶段,现有的制造水平以及经济、文化实力为我国培育自主知名品牌提供了必要的基础,但相当多的公司还缺乏先进的品牌管理理念和管理方法,尤其缺少创建品牌的战略导向。品牌导向型公司的成功实践，为创建自主知名品牌提供了一种有效的管理模式。与品牌领导模式、品牌资产管理模式不同，品牌导向模式在国内还没有引起足够的关注。本书将品牌导向型公司作为研究对象，对其管理模式进行深入的探讨。

综合前人的文献研究，基于供应链一体化运作背景，本书从企业的价值系统出发，重点解决以下四个方面的问题。

(1) 品牌为什么可以成为公司战略的核心要素？现有文献指出了品牌要素与公司战略要素之间的联系，但缺少对品牌战略价值的系统分析，因而导致人们对品牌导向型公司的内涵的认知缺乏深度。

(2) 对品牌推动公司业务决策和公司运营的过程进行深入的揭示。已有文献对创建品牌的研究主要集中在无形资源(信息和知识)的整合这一范畴，运用品牌价值链可以对这一整合过程展开分析。品牌导向型公司实现了品牌价值与公司价值的一体化管理，对品牌推动公司业务决策和公司运营过程的分析涉及无形资源与有形资源之间的整合，超出了品牌价值链的分析范畴，需要创建新的价值链分析工具。

(3) 供应链一体化的背景下，对品牌导向的利益相关者关系的构建是需要关注的新研究领域。创建品牌的战略导向要求品牌战略必须有助于利益相关者利益的最大化，因此品牌创建的外向过程涉及与上下游多种利益相关者的关系问题。

(4) 供应链一体化背景下，价值链整合能力在品牌导向型公司中的作用更加凸显。相关文献强调了职能间协调、整合营销传播在战略导向的品牌创建模式中的重要性。对于品牌导向型公司而言，在创建品牌的外向过程中还要强调与其他利益相关者之间的协调，即必须具有对整个价值链系统进行整合的能力。品牌导向、价值链整合对公司绩效的影响机制有待揭示。

本书对以上四个方面进行深入探索，通过对品牌导向型公司价值系统的深入剖析，揭示其高增值的源泉。这一研究对完善品牌导向型公司的管理模式和运营体系具有理论意义。在创建自主知名品牌阶段，对我国公司实施战略导向的品牌管理、提升公司品牌创建能力，亦具有指导作用。

我国目前有相当多的公司，将创建品牌资产作为核心战略。但知名品牌的创建需要长期的、大量的投入，由于资源的限制，这些公司常常遇到在品牌投入和其他管理目标之间产生的冲突，从而阻碍了公司品牌战略的推进。品牌导向的公司管理模式可以使公司品牌战略与业务战略协同推进，可以为创建品牌核心资产提供有效的资源支持和运作保证。希望本书对我国创建世界知名品牌、提升品牌对经济增长的贡献度、顺利地实现产业转型产生参考作用。

第四节　本书的主体结构与内容

本书由七个相互关联的逻辑部分所构成。

（1）绪论

说明研究问题的形成、研究的目的与意义、研究的内容与方法，同时对国内外品牌管理理论、品牌资产创建的研究现状和研究成果进行梳理。

（2）品牌导向型公司的内涵和演化

在系统地揭示品牌的战略价值的基础上，通过分析顾客导向、市场导向到品牌导向的演进过程，揭示品牌导向型公司的内涵。进一步地，从理论和实践两个角度说明了品牌导向型公司的产生背景。

（3）基于价值链的品牌导向的机理研究

在分析品牌支持系统构成的基础上，构建了品牌导向的价值链模型，重点分析了品牌在价值链中的两种导向作用——品牌战略导向和品牌核心价值导向，深入地揭示了两种导向的作用机理。

(4) 品牌导向的价值链整合模式的构建

首先，从战略、文化、运营三个维度分析了价值链整合的内涵；其次，在分析价值链整合的一般关系模式的基础上，运用品牌导向的价值链模型，对品牌导向的价值链整合的三种模式(价值链内部整合、价值链横向整合、价值链纵向整合)进行了具体的分析。

(5) 品牌导向的价值链纵向整合模式的委托代理机制

运用委托代理模型，对品牌导向的价值链纵向整合模式中的关系构建进行量化分析。建立了品牌零售商与代工厂商的委托代理模型、品牌制造商与加盟经销商的委托代理模型以及虚拟品牌运营商与制造服务商的委托代理模型，探讨品牌导向的价值链纵向整合模式的最优契约的设计，并进一步分析品牌溢价能力与品牌效应系数对关系契约的影响。

(6) 品牌导向、价值链整合对公司绩效的影响机制

运用实证研究方法，通过构建结构方程模型，对华东地区品牌公司的问卷调查数据进行分析，揭示品牌导向、价值链整合对公司绩效的影响机制，明确品牌资产(品牌权益)在其中的中介作用。

(7) 结论与建议

对上述研究进行总结，提出有价值的研究结论；对本成果的实践运用提出建议，对本论题的深化研究提出设想。

第五节　本书的新视野

本书围绕品牌导向型公司的价值链整合模式进行深入研究，创新点主要有以下五点：

(1) 对品牌的战略价值进行了系统的阐述,说明了品牌可以成为公司战略的核心。基于符号学思想,构建了品牌的符号系统与公司价值系统的一体化模型,并在此基础上,概括和总结了品牌在价值链中的增值作用。

(2) 基于价值链视角,对品牌导向型公司的价值系统进行剖析,揭示其品牌价值系统与公司价值系统的一体化运营模式。首次构建了品牌导向的价值链模型,将品牌导向的价值链整合的范畴由品牌价值链(虚拟价值链)扩展到品牌价值链与品牌支持系统之间的整合。并以品牌导向的价值链为工具,对品牌导向的价值链整合模式进行了分析。

(3) 探讨了品牌在价值链中的导向作用,将品牌导向的作用概括为“品牌战略导向”和“品牌核心价值导向”,并进一步剖析了两种导向的作用机理。创新性地运用“质量功能展开(QFD)”对品牌核心价值导向的作用过程进行量化分析,揭示了品牌核心价值引导公司资源配置的作用机理,也为公司实施品牌核心价值导向提供了运作和控制手段。

(4) 针对品牌导向的纵向价值链整合模式的特点,同时考虑品牌在供应链不同环节的溢价、品牌对市场需求的影响等品牌效应,构建与不同的整合模式相对应的委托代理模型,探讨最优契约的设计以及各种品牌效应对契约设计和努力水平的影响。

(5) 对品牌导向与公司绩效之间的关系进行实证研究。将价值链整合能力作为创建品牌权益的一项重要能力,扩展了品牌导向的业务协调范围,验证了品牌导向、价值链整合能力与品牌权益和公司绩效之间的关系,并进一步验证了品牌权益在品牌导向、价值链整合与公司绩效关系中的中介作用。

第一章　品牌管理理论：从品牌化到品牌创建

第一节　品牌化

美国市场营销协会对品牌的定义，反映了对品牌的作用和品牌化的传统理解。美国市场营销协会认为，品牌是一个“名称、专用名词、标记或设计，或是将上述综合，用于识别一个销售商或销售商群体的商品或服务，并且使它们与其竞争者的商品或服务区分开来”。类似地，Lynn B. Upshaw[8]在《塑造品牌特征——市场竞争中通向成功的策略》一书中将品牌定义为：名称、标识和其他可展示的标记，使某种产品或服务区别于其他产品或服务。传统的对品牌的定义表明，品牌只具有单一的作为识别符号的功能。基于上述传统理解，Keller[9]评论道：“技术上讲，在那一时期，当一个营销者为某一新产品创立一个新名称、标识或符号的时候，他就已经创立了一个品牌。”他认为，品牌今天的内涵要比那时丰富得多。

在传统的“品牌化”管理阶段，品牌只是销售产品的营销过程的一个步骤，品牌管理隶属于营销部门的职能范畴。Kapferer[10]描述了品牌对产品销售的促进作用，认为，“品牌是面向外部的一种信号，其功能是揭示产品的隐含的、顾客难以接触和了解的质量水平”。Kotler[11]评论说，那时的品牌化“只是产品战略中的一个主要问题”。由于品牌只是产品的一部分，品牌沟通的目的就是为了使品牌更多地曝光以及创造品牌形象。这种情形下，大多数公司认为，聚焦于最新的和大型的广告战役意味着聚焦于品牌。[12] Aaker和Joachimsthaler[13]认为，传统的品牌化模式的目标只是为了创建品牌形象，作为单一的战术要素很容易引起公司的一系列短期化的行为。

传统的品牌管理与品牌作为识别信号的职能定位相对应，品牌管理者不需要由管理高层担任，其主要的职能也是聚焦于单一市场上单一产品或品牌的短期市场绩效。其中，典型的就是品牌经理制。品牌经理制的要点是：(1)公司为其所辖的每一子品牌都专门配备一名具有较强组织能力的品牌经理；(2)品牌经理对其所负责品牌的产品开发、产品销售以及产品的利润负全部责任；(3)品牌经理统一协调产品开发部门、生产部门及销售部门的工作。传统的品牌管理者的目标就是协调制造和销售部门的工作，以解决关于销售和市场份额的任何问题。这种管理模式通常是策略和反应性的而非富有战略和远见。

第二节　品牌资产创建的主要理论

Kapferer描绘了20世纪80年代前后对待品牌的不同方式，“80年代前，企业希望购买一家巧克力或意大利面条的制造商；80年代后，企业希望购买Kitkat或Buitoni这样的品牌制造商。前后的两种态度有着重要的区别，前者是想购买生产能力，而后者是想在消费者意识中占有一席之地”。这一过程反映了传统的以“品牌化”为内容的品牌管理，向战略性的品牌资产创建的转变。

在新的阶段，品牌已被赋予信号识别外的更多的内涵和职能。一种观点认为，品牌反映了产品或企业与顾客的关系。唐·舒尔茨(2005)[14]认为，“品牌其实是相当简单的。品牌是用来界定买者和卖者之间关系的，而这种关系又可以通过多种形式表现出来”。联合利华董事长 Michael Perry 认为，品牌是消费者如何感受一个产品，它代表消费者在其生活中对产品与服务的感受而滋生的信任、相关性与意义的总和。Scott M.Davis[15]认为，品牌代表了一系列的承诺，它意味着信任、始终如一和明确的期望值。

“品牌关系说”表明品牌在顾客的心目中具有了经济价值。Baldinger 和 Rubinson[16]认为，品牌之所以有价值，是因为它对消费者有价值，反映消费者根据自身需要对某一品牌的偏爱、态度和忠诚程度。Kapferer(1997)从帮助顾客选购产品、降低感知风险和给顾客带来愉悦感三个层面总结了品牌给顾客带来的利益。张曙临(2000)[17]认为，从本质上看，品牌价值构成的任何一个部分都有两个来源，即企业来源与消费者或顾客来源。品牌价值由成本价值、关系价值与权力价值三部分构成。

对品牌价值的深入认知使品牌开始成为企业重要的资源和无形资产。Alexander L.Biel[18]认为，品牌资产是一种超越生产、商品及所有有形资产以外的无形资产，其带来的好处是可以预期未来的进账远超过推出具有竞争力的其他品牌所需的扩充成本。所以品牌化和品牌建设应该围绕品牌价值和品牌资产的开发。

20 世纪 90 年代，品牌管理由品牌化进入战略性的品牌创建阶段，有影响的品牌管理理论是“品牌资产理论”。“品牌关系理论”反映了品牌资产理论研究的深化和进展，“品牌整合营销理论”则揭示了构建品牌关系、创建品牌资产的方法和手段。品牌资产理论体现了 90 年代以后品牌管理由注重营销传播的战术型管理向注重一体化整合的战略型管理的转变趋势。管理者开始在更高的层面和更广阔的范围内思考品牌管理问题。

一、品牌资产的内涵和研究视角

20 世纪 80 年代,美国学术界提出了品牌资产(Brand Equity,又称品牌权益)的概念,并迅速得到了学术界和实业界的广泛关注。

张峰[19]按照研究对象和测量模式的不同,将品牌资产的概念内涵归为两类,(1)基于企业层面的市场或者财务视角;(2)基于顾客层面的认知和关系视角。在早期,对品牌资产的认识主要集中在品牌的财务价值,关注品牌的货币价值,即无品牌产品冠上品牌时所产生的价格溢价,或是当企业出售、合并或旗下部门转售时由市场所评估出的品牌货币价值。[20]凯勒(Keller, 1993)[21]提出了基于顾客的品牌资产概念(customer-based brand equity,简称 CBBE),Keller 从消费者观点来定义品牌,认为品牌资产就是品牌知识对于消费者对品牌营销的反应所产生的影响作用。品牌知识由品牌知名度和品牌形象组成。Donna F.Davis[22]认为消费者市场的品牌资产只提供了企业品牌权益的部分解释。品牌资产具有两个维度:消费者导向的品牌资产与交易导向的品牌资产。按照 Keller 对消费者导向的品牌资产的定义,交易导向的品牌资产是由交易伙伴对企业市场行为的反应所导致的品牌的差别化的影响。由此,顾客的内涵由消费者扩展至广义顾客的范畴。

王海忠等[23]认为,顾客基础的品牌资产是品牌资产研究领域过去 20 多年的一个分水岭。经典的顾客基础的品牌资产理论有 Aaker 模型(1992[24], 1996[25])和 Keller(1993)模型,均是采用认知心理学这一主流的研究范式。近年来,随着品牌资产理论研究的深化,越来越多的学者开始将品牌关系的研究范式引入品牌资产的研究。认知心理学研究范式主要关注品牌资产的形成原因和过程,从个人心理层面探讨顾客对品牌的认知方式以及顾客对品牌的认知过程、认知结构引发的品牌态度和行为。品牌关系研究范式更强调顾客与品牌之间的互动，通过研究和设计广义的、多视角的品牌关系来创建品牌资产。采用品牌关系研究范式来研究品牌资产创建的相关理论构成了品牌关系理论。

二、品牌关系理论

品牌关系是品牌和消费者的互动过程，是理解品牌资产创建的一种新方法。Kevin Lane Keller 以顾客为基础的品牌资产理论指出，品牌资产创建须经前后有序的四个步骤：品牌识别→品牌含义→品牌反应→品牌关系。品牌资产的本质就是一种关系资产。

品牌与消费者的关系是品牌关系研究的主要范畴。Susan Fournier(1998)[26]发展了消费者研究中的关系理论，讨论了关系主张在消费者—品牌情景中的有效性，提供了一个更好地理解消费者与品牌联结的关系类型框架，并对品牌关系质量进行了探讨。在品牌关系理论研究中，该文具有奠基性的意义，被认为是一篇经典文献。

一些学者将品牌关系的互动主体的范畴进一步扩展，研究涉及品牌与品牌之间的关系（品牌关系光谱）、消费者与消费者之间的关系（品牌社区）、品牌与利益相关者和环境的关系（品牌生态），品牌的关系研究由此进入了广义的品牌关系理论阶段。在品牌战略中，其他利益相关者（如政府、媒体、投资者等）或相关品牌（如企业中其他品牌、供应链中上下游品牌、合作品牌）也会对品牌创建产生积极的影响。

David A. Aaker(1998)[27]在《创建强势品牌》中明确提出了基于单个企业品牌系统的“品牌群”概念，指出这是一个认识品牌的全新角度。在之后出版的 *Brand Portfolio Strategy*[28]一书中，Aaker 对“品牌群”进行了更为详细的讨论，提出了品牌关系光谱的模型，详细说明了品牌组合的架构以及各品牌的范围、职能和相互关系。品牌战略组合的目标是在组合内部实现协同效用、杠杆作用和清晰化,创造出相关的、差别化的和充满活力的品牌。在品牌关系光谱中,根据企业中不同品牌之间相互关系的亲密程度,品牌可以划分为多品牌集合、被担保品牌、子品牌、品牌化集合体几个类别,它们构成了一个连续的光谱形态。品牌组合战略使我们认识到,企业中不同的品牌不应被孤立对待,应该从战略的高度来看待和处理品牌与品牌之间的关系。

Duncan et al.(1998)[29]认为塑造、维护和强化品牌关系已经成为过程论营销的核心问题。基于Moore(1996)的"商业生态系统演化理论",Gummesson(1992)的"想象结构"观点,Normann和Ramirez(1993)的"价值星座"理论,Duncan提出了"价值范畴"的概念。"价值范畴"表示企业品牌是通过企业的业务、生产、销售、营销、行政、后勤等职能活动分别与外部的顾客、媒体、政府人员、原料供应商、投资者和经销渠道等发生关系的。"价值范畴"说明品牌资产是这些众多关系组合而成的结果,并提出了由不同品牌关系的集合形成品牌资产的一个等式:沟通→品牌关系→品牌支持度=品牌资产。

1999年,美国学者安格尼斯嘉·温克勒(Agnieszka Winkler)[30]在其著作《快速建立品牌:新经济时代的品牌策略》中提出并系统探讨了"品牌生态系统"的概念和管理问题。品牌生态系统是一个品牌与品牌产品、品牌拥有企业、公司股东、供应商、最终顾客、中间商、竞争者、金融机构、大众媒体、政府、社会公众、相关公司,以及品牌生态环境(包括社会、经济、文化、自然环境)等所组成的人工生态系统。品牌生态管理就是对整个生态系统的管理。

张燚(2004)[31]把由品牌(产品)—顾客关系决定的品牌关系称为"传统品牌关系"。该关系说片面强调了消费者的作用,而忽略了其他利益相关者(如职员、经理、股东、大众、金融机构、政府、社区等)、相关品牌(如供应商品牌、中间商品牌、竞争者品牌等)等要素对品牌创建的影响。他认为，品牌应该是所有利益相关者合力的结果，任何一方的缺失对于品牌存在来说都是不完整的。相对于“传统品牌关系”，张燚提出生态型品牌关系的概念，并对两者进行了比较（如表1-1所示）。

表1-1　传统品牌关系与生态型品牌关系的主要特点比较

比较项目	传统品牌关系（物理型品牌关系）	生态型品牌关系（品牌生态关系）
思维基础	基于物理视角，遵循机械论观点	基于生态视角，循环开发，系统观点
关系要素	品牌与顾客之间的关系	品牌与相关品牌、利益相关者、资源和环境之间关系的结合
品牌塑造手段	注重利用广告、促销等线性关系手段	品牌讯息的传递方式是立体网络式
品牌塑造责任	营销、销售或客户服务部的责任	所有职能部门和全体员工的整体努力
品牌关系管理	主要软件管理（如品牌文化、品牌识别传播、品牌精神等）	注重对软件和硬件（整合、协调公司各单元并保证策略一致）的有机并行
品牌塑造目标	商品交易、追求短暂的胜利	着眼于长远经营和谐的品牌关系
品牌属性	品牌是印在产品包装上的名称和商标	品牌存在于利益相关者的心中和想法中，真正拥有者应该是利益相关者

三、品牌整合营销

20世纪90年代，整合营销传播理论得到了学术界和实业界的关注。作为整合营销传播理论（IMC）发源地的美国西北大学梅迪尔新闻学院的研究组认为：IMC是把品牌等与公司的所有接触点作为信息传达渠道，以直接影响消费者的购买行为为目标，是从消费者出发，运用所有手段进行有力传播的过程。公司整合营销传播的最终目标是建立品牌资产，其实质是对沟通信息和营销活动的整合。该研究组的代表人物舒尔茨教授等[32]认为，整合营销传播是业务的战略过程,在本质上是战略,在执行上是战术。

汤姆·邓肯和桑德拉·莫里业蒂进一步发展了整合营销传播理论,提出了品牌的整合营销的理论。他们指出,整合营销是创建和维护品牌关系的基本方法,整合营销的终极目标是创建品牌资产。整合营销理论阐释了公司应如何塑造品牌关系以及如何维持和强化品牌关系的永久价值。其认为,公司要想增强长期有利的品牌关系,需要进行一个跨职能的整合过程,包括公司目标的确定,薪金系统的建立,核心竞争力的培养,以及一个可以追踪顾客交易、品牌信息、策略一致性、任务营销和自主性营销企划的资料管理系统。

由于品牌关系网络是由利益相关者团体(包括员工、股东、供应商、媒体及顾客等)、品牌接触点、售后服务、公司信誉、顾客依赖度,以及其他影响利害关系的因素所共同组成的,整合营销理论使营销整合的执行超越了单个部门而扩展到企业范畴,成为战略意义上的协同和整合。

第三节　品牌创建模式

品牌资产创建的上述理论表明:(1)品牌管理已进入战略品牌管理阶段。品牌作为一种提升公司竞争优势的核心资源,作为一种联系公司内部能力与客户资源的纽带,在公司战略中的地位正变得越来越重要。(2)创建品牌价值的活动不仅需要进行跨越职能部门的整合,而且需要跨越公司边界的整合。公司需要进行内部协调以适应品牌建设,需要通过建立和强化广义的品牌关系来构建强势品牌。

在总结成功公司的品牌管理经验的基础上,一些学者提出了聚焦于战略性品牌资产的品牌创建模式。比较有影响的有品牌导向、品牌领导和品牌资产管理三种模式。

一、品牌导向模式

"品牌导向型公司"最早由Urde在1994年首次提出。通过对美国法玛西亚(Pharmacia)公司力克雷(Nicorette)业务单元历时四年的调研,他提出了品牌导向型公司的基本模型。在随后的几年里,Urde对品牌导向型公司进行了持续的深入研究。

品牌导向从品牌识别这一战略平台出发,以积极的、深思熟虑的方法聚焦于品牌开发。Urde的品牌六边形,反映了品牌的整体框架,指出了通过各要素的相互作用来创造品牌价值。[33]如图1-1所示,品牌导向型公司将品牌权益与品牌识别与公司的方向、战略和识别紧密整合在一起。六边形的左边反映情感功能,右边代表基准功能,两边共同构成顾客体验;六边形的底端的"远见与使命",反映了公司对品牌的意图,顶端的"目标顾客",反映了目标顾客对品牌的解释。六边形的中心,是品牌的定位即核心价值,是创建品牌内涵的核心环节。

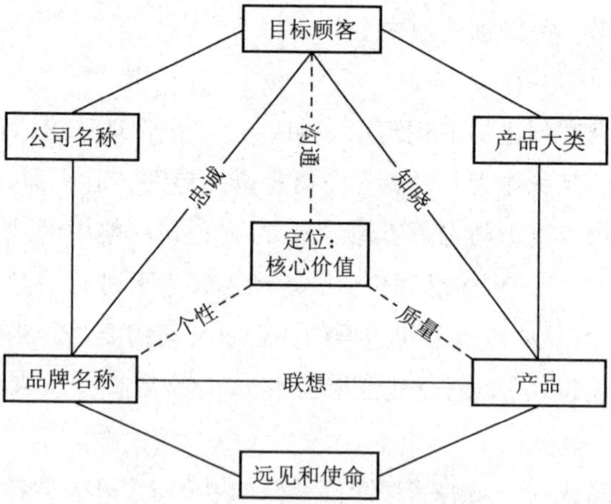

图1-1　品牌六边形(Urde, 1999)

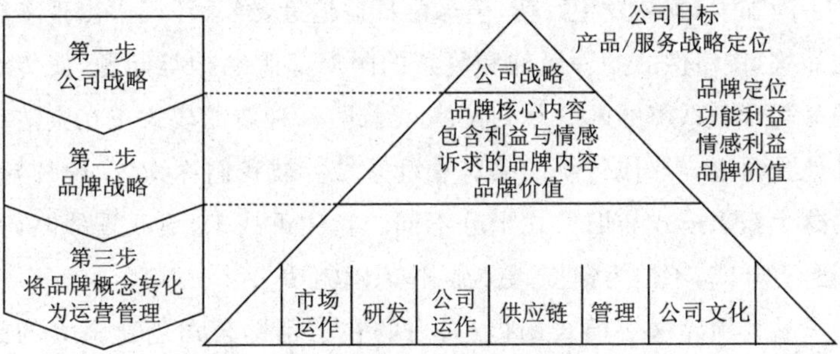

图 1-2 品牌的战略管理

在以后的研究中,Urde(2003)[34]进一步指出,品牌创建过程可以分为内向和外向两部分。内向的过程主要是描述组织与品牌间的关系,目的是使组织能够很好地培育品牌;外向的过程同品牌与顾客之间的关系相关,目的是基于与顾客的关系创造价值。

Gregor Harter 等[35]总结了公司实施品牌导向的运作步骤(如图 1-2 所示)。这主要分为三个步骤:首先,公司必须清晰地界定自身追求的市场定位和公司的战略目标,进而,在此基础上开发公司的品牌定位,最后,将其转化为公司的关键业务要素。

现有的关于品牌导向研究的文献有两大研究方向。一类研究是结合案例对品牌导向型公司的管理模式、运作流程和运营特点进行探究。除了 Urde 的一系列研究成果和 Gregor Harter 等的研究报告外,比较有影响的还有 Mosmans A.[36][37]在 1996 年和 1998 年发表的相关研究成果。近年来,相当多的研究[38][39][40]转向设计品牌导向的量表,通过实证揭示品牌导向对特定类型公司的绩效影响及其作用条件与作用路径,这类文献的研究对象涉及不同国家、不同类型的公司,研究结果取得了比较一致的结论,均表明品牌导向对公司的品牌资产及其他绩效指标存在积极的影响。

二、品牌领导模式

美国品牌管理专家 Aaker(2001)认为,“市场日趋复杂,竞争压力不断加大，媒体发生巨变，全球化日益迫近，经营环境中出现了多元品牌，侵略性的品牌延伸和复杂的附属品牌结构等问题，使传统的品牌管理系统更显得力不从心。因此，一种新的模式正在宝洁和其他公司逐步取代传统的品牌管理系统。被我们称为‘品牌领导’的这个新兴模式与旧模式十分不同。它注重战术，更注重战略，其视野更开阔，不但为销售，更为品牌识别驱动”。

品牌领导这一模式的提出，目的在于帮助公司创建强大的品牌。品牌领导这一管理模式具有以下特点：具有战略的和远景的视角；品牌管理者具有更高的层级，具有更长期的工作视野，不仅是团队的沟通者也是一个战略家；管理目标是创建品牌资产和开发品牌资产测量指标；品牌结构是复杂的，聚焦于多层品牌、多种市场。总之，品牌识别和品牌价值创建成为战略的驱动者。

品牌领导模式的一般过程由品牌识别、品牌组合、品牌传播和品牌组织四个阶段构成。其中，成功地构建品牌领导的品牌资产创建模式面临四个方面的挑战。

其一是组织的挑战，要成为产品、市场或全国的品牌领导者，必须构建能够创建强大品牌的结构和程序。必须有共同的沟通用语和工具、能够提供消息和经验分享的信息系统以及培育品牌的文化和组织结构。

其二是品牌结构的挑战，即要识别品牌、子品牌、它们之间的关系和作用。需要清晰地界定品牌不同的价值诉求、在品牌之间形成协同作用、增强品牌资产的杠杆作用，以及了解各种品牌之间的关系、相互作用，以形成有效的品牌延伸策略。在随后的研究中，Aaker将品牌结构称作品牌组合战略。他认为“品牌组合战略有助于具体地界定品牌组合的结构以及组合品牌之间的范畴、作用及关系”。

其三是品牌识别和定位的挑战。公司品牌的定位必须清晰，同时在品牌之间形成差别化,品牌识别必须在品牌之间进行有效的分配。Speak[41]认为,品牌识别的挑战还在于必须具有长期的视角,才能将品牌创建过程与组织的结构进行有效的整合。

最后的挑战是品牌创建程序。品牌创建必须聚焦于那些能够改变顾客感知、增进顾客积极态度以及增强顾客忠诚度的活动,必须认真考虑广告在内的任何一种媒介。Doyle[42]认为,品牌战略必须有助于利益相关者价值的最大化。

杨继福[43]则总结了品牌领导模式与传统品牌管理模式之间的不同点(如表 1-2 所示)。

表 1-2　传统品牌管理模式与品牌领导模式的区别

传统品牌管理模式	品牌领导模式
从战术管理到战略管理	
战术型、及时反应 品牌经理资历浅、经验少 概念模式—品牌形象 着眼于短期效益	战略型、具有远见 品牌经理资历深、处于公司高层 概念模式—品牌资产 发展品牌资产评估
从有限的焦点到广阔的视野	
着眼于单一产品和市场 单一的品牌结构 着眼于单一品牌 多国化—每个国家配备一个品牌管理小组 品牌经理协调传播团队 品牌处在一个职能化的组织中	跨产品和跨市场管理 复杂的品牌架构 多元品牌—目录管理 全球观念 传播团队有专门的领导 品牌由个人或跨职能的团队进行管理
战略的推动者由销售转为品牌识别	
由销售和市场份额推动	由品牌识别推动

三、品牌资产管理模式

Davis(2002)[44]也提出了一种管理品牌的新方法。他认为,品牌是公司最有价值的资产,“将品牌视作一种资产并以资产的方式进行管理,运用品牌驱动公司的每一个战略和投资决策,这种管理模式正赢得越来越多的支持”。Davis 认为,品牌资产管理是,“创建品牌内涵、实现品牌内外部沟通、运用品牌杠杆增强品牌获利能力、品牌资产价值和品牌回报的一种平衡的投资方法”。

品牌资产管理程序包括四个阶段,由十一个步骤构成。第一个阶段的任务是开发品牌远景,由单个步骤构成,即开发品牌远见的要素。该步骤的目标是要清楚地表明品牌化的结果必须满足公司目标。第二个阶段的任务是对“品牌图”进行决策,该任务建立在了解顾客对自身和竞争对手的品牌感知的基础上,包括三个步骤:品牌形象决策、制定品牌契约(列出顾客对品牌作出的所有承诺的感知)、在顾客模型的基础上诠释品牌(了解顾客是如何行动和思考,又是如何作出购买决定的)。第三阶段是开发品牌资产管理战略,目的是制定正确的战略以实现基于品牌远景的目标。该阶段由五个步骤构成:品牌定位、品牌延伸、品牌定位的沟通、品牌杠杆和品牌定价。第四阶段是营造支持品牌资产管理的文化,由两个步骤组成:开发品牌投资回报的度量指标以及建立品牌基础的文化。

上述三种创建品牌的管理模式,体现了整合营销、品牌关系等品牌资产理论在品牌管理实践中的具体应用。三种模式都具有鲜明的战略导向,强调品牌管理不再是公司营销部门的职能,而是与公司的整体战略密切相关。三种管理模式又各有其战略侧重点,品牌领导模式强调公司复杂的多品牌架构,要求重视品牌之间的协同以及品牌管理目标与公司整体目标之间的协同。品牌资产管理模式强调将品牌视作公司最重要的资产,用投资决策方法来实施品牌管理。品牌导向的管理模式则是将品牌战略作为公司整体战略的核心,用品牌战略来推动公司的业务决策和组织运营。品牌导向型公司将品牌价值深深地根植于公司战略、公司流程和组织的各个层面,实现了品牌价值与公司价值的一体化管理。

表 1-3　传统品牌管理模式与品牌资产管理模式之间的区别

传统品牌管理	品牌资产管理战略
品牌管理	品牌资产管理战略
品牌管理者	品牌拥护者和品牌大使
保持力	深度的忠诚
一次性交易	终身关系
顾客满意	顾客承诺
产品驱动的收入	品牌驱动的收入
3 个月的视角	3 年的视角
获取市场份额	赢得股票价格(的上涨)
营销部门管理品牌	所有的职能部门管理品牌
知晓和回忆作为沟通后的品牌度量指标	复杂的品牌度量体系
从内部驱动品牌	从外部驱动品牌

Booz Allen Hamilton 公司和品牌咨询公司 Wolff Olins 的调查表明:品牌导向型公司的品牌发展与整个公司战略相配合,并使品牌意识深入公司运营的各个部分与层面。目前,对创建品牌的研究主要集中在无形资源(信息和知识)的整合这一范畴,运用 Keller 的品牌价值链模型就可对品牌创建活动展开具体分析。但对于品牌导向型公司而言,由于品牌战略与公司战略的高度融合,客观上要求对品牌价值链和公司价值链实行一体化管理。这方面的研究实际上拓宽了品牌管理的研究视野。品牌如何影响公司有形资源的配置和公司商业模式的构建?对品牌导向型公司而言,这是不容忽视的关键问题。本书将突破无形资源的范畴,研究如何通过整合有形和无形资源、构建先进的管理模式来提升品牌创建的有效性。

第四节　案例研读:星巴克——因时而变的品牌

品牌导向建立在顾客导向和市场导向的基础上,顾客导向、竞争者导向、顾客引导、核心能力导向与价值链协调五大要素构成其文化内涵。品牌的核心价值具有相对稳定性,但随着市场发展和顾客需求的变化,品牌的内涵也会不断丰富和发展,如此,品牌资产才能在动态的环境中持续增强。星巴克在四十多年的成长历程中,时时关注顾客需求的变化,为丰富人们的生活体验而持续努力,从初期的咖啡豆销售,到第三生活空间、数字第四空间的打造,不断演绎其品牌内涵。"积极行动,勇于挑战现状,打破陈规,以创新的方式实现公司与伙伴的共同成长"是星巴克的核心价值观之一。围绕顾客的体验价值,星巴克因时而变,总能契合和引领消费者最新的消费方式和生活习惯,故其品牌历久而弥新。

第一,意式咖啡馆的美国化普及。

星巴克是全球最大的咖啡连锁店。在《财富》杂志发布的"2017年全球最受赞赏公司排行榜"中,星巴克在最受瞩目的50家"全球最受赞赏公司全明星榜"榜单上位列第三位。总部坐落于美国华盛顿州西雅图市的星巴克,被人们视作美式咖啡的代表。

星巴克品牌创始于1971年,诞生之初是西雅图一家经营咖啡豆业务的零售店。时任星巴克市场部经理的霍华德·舒尔茨受米兰咖啡馆的启发,产生了在美国经营意式咖啡馆的想法。1985年,舒尔茨创办"天天"意式咖啡店。1987年,舒尔茨收购星巴克,转售滴滤咖啡和浓缩咖啡饮料的咖啡馆开始了快速发展。1992年,星巴克在纳斯达克挂牌上市,其时分店已达到165家。2017年,星巴克在75个国家拥有超过2.5万家门店和33万员工。

早期的星巴克咖啡馆充满了意大利咖啡馆的浪漫情怀和风情。其室内设计、开放式吧台布置等都充满了意大利风情,菜单、杯型等都借鉴了米兰咖啡馆使用的风格。考究的工艺、醇香的咖啡、亲切的寒暄,这些风格留存至今,成为星巴克品牌特色的一部分。而对意式咖啡馆的改良及其持续的经营创新,则成就了星巴克今日的辉煌。

意大利浓缩咖啡 Espresso 是意式咖啡的精髓，是制作其他花式咖啡的基础。添加巧克力、奶油、葡萄酒甚至威士忌的咖啡在意大利十分普遍。星巴克在经典咖啡品种的基础上，一直注重新品开发。焦糖玛奇朵、星冰乐、馥芮白等就是星巴克比较成功的独创饮品。星巴克还定期推出季节性的或节日性的新品，很多只出售一段时间。如太妃榛果拿铁，每年只在圣诞节期间出售。

星巴克门店播放的音乐，是营造咖啡馆氛围的重要环节。早期的"天天"咖啡店，萦绕着意大利歌剧的浪漫。而星巴克的歌单，涵盖古今主流的音乐类型，由美国总公司定期编排，堪称"咖啡馆音乐"的代名词，总能带给顾客爱与美好的情感体验，常令顾客一听便难以忘怀。1991 年，星巴克收购音乐零售商 Hear Music；1999 年，星巴克开始制作"主题式选辑"CD，通过其门店直营贩卖。随着音乐流媒体对唱片业的冲击，星巴克青睐音乐的手段也随之而变。2006 年起，星巴克开始和苹果公司的 iTunes 在线音乐商店合作，增强顾客对星巴克音乐的体验。2015 年，星巴克宣布在门店内停售唱片 CD。同年，星巴克和全球最大的流媒体音乐服务平台 Spotify 展开一系列合作。Spotify 推出星巴克播放列表，由星巴克"在过去 20 年里播放最多的音乐"和精选的新音乐组成；星巴克美国员工全部成为 Spotify 的高级会员，可以为顾客播放他们创建的播放列表；星巴克还和 Spotify 在用户积分上进行了合作。

在美国，星巴克咖啡馆遍布街头巷尾，成为人们的一种生活方式。1993 年，星巴克与美国巴诺(Barnes & Nobile)连锁书店合作，在其书店里开展零售业务；星巴克还将门店开进了其他购物场所，如梅西百货、优衣库店内。几句寒暄、随喝随走的意式咖啡馆文化，也被星巴克变革为"第三生活空间"的体验。星巴克是人们工作场所和生活居所外的第三个去处，人们在轻松适意的环境里享受休息、听歌、阅读、工作和交谈的乐趣。星巴克注重营造环境文化，通过门店的设计，以及嗅觉、视觉、听觉和味觉的感官体验，让每一家门店仿佛成为城市中散发着芬芳的绿洲，成为人们愿意在匆忙中停下脚步的地方。

信息科技的进步，改变了人们的沟通、娱乐和休闲方式。星巴克因时而变，成为一个充满科技感的品牌。2009年推出的移动端应用，是星巴克涉入数字业务的里程碑；2010年开始提供免费的Wi-Fi，顾客在其门店内，可以免费阅读《华尔街日报》《纽约时报》《经济学人》等付费内容；2011年星巴克在全美推广基于星巴克卡手机移动应用程序的手机支付；2012年投资移动支付公司Square；2014年作为Apple Pay第三方合作伙伴亮相苹果发布会；2014年起，和Duracell Powermat公司合作在咖啡门店中推广无线充电技术；2015年，该技术推广至全美门店；2016年，星巴克修改了其会员奖励计划，并将APP功能和会员奖励计划打通。星巴克通过与Spotify、Lyft等第三方公司合作，丰富了用户的积分积累渠道，也为星巴克赢得了更多的用户和流量。至2016年第二季度，美国本土的移动支付交易额已占总交易额的24%。对数字化技术的不懈投入和追求，使星巴克的定位逐步从舒适美好的“第三空间”延伸至“第四空间”，提供给顾客“线下到线上完美结合”的生活体验。数字化技术拓宽了顾客的体验空间，还实现了多种体验的完美集成。

星巴克的品牌价值主要来源于消费者的口口相传。星巴克通过社群营销方式使消费者主动参与星巴克产品和故事的分享、传播和推广，从而增加顾客黏性、增强品牌效应。星巴克组建专业团队运营其在社交平台的账号，是Facebook、Twitter、YouTube和Instagram等社交媒体上表现最好的品牌之一。2008年，星巴克设立了网络互动社区“MyStarBucksIdea.com”，鼓励消费者向星巴克提建议并展开讨论，派驻了大约40名“创意专家”代表公司与消费者沟通。2013年，星巴克在Twitter上推出向朋友赠送价值5美元的电子咖啡券的服务，根据研究机构Keyhole的调查，短短两个月内，就有27 000

人使用 Twitter 换咖啡,取得了 54 000 名顾客的 Twitter 账号等信息。

第二,星巴克在中国的本土化经营。

星巴克在 1998 年 3 月进入中国台湾地区,在 1999 年 1 月进入中国大陆。截至 2017 年,中国大陆已经开设超过 2 800 家星巴克门店,成为星巴克全球第二大且增长最快的市场。星巴克在中国市场的成功,与其本土化的市场策略密不可分。

进入中国市场以来,为了适应中国消费者的需求特点,星巴克作了很多"中国化"的尝试。在门店设计上,星巴克注重东西方文化的融合。店面布局、灯光设计等有其一贯的特色,但各店的风格却有所不同,较多地融入了地方元素。如北京的前门店、成都的宽窄巷子店、福州三坊七巷店等,都以浓郁的当地特色为顾客带来了熟悉和亲切的门店体验。

以成都的宽窄巷子店为例。这座川西民居风格、青黛砖瓦的仿古四合院坐落在清代古街区中间,毫无违和感。主体建筑是一座三层阁楼,拥有木质雕栏的阳台和中式窗格的玻璃窗。铺着青石砖的前院点缀着中式盆景,周边随意地摆放着木质茶桌和藤椅。院门和阁楼入口处悬挂着牌匾式的星巴克招牌。堂内的装饰以暖色调为主,地板、楼梯和围栏、冰纹结构的隔断和桌椅都由老式的实木制作,整个大堂有着中国式茶馆的闲适和风情。不变的只有浓郁的咖啡香、优雅的星巴克音乐和一以贯之的亲切服务。

在产品的设计和供应方面,星巴克充分尊重中国消费者的习俗。在端午节、中秋节和春节这些中国节日里,星巴克都会推出特色的节日产品,如星巴克月饼、星冰粽、节日纪念版随行杯和生肖储蓄罐。新产品的设计和名称,常体现出浓浓的中国味,如黑芝麻抹茶星冰乐、中式星巴克茶、福满栗香玛奇朵、如意桃花拿铁、辣意椒香摩卡。2009 年,星巴克进入中国大陆市场十周年之际,第一款含有中国云南咖啡豆的综合咖啡——星巴克凤舞祥云综合咖啡™在中国市场推出，随后进入美国和亚洲市场。

星巴克在中国的人群定位和价格也与美国市场有偏差。中国的发展程度低于美国，星巴克进入中国之初，发展差距更为显著。星巴克带着洋品牌的光环进入中国，选址繁华商区和著名景点，以较高的价格和散发的小资情调，吸引作为主要服务对象的白领精英。随着中国白领阶层的发展壮大，星巴克的选址才开始向社区和三、四线城市蔓延。

星巴克在中国的通路建设，初期采取了特许经营的模式，后期转向直营模式。星巴克在美国市场，基于对市场的熟悉和保证品牌一致性的需要，主要采取公司直营的模式。星巴克进入中国市场之初，国人还没有饮用咖啡的习惯。由于不了解中国市场，也由于当时中国政府尚未对外商独资企业开放零售市场，星巴克采取了特许经营模式，在北方、华东和华南地区分别找了美大、统一和香港美心集团进行合作。2003年起，星巴克陆续启动在华独资计划；至2017年，获得了中国大陆地区全部门店的所有权。

2007年，星巴克和百事可乐合作，在中国推出即饮零售业务，销售进口的即饮瓶装咖啡饮料。2015年，星巴克决定和康师傅合作拓展中国即饮零售业务，星巴克负责产品研发创新和品牌发展，康师傅负责生产、销售星巴克的即饮饮料产品。2016年9月，四款“更符合中国消费者口味偏好”的国产瓶装星冰乐产品，陆续在全国各大城市的超市、便利店及电商等渠道上市，比进口产品的价格便宜了20%左右。

咖啡豆是星巴克的主要采购原料，主要从非洲、印度尼西亚和中南美洲进口。随着中国业务的发展，星巴克开始拓展国内咖啡的种植和加工市场。2012年2月，星巴克公司宣布与云南最有实力的农业及咖啡经营企业爱伲集团正式签约，在云南成立合资公司，从云南购买并出口优质的阿拉比卡咖啡豆，并在当地运营咖啡初加工厂。

在促销环节，星巴克在借鉴美国已有的成功经验的同时，作了很多本土化的调整和创新。和美国一样,其在中国市场的促销也很少打广告,主要借助社交媒体上的软文来推广品牌文化及产品,但在内容和时机选择上更贴近中国文化。在中国,除了与国际同步的促销档期,中国的传统佳节也是星巴克的重要商机。2013 年春节之际,星巴克在微信、微博等社交网络平台推出一套 30 日"星历"。中国传统的农历通过预测婚嫁、出行、迁居以及其他事宜的吉利日期来引导人们的行为,星巴克借鉴这种方式,建立每天的适宜行为与星巴克的产品和体验之间的联系。例如,2 月 3 日,消费者带父母到星巴克并给他们一个温暖的拥抱,便可获得饮品买二送一优惠。

在美国,由于拥有成熟的信用卡支付体系,其移动支付的发展速度滞后于中国。星巴克美国很早就致力于建立自己的移动支付体系,如今是美国移动支付领域的佼佼者。根据美国移动支付机构 Intuit 发布的报告,2015 年全美移动支付总额为 87.1 亿美元,而星巴克在 2015 年第四季度的移动支付额就达到了 10 亿美元。星巴克早在 2009 年就推出了具有移动支付功能的 APP,消费者通过绑定星享卡完成支付;2011 年,星巴克 APP 允许绑定信用卡和 PayPal,使支付更加便利。2014 年,星巴克 APP 推出手机下单—支付—当面取餐服务。

与美国不同,中国的第三方支付市场高度发展,支付宝和微信培养了大量高黏性的顾客。星巴克在中国自建移动支付体系的策略受阻,移动支付业务迟迟没有开展。2016 年初,Apple Pay 进入中国,成为星巴克唯一的移动支付选择。2016 年 7 月,星巴克升级其 App,推出与星礼卡关联的手机快捷支付功能。然而,中国消费者的移动支付习惯难以扭转,这迫使星巴克考虑与支付宝和微信进行合作。相比支付宝,微信的社交属性与星巴克的需求更为贴近。2016 年 12 月,星巴克和腾讯达成战略合作,在星巴克门店启用微信支付的同时,开启微信社交礼品体验。2017 年 2 月,星巴克在情人节前推出微信社交礼品体验“用星说”，微信好友间通过购买并赠送电子咖啡卡的形式分享咖啡心意。“用星说”的成功推出和后续的功能升级，相对于2013年星巴克在Twitter上推出的电子咖啡券赠友活动，消费者从互动中获得的惊喜感和娱乐性有了显著的提升。2017年9月，星巴克和支付宝达成合作。至此，星巴克中国彻底开启了便利的移动支付之旅。

第三，因时而变的星巴克与其不变的品牌内核。

星巴克是富有创新能力的因时而变、因地制宜的品牌，具有永葆鲜活的生命力。但是在变化的同时，星巴克坚持遵循品牌自身的核心价值。

早在1990年，在员工广泛参与评论的前提下，星巴克提出了“使命宣言”：“将星巴克建成全球极品咖啡的翘楚，并在公司不断发展的过程中，坚守自己一贯的指导原则。下列六项原则将帮助我们判断公司各项决定的正确性：(1)提供完善的工作环境，创造相互尊重、相互信任的工作氛围。(2)将多元化作为公司经营的基本要素。(3)在咖啡产品的购入、烘焙及保鲜运输过程中，保持最高质量标准。(4)永远以热情的服务使顾客满意。(5)对我们的社区和人居环境作出积极贡献。(6)明确利润增长是公司未来成功的要义所在。”当今星巴克的使命宣言更注重人文情怀，增加了对创新的诉求，但六项原则中基本的价值理念一直未变，即：将员工利益摆在首位，而将利润增长放在顾客满意和社会责任之后。

星巴克LOGO的演变也表明了变与不变中的权衡。星巴克标志自1971年首次使用以来，在1987年、1992年和2011年历经三次变更，每次都通过去除部分元素使变化后的LOGO更为简洁。虽然还是那条双尾美人鱼，但一次次蜕变后的美人鱼，更具有当下的时代气息，更加贴近当代消费者。1987年将LOGO原先的咖啡色换成了代表每日咖啡的绿色，用简洁的线条替代了原先的版画风格。

1992 年的版本主要改变了美人鱼的形象,用柔和替代了美人鱼的野性和诱惑性。2011 年的新版 LOGO 去除了美人鱼周边的圆环及其中的“STARBUCKS COFFEE”字样,色彩和线条更加简洁,美人鱼显得更为年轻,品牌显得更为自信。

在星巴克的价值观中,提升顾客体验最为核心。随着时代进步和需求更替,顾客体验也需要不断更新。星巴克总能及时、敏锐地捕捉新的价值源,不断地延伸顾客体验,丰富其品牌内涵。星巴克不断延伸的顾客体验可示意如下(如图 1-3)。早期以售卖咖啡豆为业的星巴克,主要为顾客提供产品和服务体验;转型为咖啡馆的星巴克,将其顾客体验延伸至环境体验和第三空间体验;对每个体验环节的精心打造促进了星巴克的高速成长。而支持星巴克当下和未来成长空间的,则是星巴克对第四空间体验的挖掘和追求。

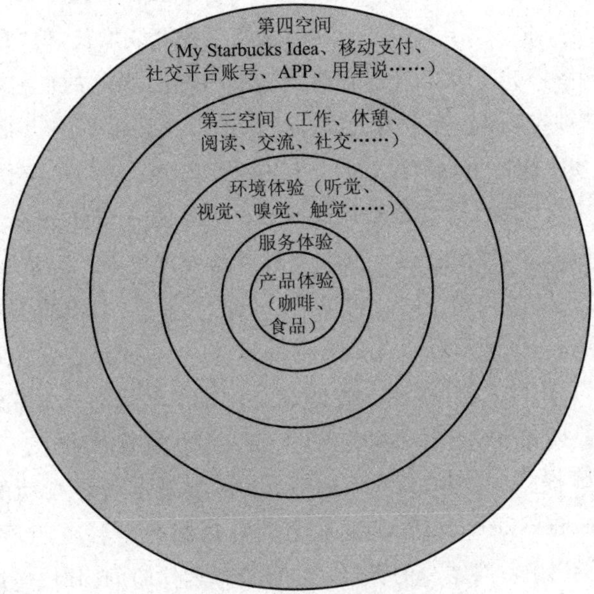

图 1-3　星巴克不断延伸的顾客体验

在科技与数字媒体上进行投资以增强第四空间体验，让一向追求格调的星巴克品牌充满了科技感，使之再次成为行业的引领者和标杆企业。数字技术可以增进对顾客需求的了解以改善服务，可以增强品牌与顾客之间的沟通和黏性，可以用于产品和品牌推广，也可以直接用于流程改进和服务改善。星巴克很早就敏锐地体察到数字科技对人们生活方式潜移默化的影响。向传统的咖啡馆注入科技感，一开始也曾让人们觉得格格不入。1999 年 6 月 30 日，当星巴克创始人霍华德·舒尔茨对外界宣布公司向互联网转型的种种努力时，星巴克股价当天应声下跌 15%。但星巴克执着地在数字科技领域进行投资和布局，以支撑其后期的成长空间。

作为一家美国上市企业，星巴克首先要满足股东对公司业绩的要求。对绩效的追求和对品牌核心价值的坚守有时也会产生冲突。2000 年至 2005 年是星巴克高速发展的时期，公司市值由 72 亿美元上升至 200 亿美元。2007 年，星巴克门店数继续增长，但“野蛮”生长下，顾客体验不断下降，品牌特质趋于淡化，隐藏的危机不断累积、一触即发。这一年，星巴克的股价下跌了 42%。同年年底，霍华德·舒尔茨决定重返首席执行官岗位，实施变革。2008 年初，舒尔茨正式上任之际，恰逢金融风暴来袭。霍华德·舒尔茨在其自传《一路向前》中，详细叙述了这次危机及其处理过程。舒尔茨认为，“精心打造的品牌是一家公司最具价值的无形资产，虽然它不能带来直接收益，但是却可以让公司经得起考验，而放弃它就意味着慢性自杀”。因此，提升顾客体验、改善品牌形象就成为其变革的主要方向。具体的举措包括：同时关闭美国 7 100 家直营店，为 135 000 名咖啡师提供 3 小时的浓缩咖啡培训；建立与顾客互动的网站“MyStarBucksIdea.com”；改善甚至取消热销的早餐三明治，只因其气味会影响咖啡本身的香气。在重拾顾客体验的同时，通过提高门店运营效率、加速与互联网的融合，星巴克在 2009 年重回良性发展轨道。

星巴克未来的发展仍将面临新的挑战。不断增开新店使星巴克日益平民化;“第三空间”功能在各大品牌咖啡馆也日益普及,星巴克面临着愈加激烈的竞争;数字技术的快速发展和顾客体验的不断升级,使星巴克开发“第四空间”、整合线上线下体验的进程充满了变数。如何围绕品牌核心价值持续创新、增强顾客体验价值,是星巴克永远的命题。

——该案例根据星巴克官网、霍华德·舒尔茨自传《将心注入》和《一路向前》等资料编写

第二章　品牌导向型公司的内涵和演化

品牌导向型公司将品牌价值深深地根植于公司战略、公司流程和组织的各个层面，实现了品牌价值与公司价值的一体化管理。本章着重阐述品牌导向型公司的内涵及其产生的理论和实践背景，为深入研究品牌导向型公司的管理和运营系统提供基础。在分析品牌的战略价值的基础上，对品牌导向型公司的内涵进行揭示，从理论和实践角度揭示了品牌导向型公司发展的必然性。

第一节　品牌的战略价值

品牌为什么可以成为公司价值战略的核心？本节基于品牌自身的特点对这一基本问题进行了阐述。基于符号学思想的品牌的符号系统与价值系统的一体化模型，说明了品牌成为价值纽带、具有价值导向作用、可以成为公司价值系统的核心的根本原因；品牌在价值链中的特殊的增值作用——不仅是价值链的一个显著的增值环节，也是各个价值增值环节的联结点，会对其他环节的价值增值产生积极影响，则是品牌成为公司价值战略核心的基础。

一、品牌的符号系统与价值系统的一体化模型

品牌作为一种名称、符号或标识，其本意是使某种产品或服务区别于其他产品或服务。公司是品牌的创建者和拥有者，品牌是公司或其产品与服务的特点的表达与象征，公司通过品牌向顾客持续地传递特定的价值、利益；对顾客来讲，品牌则意味着顾客通过全方位的接触所形成的对产品和服务的特性及其价值的认知与感受，指导顾客获取适合的产品，并满足顾客对身份、地位、情感的个性化需求。

根据皮尔斯的符号学思想，"符号就是某东西 A，它指出某一事实或客体 B，是为了对这一事实或客体赋予某种解释性的思想"。[45]任何一个符号都由媒介（符号自身）、对象和解释项这三种要素构成，这三种要素具有三位一体的性质，共同构成一个"符号整体"。对品牌这种复杂的符号而言，媒介包括品牌的符号和标志，对象表现为公司及其产品/服务，解释则包括公司的表达和顾客的感受两方面，三者共同构成了品牌的符号系统。

Kevin Lane Keller 强调顾客的感受的重要性，认为顾客的感受是品牌资产价值的来源。他引用了一位营销观察家的表述，"能够将一个品牌与其未品牌化的同类产品相区分，并且赋予它资产价值的是消费者对该产品的特性、功能、品牌名声及相关公司的感受与感觉"。

公司作为品牌及品牌资产的拥有者，通过品牌识别明确公司关于品牌的"自我表述"，通过核心识别则形成公司关于品牌的"核心的价值主张及其表述"。公司的表述表明了公司管理者想要人们如何看待这个品牌，也是公司管理者作出的一种品牌承诺，通过向顾客宣传来影响顾客的感受的形成。

许多品牌专家认为，公司及其产品/服务处于品牌内涵的中心地位。Kevin Lane Keller 认为："品牌就是产品，但它是加上其他各

种特性的产品，以便使其以某种方式区别于其他用来满足同样需求的产品。”他同时确认了产品和服务的特点在品牌资产中的核心地位，“因为它会影响消费者使用该品牌的经历、他们从别人那里得知关于该品牌的信息，以及该公司可以向消费者传达关于该品牌的营销信息”。

符号和标志也称品牌要素或品牌特征，包括品牌名称、标识、图标、形象代表、广告语、广告曲、包装和标志符号。符号和标志有利于加强顾客的品牌认知、便于促成强有力的、偏好的和独特的品牌联想的形成。因此，公司及其产品/服务、符号和标志、公司的表述共同影响着顾客的感受和品牌形象的形成。

汤姆·邓肯等认为，营销传播传达出“言”的讯息，必须与产品和服务功能的“行”的讯息一致，同时也要与他人“确认”这个品牌的讯息一致。他认为，这三者的一致是品牌整合策略成功的标志。公司品牌营销的目标，就是希望所有的品牌接触点，都能向其潜在的顾客传递正向的、积极的信息，引导顾客形成与公司的品牌主张与自我表述相一致的感受，尽量缩小公司和顾客对品牌认知的差异。公司的自我表述与顾客的感受之间一旦出现较大的偏差，顾客就产生被骗的感觉，并可能将品牌抛弃。

品牌系统既是符号系统，同时也是价值系统，品牌作为一种价值符号，其构成系统也反映了公司价值实现的过程。公司及其产品/服务是价值实体，符号和标志属于价值表示，公司的自我表述属于内部的价值认知，反映了公司对其差异化价值的定位；顾客的感受作为外部的价值认知，最终决定了价值的实现。一方面，公司及其产品/服务作为价值载体，折射出公司的差异化的价值属性，其价值创造过程依赖于公司的资源特点和核心能力，它们与易于识别的符号和标志一起构成了公司的自我表达和顾客品牌感知的源泉，是内外部价值认知的基础；公司的自我表达是对品牌价值的提炼，是关于公司及其产品/服务的价值主张，兼顾了内部的价值特点和外部的价值需求，同时具有更高层次的战略意义，对价值创造过程以及顾客的品牌感知起着引导作用。另一方面，“通过市场投资产生的品牌认知，恰巧为该品牌的未来指明了方向”。顾客对品牌的期望反过来会影响公司对品牌的价值主张及其表述，从而对价值创造过程产生导向作用。品牌作为价值符号系统，其构成要素涉及了从价值主张、价值创造、价值表示、价值传播、顾客价值感知，到价值实现的全过程。

为此，本书构建了品牌的符号系统与价值系统的一体化模型，对上述观点进行了概括和表达（如图 2-1 所示）。该模型表明，品牌的价值系统体现了公司价值实现的全过程，品牌自身的属性决定了品牌可以成为公司价值系统的核心。

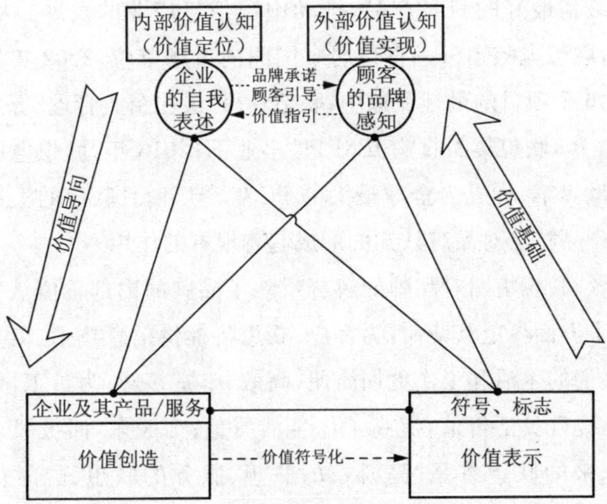

图 2-1　品牌的符号系统与公司价值系统的一体化模型

联想集团的品牌符号系统由品牌标识（“Lenovo”）、对象（联想集团及其产品)及解释项(企业的自我表述和顾客的品牌感知)三要素构成。三要素的协调统一会让利益相关者对联想价值系统形成清晰深刻的认知,三要素之间的不和谐则会导致利益相关者对联想价值系统认知的模糊和歧义。

首先,联想集团在国内使用“英文+中文”的标识;在海外则单独使用英文标识。该品牌系统对公司的价值属性进行了系统的表征。“Lenovo”作为价值符号,有其特有的价值内涵。“le”取自原先的“Legend”,承继“传奇”之意;“novo”则代表“创新”。“Lenovo”表明,联想需要创新、发展,从而创造新的传奇。

其次,符号对象作为价值实体,体现了联想公司差异化的价值特点。柳传志认为:品牌是一个信誉的长期积累,标志着这个企业的产品性能、服务质量的状况,是这些东西长期积累在一起形成的。联想是一家在信息产业内多元化发展的大型企业集团,致力于为用户提供最新最好的科技产品,推动中国信息产业的发展。从1996年开始,联想电脑销量一直位居中国国内市场首位;2002年,在《亚洲财经》6个项目的最佳评选中,联想获得“最佳企业管理”等5项第一;2005年,联想集团收购IBM PC事业部;2013年,联想电脑销售量升居世界第一,成为全球最大的PC生产厂商。联想的上述企业行为和产品特点对品牌认知的形成起着根本的作用。

再者,联想集团对品牌的解释反映了品牌的内部价值认知。联想从四个方面界定其使命:为客户,联想将提供信息技术、工具和服务,使人们的生活和工作更加简便、高效、丰富多彩;为员工,创造发展空间,提升员工价值,提高工作生活质量;为股东,回报股东长远利益,未来的联想将是“高科技的联想、服务的联想、国际化的联想”;为社会,服务社会文明进步。联想品牌包括四大品牌特性:诚信、创新有活力、优质专业服务和容易。

最后,顾客对品牌的解释反映了企业的外部价值认知。联想的顾客调查表明，顾客对联想社会责任感的认知度在苹果、三星、联想三个品牌中居首；顾客对联想的美誉度、高端形象认知度、创新形象认知度、国际化形象认知度则排在苹果品牌之后、三星品牌之前。

由此，联想的品牌系统三要素间高度协调一致，系统地表征了联想价值系统的特征。

二、品牌在价值链中的增值作用

对于公司来说，品牌是公司所拥有的一种重要的资源。日本东京大学教授片平秀贵认为，品牌是继人力、物力、财力、信息之后的第五大经营资源，是公司的特有财产[46]。作为一种超越生产、商品及所有有形资产之外的无形资产，品牌能为公司创造多种价值，并进一步转化为公司的利润。品牌资产在价值链中的增值作用表现在两个层面：首先，品牌作为交易的沟通符号和关系资产，通过影响顾客的交易认知并进一步影响其购买决策，为交易双方创造价值增值；其次，品牌作为战略资产，在公司的生产过程和价值链整合过程中发挥导向作用，通过提高资源配置效率，形成价值增值。其具体增值作用体现在以下四个方面。

（一）品牌影响买方的期望价值、情感性价值，从而影响公司的溢价

在早期，对品牌资产的研究主要是基于消费者视角，重点研究的是产品品牌，研究的范围局限在基于终端消费者的品牌建设，后来逐步推广到公司的下游顾客。按照Keller对消费者基础的品牌资产定义则为：由品牌知识所导致的消费者对品牌营销活动的差异化反应。

在《竞争优势》[47]一书中，迈克尔·波特区分了产品的“实际价值”和“买方的期望价值”，认为，“买方绝不买他们未认同的价值，无论这种价值有多么真实。那么，公司所控制的溢价既反映买方实际到手的价值，又反映买方对这种价值认可的程度”。通过运用

图 2-2，波特进一步说明了产品实现的价值与产品的实际价值及买方的期望价值之间的关系，即，一个实际交货价值低但有效地标示为高价值的公司（B 公司），可能会获得比不能很好地标示价值但实际交货价值高的公司（A 公司）更高的价格。

波特认为，无论公司提供给买方什么价值，买方事先不容易对其进行评价。由此，波特提出了“价值信号”的概念，他把买方用于推断公司创造的价值的这些因素称为价值信号。买方是通过广告、信誉、包装、专业性、外观、供应商雇员的个性、设备的吸引力，以及销售所提供的信息等来推断公司创造的价值。品牌作为一种最重要的价值信号，在很大程度上影响着买方的价值感受，从而影响着公司的溢价。

波特认为，“从长期来看，公司控制的溢价上限还是反映了它对买方价值的实际影响——与竞争对手相比，对买方成本和效益的影响”。因此，长期来看，品牌的溢价作用，来自品牌对顾客实际价值的影响。

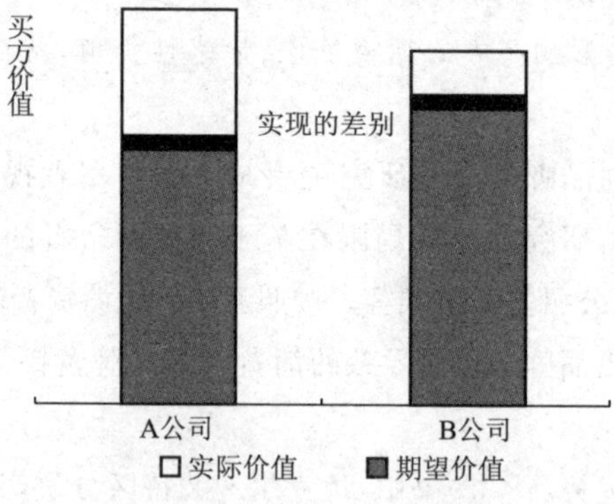

图 2-2　实际价值与买方的期望价值

资料来源：迈克尔·波特.竞争优势[M].北京：华夏出版社，1997

1955 年，Burleigh B.Gardner 和 Sidney J.Levy 在《哈佛商业评论》

上发表的《产品与品牌》一文，揭示了品牌不仅具有功能性价值，而且具有情感性价值。[48]他们阐明了下列原理：品牌的发展是因为品牌具有一组能满足顾客理性和情感需要的价值，品牌的创建要超越差异性（differentiation）和功能主义（functionalism），它应该注重开发一种个性价值（personality）。Fournier（1991，1998）认为，当代的消费者行为作为一种社会与文化现象与后现代主义密切相关，个体的消费不仅为了满足基本的需要，更注重追求自我、团体归属感与文化。[49][50]由此，情感性价值和象征性价值正成为顾客购买利益的重要组成部分。品牌不仅代表着公司与产品属性，也是一种社会与文化符号，能够给顾客带来情感性价值和象征性价值。Stan Glaser（2008）认为，品牌的情感性影响在决定购买或回避某种产品上起着关键的作用。[51]

品牌可以作为价值信号，提升顾客对产品的期望价值，同时，品牌作为社会与文化符号，可以给顾客带来情感性价值和象征性价值。给顾客带来的上述利益是消费者导向的品牌资产的来源。

（二）品牌影响供应链关系，可以有效地降低交易伙伴的风险感知并增强其合作愿望，从而使品牌公司更经济地获取上下游资源

近来，在供应链一体化的背景下，对品牌资产的理解也处于深化过程中。在更广阔的背景下考虑品牌在公司内部及其对客户、市场和股东的价值正在成为一种趋势。品牌公司的品牌资产不仅可以被消费者感知，也同样可以被交易方（包括供应商和工业用户、分销商和零售商及其他利益相关者）感知。[52] Webster认为，从消费者角度来思考品牌化问题的传统方法，从学术角度来讲会导致对品牌化的不完全的分析，从公司视角来讲会导致对品牌的不完全的管理。[53]

品牌资产具有两个维度：消费者基础的品牌资产与交易基础的品牌资产。对应地，Donna F.Davis将交易基础的品牌资产定义为，

由品牌知识所导致的交易伙伴对公司营销活动的差异化反应。

在消费者视角品牌权益时期，对工业品制造公司来说，由于不为社会大众所知晓，其品牌建设一度被忽视。然而，被交易伙伴感知为“高质量”的公司确实可以促进公司业务的发展和绩效的提升。21世纪初，对品牌资产的研究开始扩大到组织间的交易视角，重点研究公司品牌，研究的范围也不再局限于基于下游顾客和终端消费者的品牌建设，而且涉及与上游顾客(即供应商)的品牌建设。

Donna F.Davis(2003)通过经验和实证研究分析品牌资产对供应商、分销商和零售商关系及公司绩效的具体影响，研究表明，交易基础的品牌资产使公司更易于获取上下游的资源，增强公司的供应链关系，在增加交易伙伴的合作意愿的同时有效降低对方离开的倾向。Mark Selwyn Glynn(2004，2010)基于经销商视角来研究制造商品牌的影响，研究表明，品牌及与品牌相联系的资源可以给经销商带来利益，从而增强制造商—经销商关系，具体的价值来源涉及制造商支持、品牌偏好、品牌权益、消费者需求、消费者预期等方面。[54][55]

交易基础的品牌资产可以密切供应链关系，使品牌公司可以以更低的成本获取优质的上下游资源，在供应链一体化的今天，已经成为公司重要的价值源泉。从供应链的角度来思考品牌资产，可以发现，品牌不仅可以给买方带来利益，也可以给卖方带来利益；品牌不仅对消费者具有价值，而且对供应链每个节点上的交易伙伴来讲，都具有价值。

事实上，交易基础的品牌资产与消费者基础的品牌资产相互影响。一些供应链的上游企业试图在消费者中间建立品牌影响力，通过消费终端的拉动力来增强其交易基础的品牌资产。英特尔是早期这样做的企业，通过在使用其处理器的品牌电脑上标注“Intel”的标识，提升消费者对其品牌的认可，以此来获得影响其下游强大的整机厂商(如IBM、HP等)的力量。

全球第三大电子产品通路商联强国际集团,是总部位于台北市的一家从事存货控制、销售、配送、运输和售后服务的高科技电子产品服务商。高科技产品通路商在供应链中的权力通常很有限。在台湾地区,处理高科技产业的经销公司所需资本有限,运营也不复杂,关键是经销权的取得。经营单项产品的经销商对供货商的议价能力很小,在未被预警的情况下丧失经销权也随时可能发生。他们经常面对拥有多家代理商的大型软硬件制造商,被禁止同时经销竞争者的产品。新创的高科技电子产品公司在市场立稳后,也随时可能从经销商手中接管大客户。在这样的行业背景下,联强通过直接面向消费者创建品牌资产,来强化其在供应链中的影响力。

联强创立了自己的企业识别系统,并为上游的制造商提供消费者售后服务。1997年初,联强在其配送的产品上贴上服务标志,并于2000年进一步在原厂的保证外,再多加一年的质量保证。进一步地,联强还挑选了一些零售店协助他们设置服务站,对"联强货"提供修理与服务。这项举措直接吸引了消费者,"联强货"以送修便利、维修速度快、维修品质好的口碑,得到了客户的广泛信赖。这种信赖,强化了联强对下游零售店与上游制造商的地位。一些知名制造商开始对联强取消独家经销政策,允许联强代理竞争者的产品。

其实,品牌价值的源泉已不仅仅局限在供应链这一链条之上,而是涉及品牌公司的所有利益相关者,品牌对公司股东和公司内部员工的价值也开始引起关注。

（三）品牌在价值生产过程中的导向作用

品牌在价值链中的增值作用不仅表现为其对产品/服务的溢价以及供应链伙伴关系的改善,还会在公司的歧异化价值的生产过程中发挥资源配置的导向作用。

品牌之所以有价值，是因为它对消费者有价值，反映消费者根据自身需要对某一品牌的偏爱、态度和忠诚程度(Baldinger 和 Rubinson，1996)。[56]品牌导向型公司已经建立了比较雄厚的品牌资产，说明该品牌的核心价值已经得到了顾客的认可，该品牌可以为公司带来可持续的差异化优势。在此基础上，必然要求其产品/服务能够很好地体现该品牌的核心价值，进一步增强公司的差异化优势。

因此，对将品牌作为重要的战略资产和核心能力的品牌导向性公司而言，产品/服务的开发必须符合品牌战略的发展要求。这不仅要求技术力量的投入要服务品牌愿景的发展方面、产品/服务的属性要符合品牌的核心价值，进一步地，还要求新产品/服务的开发要与公司品牌及其他产品/服务品牌能很好地协同。这在客观上要求在产品/服务的设计生产过程中，要发挥品牌的核心价值的导向作用，使产品和服务能够更好地体现品牌的核心价值，从而实现品牌资产的保值增值。

品牌核心价值是指一个品牌承诺并兑现给消费者的最主要、最具差异性与持续性的理性价值、感性价值或象征性价值。大卫·艾克在《品牌领导》一书中将品牌的核心价值称作“品牌精髓”，他认为，品牌精髓必须具备两个特征：与消费者共鸣和推动公司的价值取向。可见，品牌核心价值是在消费者与公司的互动下形成的，所以它必须经过市场检验并被市场认可，同时被公司内部认同，以作为公司一切活动的价值导向。品牌的核心价值蕴含着对买方有价值的独特性，对公司经营的歧异性具有指导作用。

以大型个人护理专业店“屈臣氏”为例来加以说明。屈臣氏选择的目标顾客是 18—35 岁的时尚女性，根据这个年龄段女性的消费价值观，屈臣氏将其品牌形象定位为“健康、美态、快乐”，以满足目标顾客群的核心的价值诉求。屈臣氏将其品牌的核心价值充分体现在其自有品牌产品的生产过程中。其自有品牌产品设计新颖，样式美观，充分满足目标顾客寻求新奇体验、追求个性和时尚的特点。在具有价格优势的同时，屈臣氏严格控制产品质量，所有自有品牌产品在推出市场之前，都由员工试用，取得直接的消费体验。此外，屈臣氏还着力打造轻松、自由、愉快的店堂环境。目前，屈臣氏的自有品牌产品的品种占所有产品的10%—20%，在屈臣氏的年销售额中自有品牌所占的比例为25%，充分说明了其自有品牌开发的成功。

回过头来，联想品牌的四大特性为诚信、创新有活力、优质专业服务和容易。以此为导向，联想对企业和员工的态度和行为进行了相应的规范（如表2-1所示）。

（四）品牌在价值链整合中的作用

品牌在价值生产过程中的导向作用以及对利益相关者关系的积极影响，使其在价值链的整合中发挥着积极作用。

公司的价值链并不是静态和固定的，公司的能力必须进行动态的调整和发展以适应新的市场机会，价值活动也要不断地进行重组和创新以实现低成本和差异化的产出。因此，价值链整合是价值链管理的重要内容。价值链整合是指联合上下游公司的价值链，充分利用社会资源，对现有的价值链进行优化和重构，以提升公司的竞争优势。

对品牌导向型公司而言，品牌是其重要的核心能力。瞿艳平从如下五个方面论证了品牌资产可以成为公司提升竞争能力的核心资源。(1)品牌资产的专有性。(2)使用品牌资产的成本低。品牌资产是一种共享资源，即产品的成本水平与分摊资源费用的产品数量无关的资源。(3)品牌资产的可经营性。公司一旦拥有良好的品牌资产就可有力地支持公司开拓其他领域的经营。(4)品牌资产可实现公司内在资源的整合。(5)品牌资产可实现对外部环境的影响。[57]

表 2-1　联想品牌的核心价值导向

品牌特性	诚信	企业及员工自身：员工以诚信为基本的道德准则，诚信为人，注重信誉，坦诚相待，开诚布公；企业对外形成正直、坦诚、稳健的作风，具有强烈的社会责任感，不忘对社会的回馈。	对待顾客：尊重客户，认真倾听客户需求，对客户快速响应，说到做到，带给客户优质的产品、卓越的服务和安全、可靠的感觉。	对待股东和合作伙伴：对待投资者，保持财务状况公开透明，财务报表真实可信，保持坦诚、负责任的态度；和合作伙伴共同成长，平等公正，相互尊重和信任，形成长远的伙伴关系。
	创新有活力	企业文化层面：勇于挑战现状，积极进取，朝气蓬勃，争做时代先锋。	对员工要求：精力充沛而富有想象力，机敏而适应力强。	技术、产品和服务层面：以先进理念为背景的应用技术不断出现，并能够灵活、迅速地适应顾客需求，不断推出先进独特的、富有时代感的产品和服务。
	优质专业服务	对员工要求：具备强大的实力和专业人才队伍，拥有高技术能力和丰富的经验，以亲和的服务态度和时刻以客户为中心的理念，为客户提供高效、高品质的全方位服务。	服务要求：用心钻研客户潜在需求，尊重并关怀客户，提供体贴周到、个性化的售前、售中、售后服务，达到高客户满意度。在企业方面，根据客户的实际情况，提供个性化的专业 IT 服务和综合方案，为客户增值。	服务体系：具备强大、完善的服务体系，提供全天候的高效快速服务。通过正规的服务流程、超出期望的结果、顶级的服务感受，来建立卓越的服务信誉。
	容易	产品方面：产品设计独具匠心，操作界面简单，兼容性强，易使用、易维护，提供一站式、综合性的全方位解决方案。	客服方面：客户接触面友好便捷。易购买、易咨询，容易享受到全面的服务。给客户带来最便捷、最轻松的生活感受，并享受到高效的工作体验。	技术方面：将高新技术应用在产品设计中，化繁为简。使操作简便、快捷，通过各种途径使科技大众化。

品牌核心价值在价值链整合过程中具有导向作用。品牌具有一组能满足顾客理性和情感需要的价值,并能有效地区别于其他品牌。品牌的这种价值属性转化为一系列的价值标准,通过公司的价值链上的一系列价值活动而加以实现。品牌的核心价值具有稳定性,价值链的优化和重构必须反映和符合品牌的核心的价值诉求。以品牌的核心价值为导向来实施价值链整合,就可以运用最基本的价值评判标准对各种活动、资源和能力进行分析和选择,使新的价值链能够创造出符合品牌诉求的产品或服务。

品牌资产在整合内外部资源过程中发挥着凝聚作用,是价值链整合过程中的一种重要的驱动力量。Charles H.Noble et al.认为,品牌导向不仅有助于在市场上确立引人注目的价值主张,而且可以使组织更紧密地团结在一起,增强其整体绩效。[58]

范秀成将品牌整合公司内部资源的纽带作用总结为:(1)利用公司品牌激发员工的热情和自豪感;(2)以品牌承诺为龙头调整内部机制;(3)将公司品牌作为整合业务组合的纽带;(4)公司品牌与组织战略的结合。[59]以上是一方面。

另一方面,依靠品牌这一市场纽带和重要的顾客关系资产,品牌导向型公司可以增强对价值链的控制和治理并获得更多增值。品牌是联结价值链中供需双方的一种机制。品牌整合公司外部资源的作用体现在以下几个方面:(1)增强对上下游公司的吸引力,密切供应链伙伴关系;(2)增强对终端消费者市场的影响和引导;(3)将品牌作为产业优化重组的纽带;(4)在价值链的治理中获得更多的话语权和控制力。

可口可乐的总裁多次说过,即使他的工厂被大火毁灭,即使遭遇到世界金融风暴,但只要给他留下可口可乐的配方,他还能东山再起,还能重新开始,因为可口可乐的品牌作用。品牌的凝聚作用主要源于品牌对公司各利益相关者的利益。

综上所述,品牌不仅是价值链的一个增值环节,而且是价值链各个环节和上下游的连接纽带,在价值链整合中发挥着导向和凝聚作用。

第二节 品牌导向型公司的内涵

在揭示品牌的价值内涵的基础上,本节进一步阐述了品牌导向的内涵和品牌导向型公司的特点。品牌导向的内涵的表述主要基于品牌导向与顾客导向和市场导向之关系的比较,通过构建品牌导向的构成模型以及顾客导向、市场导向、品牌导向的关系图进行进一步阐述。品牌导向型公司的特点的描述则在已有的经验研究的基础上进行归纳。

一、品牌导向型公司的概念

Urde 在 1994 首次对品牌导向型公司进行了剖析。通过对美国法玛西亚(Pharmacia)公司力克雷(Nicorette)业务单元历时四年的调研,他提出了品牌导向型公司的基本模型。该模型涉及品牌导向型公司的战略七要素,分别为:产品、商标、定位、公司名称、公司识别、目标顾客以及品牌愿景。这些要素由品牌要素和公司要素组成,通过分析这些要素之间的关系,Urde 揭示了品牌导向型公司由品牌推动的价值增值过程。在随后的研究中,他将品牌导向定义为"品牌导向是一种方法,该方法要求公司的程序围绕品牌形象的创造、开发和保护,与目标顾客进行互动以实现可持续的竞争优势"(Urde, 1999)。Urde 的定义将品牌导向定位为一种品牌管理的强有力的系统化方法,并将品牌沟通作为核心内容。他认为,对品牌导向型公司而言,品牌不只是公司战略的一部分,而是公司战略的核心,实现品牌愿景成为公司所有的努力和资源的投入导向。品牌导向要求公司的职能部门和业务单位聚焦于支持强大的顾客关系和利益相关者关系的品牌，无论是公司品牌还是产品品牌，服务产品或是制造产品（Bridson 和 Evans，2004）。[60]

Carsten Baumgarth(2010)将品牌导向定义为市场导向的一种具体类型，因与高度的品牌化相关联而区别出来。该定义将品牌导向界定为一种战略导向，揭示了品牌导向的文化属性。

一些学者将品牌导向理解为一个连续的变量，涵盖品牌化程度不同的公司。Hankinson (2001)[61]将品牌导向理解为“组织将自身视作品牌的程度以及对组织接受品牌化的理论和实践的程度的指征”。Bridson 和 Evans(2004)将品牌导向定义为“组织重视品牌以及以品牌能力建设引导公司实践的程度”。同时，这类定义揭示了品牌导向两个层面的内涵：价值观层面和实践层面。其中，价值观层面对实践层面具有导向作用，其对品牌导向文化内涵的解读与 Carsten Baumgarth 的定义相一致。进一步地，Gregor Harter 等(2005)根据品牌导向程度将公司分为品牌导向型公司(Brand-guided companies)、品牌形成公司和忽视品牌的公司三种类型，并对这三类公司的主要特点进行了分析(见图 2-3)。品牌导向型公司将品牌管理置于公司业务体系和能力培养的核心位置，积极地运用品牌推动业务决策和公司运营。

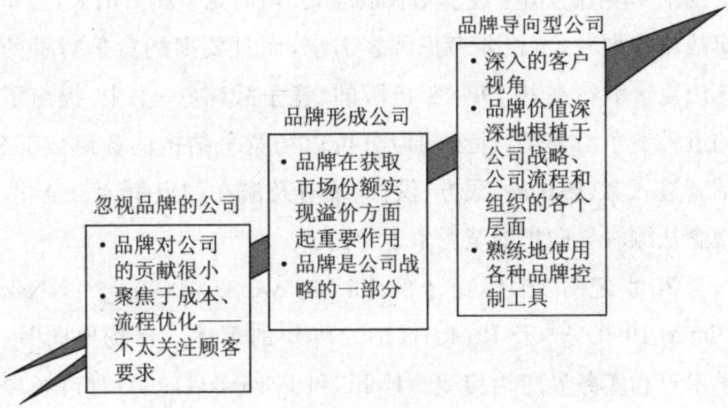

图 2-3　Booz Allen Hamilton 的品牌递进图

上述研究表明，品牌导向具有广义和狭义两种定义。广义的品牌导向涵盖品牌化程度不同的公司，狭义的品牌导向则以品牌导向型公司为研究主体，特指最高程度的品牌导向，即将品牌作为公司战略的核心，实现品牌愿景成为公司所有的努力和资源的投入导向。在本书的研究中，只有第六章涉及广义的品牌导向，其余各个章节涉及的品牌导向概念均作狭义的理解。

二、顾客导向、市场导向到品牌导向演进

品牌导向、顾客导向与市场导向均属于公司的组织文化的范畴，他们既相互联系也相互区别。通过将品牌导向与顾客导向和市场导向相比较，我们可以更深刻地理解品牌导向的内涵。

（一）从顾客导向到市场导向的演进

自 20 世纪 60 年代营销学成为一门独立的学科以来，顾客导向便已深入人心。McNamara(1972)在总结这一阶段时指出，绝大多数早期的营销文献均主张并强调公司应当在满足顾客需求方面付出更多的时间和努力。[62]营销观念将顾客置于公司战略和运营考虑的中心，强调“销售及其他公司职能均始于对顾客需求和欲望的理解”。[63]

到了 80 年代，由于经济增长放缓，公司的竞争压力增大，公司在制定战略规划时，不仅要考虑顾客需求，而且要斟酌竞争对手的反应。迈克·波特在其 1980 年出版的《竞争战略》一书中，提出了著名的五种竞争力模型，即公司应分析市场竞争结构的各组成部分，包括新进入者、替代品、买方、供方、现有及潜在的竞争者。至此，营销观念从顾客导向扩展至竞争者导向。

至 20 世纪 90 年代，由于 Kohli 和 Jaworski(1990)[64]，Narver 和 Slater(1990)[65]及 Ruekert(1992)[66]的著述，“市场导向”一词被学术界和实务界广为接受。Kohli 和 Jaworski(1990)对市场导向的理解是基于行为视角，认为，“市场导向”用于表示对营销观念的

执行，以市场为导向的组织其行为应与营销观念保持一致。Naver和Slater(1990)将市场导向定义为一种组织文化，在这种文化氛围下，组织所有的雇员均承诺持续为顾客创造优异的价值，以此来保证经营活动的良好绩效。通过调查和实证检验，Naver和Slater(1990)确定了市场导向的三个文化构件：顾客导向、竞争者导向和职能间协调（如图2-4所示）。其中，职能间协调是指在为顾客创造优异价值的过程中，协调利用和整合公司资源，密切各职能部门的相互协作。

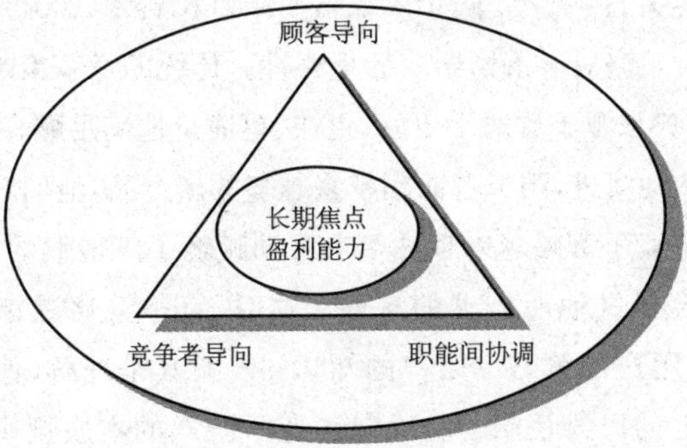

图2-4　市场导向

资料来源：Narver，J.C. and Slater，S.R(1990). *The Effect of a Market Orientation on Business Profitability*. Journal of Marketing，Vol.54，October，p.23

Homburg和Plfesser(2000)[67]在综合许多学者研究成果的基础上，提出了更为全面的市场导向文化观。他们认为，市场导向文化由四个要件组成：

公司范围内支持市场导向的、共同的基本价值观；

市场导向的准则；

市场导向的规章制度；

市场导向行为。

（二）市场导向到品牌导向的演进

综上所述，市场导向是一种面向外部环境的营销导向，而竞争战略的制定必须权衡外部环境与公司的资源和内部能力。因此，在制定竞争战略时，市场导向并不能提供足够的信息和指南，公司需要一种更为具体、更具可操作性的营销导向来作为资源配置和行动的指南。在这一背景下，品牌导向成为众多公司的选择。

这首先是因为顾客关系资产在竞争中的重要性。Kotler 和 Armstrong(1991)在其所作的营销观念的定义强调，公司成功的关键在于比竞争对手更为有效地了解并满足顾客的需求和欲望，并从长期的观点构筑顾客关系。[68]G.卡朗特、L.格拉泽和 K.铃木(2001)[69]详细地论述了品牌策略对于市场导向的重要性。传统的竞争策略是顾客导向，竞争优势来源于比对手更好、更快、更廉价地满足顾客。然而，随着市场更快地演进，购买者面临越来越多的新产品，他们对这些产品都很陌生。竞争策略越来越被用来帮助顾客了解他们的需求，而不仅是向顾客提供他所需求的东西。这时，竞争策略是市场导向策略，即引导用户的策略。用户的知识——尤其是理解、偏好以及在品牌选择上的思维逻辑——决定了竞争游戏的本质规则。品牌策略通过所提供的产品以及所传递的广告信息来决定顾客的经验，通过这种经验增强顾客对品牌差异的理解(品牌认知)，对品牌差异的价值形成判断(品牌偏好)，然后产生品牌选择思维(品牌选择决策)。这种理解、偏好以及选择策略成为竞争游戏的实质规则。

Luxton(2005)认为，品牌导向将品牌作为竞争优势的基础，已经超越了传统的市场导向的框架。他同时认为，市场导向作为一种长期的指导，为品牌导向的实施创造了条件；品牌导向作为一种手段，则将市场导向的目标转化为中长期的可操作的系列活动。[70]

品牌作为关系资产，将市场导向与公司的资源和能力紧密联系在一体，使品牌导向成为一种有效的营销导向和具体的竞争战略。品牌导向引导公司在关注顾客、竞争者等外部环境要素的同时，注重与利益相关者的关系的构建，在公司内部建立强大的关系资产及关系管理能力,来应对外部环境的变化和不确定性,并对顾客行为实施有利的引导。因此,本书认为,品牌导向的本质是一种竞争战略导向。品牌导向是一种更为具体的市场导向,公司通过创建顾客关系资产将内部的资源能力和外部市场联系在一起,使公司获得长期影响市场的力量。

通过对品牌导向与市场导向的关系的分析,我们可以更深刻地理解品牌导向的内涵。

首先,品牌导向是市场导向下的竞争战略选择,品牌导向必须坚持顾客导向和市场导向。从品牌资产的管理过程看,品牌资产管理在考虑顾客价值的同时也充分运用了竞争策略。就品牌创建计划的基础——品牌定位而言,Upshaw(1995)[71]认为:一方面,品牌定位必须以消费者为中心,才能够达到强势定位的目的;另一方面,品牌定位代表着与其他竞争者相互比较之下的相对优点与强力的保证。因此,品牌定位一方面是要针对目标消费者建立有吸引力的品牌联想和品牌形象,另一方面是要针对竞争对手形成差异化的竞争优势。其次,品牌导向型公司的目标更为明确,将其长期盈利的能力聚焦于品牌资产。这种情形下,公司具有特定的目标市场和鲜明的市场定位,内部能力建设上也将与品牌相关的能力视为公司的核心能力而加以突出,其在公司的资源配置方面的导向和整合作用更加明确。

同时,品牌导向在坚持顾客导向、追求顾客价值的同时,还实施了积极的顾客引导。随着顾客需求的多样化和技术、产品的快速更新,公司的市场和产品优势难以持续,实施市场导向的公司迫切地想获取可以持续地影响顾客和市场的力量,在这种情形下,品牌导向开始引起关注。一方面,公司关于品牌的表述通过营销传播影响顾客的品牌感知,从而促进产品和服务的销售;另一方面,品牌反映了公司或其产品/服务与顾客之间的关系,成功的品牌体现了公司或其产品/服务与顾客之间紧密的、积极的、忠诚的联系,使产品和服务的市场更加稳定。

此外，品牌导向可以缩小市场导向与公司绩效之间的不确定性，有利于公司绩效的改善。Oakley(2002)[72]认为，顾客反应是市场导向与公司绩效间的中介变量，并证实顾客反应在市场导向与公司绩效的关系间具有中介作用。实施了品牌导向的公司，具有优质的品牌资产，可以获得更好的顾客反应，取得更佳的市场绩效；进一步地，通过品牌导向的核心能力的建设，使公司的可持续发展获得了保证。

需要说明的是，现阶段，品牌导向的整合范围已经超越了公司边界，不再局限在职能部门之间。如前所述，品牌具有消费者和交易者两个资产维度，是公司与利益相关者之间的关系纽带；品牌与上下游公司和公司的其他利益相关者进行广泛的价值活动的协调，实施价值链范畴内的资源整合，是品牌资产增值的有效举措。

鉴于以上认识，本书认为，品牌导向作为公司的价值观和一种组织文化，会深刻地影响公司的资源配置和能力形成。品牌导向具有五个文化构建：顾客导向、竞争者导向、顾客引导、核心能力导向与价值链协调。在这一文化氛围下，公司所有的雇员致力于品牌资产的创建、保值和增值及与品牌相关的核心能力的建设，以此来引导顾客需求、创造顾客价值，从而实现公司盈利，并保障公司的长期的可持续发展(如图 2-5 所示)。

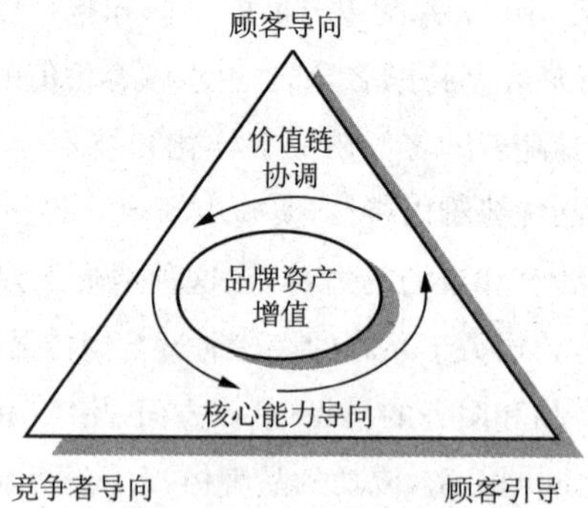

图 2-5 品牌导向

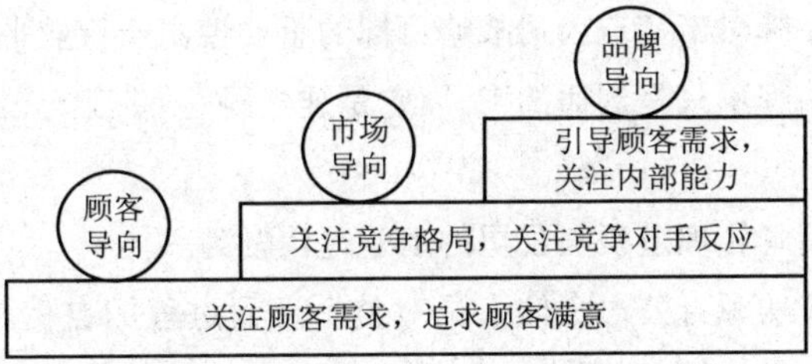

图 2-6　顾客导向、市场导向、品牌导向的关系图

最后，基于对顾客导向、市场导向和品牌导向内涵的认识，本书将顾客导向、市场导向和品牌导向之间的关系用图 2-6 进行概括。从顾客导向到市场导向、从市场导向到品牌导向，每一个转换都反映了公司战略思想的演进。顾客导向立足于满足顾客需求，市场导向增加了竞争导向的内容，立足于比竞争对手更快更好地满足顾客需求，品牌导向则在市场导向的基础上，增加了顾客引导的内容，立足于在引导顾客需求的基础上，实现比竞争对手更快更好地满足顾客需求。同时，品牌是连接外部市场与内部的价值创造系统的纽带，在内部的价值创造环节强调与品牌相关的核心能力的培育，对外加强沟通和关系管理，通过对价值链活动的一体化管理来创建品牌资产。

品牌导向使公司获得了持续影响市场的能力，更加适应于市场的变化和技术更新加快的动态环境。

三、品牌导向型公司的特点和界定标准

品牌导向型公司从事的行业各有不同，提供的产品和服务千差万别；既有百年老公司，也有新兴的快速成长的品牌公司（如腾讯公司，创办于 1998 年，位于 2009 年胡润中国品牌榜的第 14 位）。但是，Booz Allen Hamilton 公司对欧洲公司的调查表明，不同行业的品牌导向型公司具有一些共同的战略和运营特点，其可概括为以下十点：

(1) 品牌对于实现公司战略目标的重要性高于行业平均水平;

(2) 品牌不只是沟通的工具,它是连接顾客、员工与公司战略的关键平台;

(3) 品牌管理过程与公司的运营过程融为一体;

(4) 成功源自公司全体人员对整个运营过程的自信,品牌是产品、服务与员工成功的催化剂;

(5) 最高层管理者承担品牌管理的职责;

(6) 所有员工都对品牌有共同的信念和理解,员工致力于提升品牌价值,他们也因品牌的成功受到奖励;

(7) 营销部门对营销投入的回报有清晰认识,营销人员能够洞察顾客需求从而采取最有效的市场决策,他们也能够分析顾客需求从而对公司战略有所帮助,营销行为都与品牌的核心价值相一致;

(8) 拥有强有力的 IT 系统以获取顾客数据,对顾客进行有效分类,回应他们的需求;

(9) 采用严格的营销投资回报率来衡量营销行为,在此基础上及时采取相应的市场行动;

(10) 正确评估自身品牌的经济价值。

上述特点的总结涉及品牌导向型公司的战略层、组织层和运营层,其中,(1)至(4)点阐述了品牌导向型公司战略层面的特点,强调了品牌对公司战略目标、整个运营过程的影响及其纽带作用;(5)为组织层面的特点;(6)至(10)点则表明了公司运营层面的特点,反映了深入的顾客导向和品牌核心价值的导向作用。

基于品牌的文化视角,根据 Schein 对文化构成因素的分析,同时参考了 Homburg C.和 Pflesser C.[73]对市场导向的界定,Carsten Baumgarth 提出了四层次的品牌导向的界定条件[74]:

(1) 价值观层面

品牌决策由公司高层讨论和决定;

品牌与竞争对手的品牌有所区别；

品牌定位长期内在本质上保持不变；

品牌创建在长期内是可持续的；

在经济资源缺乏时期维持为品牌的投资。

(2) 准则层面

进行定期检查，以保证公司的品牌规划得到贯彻；

在品牌沟通过程中，显著关注沟通方法的整合；

品牌管理者具有能力和权力，以保证在品牌的定位上获得成功；

定期检查品牌是否与竞争对手的品牌形象有所差异。

(3) 物质层

在与顾客接触过程中雇员展示可见的品牌符号要素(如 logo，制服等)；

通过商品交易会展示品牌；

定期召开探讨品牌现状的会议；

通过公司的“故事”反映品牌的定位。

(4) 行为层面

投资于形象广告；

对雇员进行品牌方面的培训；

就品牌定位问题对雇员进行指导；

周期性地通过市场调查对品牌进行研究。

综合上述研究，我们发现，由于品牌导向型公司从事的行业和领域的差异性，以及公司管理活动自身的复杂性，因此不同的学者可以从不同的角度，对品牌导向型公司的特点加以描述。相比较而言，Booz Allen Hamilton 公司对品牌导向有更高程度的理解，其强调品牌是公司战略的核心，对公司的整体运营具有导向作用；而 Carsten Baumgarth 对品牌导向的界定更多是基于品牌的整合营销。

本书在上述研究的基础上，基于最高程度的品牌导向，提出了更为综合的四维度的界定条件，下面从战略特点、文化特色、公司运营和品牌管理四个方面概括品牌导向型公司的最主要的特征。

(1) 公司战略：品牌导向型公司将品牌作为重要的核心能力，将品牌战略作为公司战略的核心。

(2) 管理文化：实施明确的顾客导向和市场导向，积极运用品牌引导顾客需求。

(3) 运营特点：实施品牌驱动的业务和运营管理。围绕品牌来构建公司的业务体系和能力体系，积极地运用品牌推动业务决策和公司运营。

(4) 品牌管控：能熟练地运用各种品牌控制工具，定期评估营销项目投资绩效和品牌资产的价值。

第三节　品牌导向型公司产生的背景分析

品牌导向型公司的兴起和发展有其必然性和合理性。本节从理论背景和实践背景两个角度对这种必然性和合理性进行说明。品牌导向反映了知识经济时代公司战略选择的发展趋势，也是战略品牌管理的客观要求。对品牌导向型公司而言，品牌是公司最为重要的核心能力，是公司与各利益相关者之间的关系资产。实施品牌导向的价值链整合，可以提升品牌相关的核心能力与内、外部资源能力的协同效应，提升价值链的增值能力。

一、品牌导向型公司产生的理论和实践背景

(一) 知识经济时代公司战略观的演进

公司战略管理理论的产生与发展的直接原因在于公司外部环境的剧烈变化。[75]在半个多世纪的发展历程中，由于经营环境的多变性和复杂性，战略管理理论呈现出动态演变的特点。在工业经济

时代，战略管理强调公司组织与环境相适应，主流的管理理论包括：60年代以安德鲁斯和钱德勒为代表的战略规划学派，70年代以奎因、明茨伯格和沃特斯为代表的环境适应理论以及80年代以迈克尔·波特为代表的建立在产业组织理论基础上的竞争战略理论。20世纪90年代以来，人类由工业经济过渡到知识经济时代，公司的经营环境发生了巨大的变化。

(1) 信息产业和科技的发展，使人类的知识更新速度加快，技术创新能力不断提高，产品生命周期乃至行业生命周期在迅速缩短。

(2) 顾客需求日趋多样化、个性化、复杂化，在买方市场的大环境下，顾客导向日益深入人心。

(3) 经济和市场全球化以及国际分工变化，一方面使竞争加剧，另一方面使公司间的联系和依赖增强。而信息技术的发展，使全球范围内的沟通和交流更加便捷。

(4) 对可持续发展模式的关注。要求公司在追求自身利益的同时，还要兼顾相关利益者的要求，关注其存在的社会、生态和环境的价值。

为应对上述变化，战略管理将寻求竞争优势的视角转向公司内部和关系网络，注重内部核心能力与外部资源能力的整合。“核心能力”和“合作竞争”成为知识经济时代最前沿的战略管理思想。[76]

资源基础理论认为，公司的独特的资源或能力是造成它们业绩差异的重要原因。公司拥有有价值的、稀有的、难以模仿的、能为公司组织架构所充分利用的资源和能力，是可持续竞争优势的基础。在此基础上，加里·哈默、C.K.普拉哈拉德在1990年提出了核心能力理论。核心能力理论认为，核心能力是最高层次的、持续时间最长的要素，难以复制和模仿，公司要在快速变化的市场中谋求持久发展，就必须将培育核心能力作为公司战略的中心主题。[77]

1996年，詹姆斯·穆尔(J. Moore)将生态学的原理用于商业研究，提出了一种新的竞争战略形态——公司生态系统观，提倡公司应该和谐共生于一个丰富而利益相关的动态系统中，公司在相互合作与竞争的过程中“共同进化”其独特的能力。[78]同年，纳尔巴夫(Nalebuff)和布兰登伯格(Brandenbuger)提出了合作竞争的新理念，认为公司经营活动是一种可以实现“双赢”的非零和博弈。[79]兹内丁(Zineldin, 1998)提出了“竞合”的概念，指出公司应该认识到与供应商、分销商、顾客及其他供应链节点公司在价值增值中的平等合作关系，以多维视野集成公司内外部活动，与合作者建立长期的信任关系。[80]

（二）品牌管理思想的演进

与知识经济时代公司战略观的演进趋势相一致，自20世纪80年代末开始，人们对品牌的作用以及品牌在公司中的地位也有了新的认识，品牌从以往识别产品的战术性工具转变为公司的战略性资源，成为公司管理的一个核心(Kapferer, 1997; Urde, 1999；范秀成，2000)。公司的品牌管理由品牌化阶段进入战略导向的品牌管理阶段，品牌管理进入战略导向的品牌管理阶段的标志性理论是“品牌资产理论”。

大卫·A·艾克(David A. Aaker)在《品牌资产管理》一书的推荐序中总结了品牌资产化对品牌管理方式产生的影响：(1)它意味着公司品牌将获得更高层次的管理；(2)它意味着品牌管理具有战略意义；(3)它意味着整个公司需要进行调整以适应品牌建设；(4)应该在过去以“短期效益”为核心的衡量标准中加入“品牌资产”的概念，以使其更为完善。

“品牌关系理论”代表了品牌资产创建的最新发展阶段(卢泰

宏,2003)。[81]在Keller的以顾客为基础的品牌资产理论的基础上,Donna F.Davis(2003)提出了交易导向的品牌资产,开始关注品牌资产对供应商、分销商和零售商的具体影响。广义的品牌关系也受到更多关注,研究涉及了品牌关系光谱、品牌社区和品牌生态。Duncan进一步指出,整合营销是创建和维护品牌关系的基本方法。品牌的整合营销反映了品牌管理由注重营销传播的战术型管理向注重一体化整合的战略型管理的转变趋势。

综上所述,品牌导向作为一种具体的市场导向,在关注外部环境的同时,也关注公司的内部能力的建设和关系网络的构建,体现了知识经济时代最新的战略管理思想。同时,品牌导向是一种战略导向,是创建品牌资产的有效模式。

二、品牌导向型公司的现状分析

在欧美国家,品牌作为重要的关系资产和核心能力,成为公司战略的重要组成部分。创建品牌导向型公司不仅是大多数消费品生产公司的战略举措,也成为许多工业品生产公司和服务业的战略选择。英国国际品牌集团公司(Interbrand Group)是世界上最早研究评价品牌的机构,其每年在美国《商业周刊》发布的"全球100个最有价值品牌"是最有公信力的排行榜之一。2016年其发布的品牌100强中,52个品牌来自美国,10个品牌来自德国,8个品牌来自法国,6个品牌来自日本,3个品牌来自韩国;中国品牌只有华为和联想进入榜单,品牌影响力远逊于经济体的影响力。

Booz Allen Hamilton公司和品牌咨询公司Wolff Olins在2005年对欧洲的市场总监们的调查显示,超过90%的公司认为它们的品牌是其成功的关键因素——这个数字是5年前的2倍(见图2-7)。调查表明,品牌导向型公司出现于各行各业,品牌导向型公司和非品牌导向型公司的不同之处与行业无关。调查同时表明,品牌导向型公司的市场表现,远远优于行业平均水平(见图2-8)。

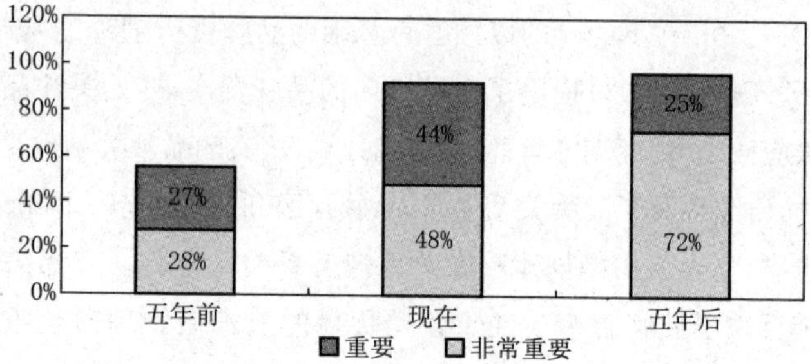

图 2-7　品牌重要性

资料来源：Booz Allen Hamilton 公司和品牌咨询公司 Wolff Olins 对欧洲的市场总监们的调查。

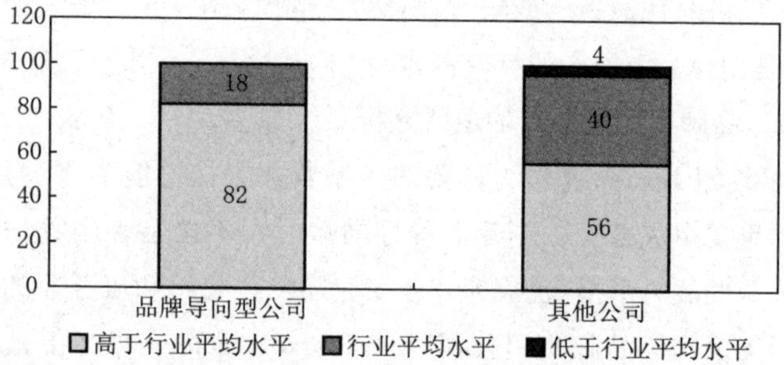

以银行为例：调查表明，品牌导向型银行的资产回报率为 19%，其他两类银行的资产回收率为 8%。

以工业品为例：调查表明，品牌导向型公司的 EBITDA 利润率（除利息、税务、折旧及摊销前的经营利润率）为 17%，对应于其余两类的 10%。

图 2-8　品牌导向型公司的业绩水平

资料来源：Booz Allen Hamilton 公司和品牌咨询公司 Wolff Olins 对欧洲的市场总监们的调查。

我国公司对品牌重要性的认识普遍落后于欧美。在计划经济时期，我国生产供应普遍不足、公司竞争意识严重缺乏，导致整个社会的品牌培育处于停滞状态，原有的老品牌也日趋没落。改革开放后，人们的市场意识逐步增强，特别是 1996 年下半年以来，我国商品市场的买方市场特征日益明显，名牌的创建日益得到国家和省市各级政府的重视，并得到国内一些领先型公司的关注；1996 年，国务院在《质量振兴纲要(1996 年—2010 年)》中提出“实施名牌战略，振兴民族工业”，1997 年国家经贸委和国家质量技术监督局联合发出《关于推动公司创名牌产品的若干意见》，组织开展了以产品实物质量、市场占有率、质量管理和质量保证为主的名牌产品的认定。进入 21 世纪后，民间的品牌意识日渐觉醒，对品牌重要性的认识不断提升，名牌和世界性品牌的创建成为公司和国家的使命。

调查显示，20 世纪 80 年代中后期，我国国有公司管理人员品牌意识为 37%，90 年代初期为 52%，90 年代中后期为 60%。[82]中小公司的品牌意识又远低于国有公司。根据中国中小公司协会 2005 年对我国 120 个外贸公司的调查显示，中小型外贸公司整体缺乏品牌经营意识，品牌理念相对不成熟；有 40%的外贸公司为跨国公司做贴牌加工，放弃了自身的品牌培育；30%的外贸公司更关注公司生存而非长远发展，认为只要把产品销售出去就是最大的成功，产品销售出去就等于做品牌；20%的外贸公司认为做品牌就必须有数千万、上亿的巨大资金投入，是个长年累月甚至几十年持续投入的漫长过程，因此做品牌只能是实力雄厚的大公司的事；有 10%的外贸公司认为外贸公司根本不需要做品牌，关键靠推销、做市场。[83]

根据 2009 年公布的胡润中国品牌榜，国内品牌 100 强的品牌价值在 13 亿元人民币至 1 990 亿元人民币之间，品牌价值占公司自身市值的比例在 5%至 41%之间。对胡润中国品牌 100 强的分析表明，中国的强势品牌具有以下特点：(1)垄断性行业造就的品牌占有排行榜的半壁江山。国内品牌 100 强中，排名第一和第二的行业为金融业和烟草业，入榜品牌分别是 20 个和 13 个，这两大领域均具有垄断性特征。(2)在竞争充分的行业，民营品牌占有显著优势。民营品牌只有 35 个入榜，其中 9 个服饰品牌、8 个信息服务业品牌均为民营品牌。(3)入榜品牌主要分布在经济发达地区。从地域分布看，有32个北京品牌、15个广东品牌和11个上海品牌，这三大地区的品牌占了入榜品牌的58%。

服饰业是典型的购买者驱动型价值链，我国服饰市场高度竞争，品牌导向成为公司提高产品附加值的首选。以2009年胡润中国品牌榜的前两家服饰公司(美特斯邦威、李宁)为例，它们都是典型的品牌导向型公司。美特斯邦威是一家虚拟经营的品牌管理型公司，采取贴牌加工和特许经营模式，以品牌经营和服装设计为核心专长；美特斯邦威设立了品牌策划部和品牌传播部，直接由总经理领导；投资1亿元打造了高效的IT管理系统，实现了对上游生产商和下游专卖店的全流程“掌控”，可以实现对客户需求的快速响应。李宁集团将“成为国际主流体育品牌”作为公司宗旨，同时明确指出，品牌是李宁集团的核心竞争力；组织结构上，在销售总监之外设立了市场总监，专门负责长期利益导向的品牌管理、市场调研、产品营销规划和公共关系。

第四节　案例研读：无印良品——没有标志的品牌

品牌导向型企业的本质是什么？日本品牌无印良品MUJI可以给我们最好的阐述。

无印良品是一个日本杂货品牌，在日文中的意思为“无品牌标识的好产品”。品牌大师沃利·奥林斯(Wally Olins)对无印良品的评价是：“即便它是没有品牌的品牌(no-brand brand)，但你也不能否认，这依然是一个品牌。”在世界品牌实验室独家发布的“2007年度世界品牌500强排行榜”中，MUJI排名第四百位，在上榜的28家服饰类品牌中，位列第20，排名高于乔治·阿玛尼、李等世界品牌。

无印良品原是西友集团旗下自有品牌，诞生于1980年。1989年，无印良品脱离西友集团独立经营，以"良品计划"为公司名称，以"无印良品"为品牌。基于"反品牌"概念，打造以生活形态提案店(Life Style Store)为特色的无印良品，产品类别以日常用品为主，强调自然、简单、环保、富于质感以及以人为本等理念，在包装与产品设计上皆无品牌标志。

实际上，"没有品牌的品牌"鲜明地传达了无印良品的品牌理念。无印良品的"反品牌"概念体现在以下两个方面。首先，品牌背后隐含着基于社会阶层以及虚荣心理的消费价值观，而无印良品摒弃一切外部标签，即便在衣领后面也不设商标，正是对这种消费观念的抵制。没有商标，去除一切不必要的加工和颜色、简化包装，产品只强调素材和功能本身，致力于打造繁华盛世中的朴素产品。其次，无印良品坚持用商品的内在价值来打动消费者，反对将高昂的商业广告费用转嫁给消费者。无印良品没有代言人制度，从不进行商业广告宣传，主要通过免费的商品图录来联络客户和宣传产品。

(一) 无印良品的品牌核心价值导向

没有品牌的无印良品，有着鲜明的品牌理念。与"反品牌"概念不同的是，无印良品极度重视品牌理念，极度重视品牌理念与产品设计、店面陈设、产品推广的一致性，并要求上述一致性被顾客感知到。

1. 无印良品的品牌定位

良品计划株式会社致力于提倡简约、自然、富质感的生活哲学，提供消费者简约、自然、基本且品质优良、价格合理的生活相关商品，不浪费制作材料并注重商品环保问题，以持续不断为消费者提供具有生活质感及丰富的产品选择为使命。

无印良品的品牌定位将无印良品与人们倡导的一种人生哲学及其主导下的生活方式紧密相连。无印良品力图为人们质朴而美好的生活提供更多选择，抵御个人主义的铺张奢侈、强调消费的理性与克制。无印良品艺术总监原研哉教授曾说:"不管在这中间的哪一个城市,无印良品已经如水一般随隙融入那个城市年轻人的生活,缘起于亚洲东边的日本审美,以这样的方式和世界交流沟通。"

2. 无印良品的产品设计

产品的品质始于设计。无印良品非常重视产品的设计环节,拥有一个由各领域顶尖设计师组成的梦幻团队。无印良品的设计主要着力于解决生活问题。无印良品的社长金井政明曾经表明:"我对设计师的唯一要求是恢复事物最简单的样子,同时好用。"在这一设计思想指导下,无印良品的所有产品均具有朴素的外表和实用便利的功能特点。

无印良品在商品开发时兼顾有关地球资源、环境、回收等问题,追求长久耐用、具有高度普遍性的材质,设计上不会增加有很强嗜好性的设计元素与颜色、不考虑当季的流行趋势。在简约的理念下运用设计的原理和创新的思想,最大化地发挥出产品的使用价值。

无印良品的产品设计一直坚持顾客需求导向,从产品设计前的顾客需求调研,发展到让顾客直接参与设计。无印良品会在其网络社群中发布产品主题,收集网友意见,统计整理出几个方案让网友评选。然后根据得票最多的方案画出设计图,在与网友的反复沟通中不断修正样品,直至产品接受预定并投产。

无印良品产品一般使用原素材,不加特别染料、印刷;货品的价格、条码与产品信息均使用简单、容易拆除的标签来显示;在商品售出时,使用带有品牌名称的包装纸袋。但在无印良品的所有商品上,人们找不到任何标识。

3. 无印良品的店面陈设

无印良品专卖店具有宽敞、明亮、简约、自然的空间布局风格。商品陈列整齐,空间错落有致,呈现温馨的居家生活状态。店面没有复杂的装饰和绚丽的色彩。在无印良品的专卖店里,除了红色的

“MUJI”品牌墙，店面色彩（墙面、货架和商品）以白色、米色、蓝色和黑色为主。

无印良品的店面风格体现了简约、朴素、舒适的生活形态：生活的需求，不必因太繁杂而凌乱；理性的需求，节制而清淡，可以直抵生活的本真，营造舒适、美好的生活。

无印良品的商品陈列标准是顾客导向的具体体现，在顾客视觉冲击力、顾客便利性等方面充分提升顾客体验。所有商品的摆放必须遵循从左至右依次由浅入深、由小到大的基本陈列规则；文具区所有笔盖都必须朝向同一个方向；被挂在高处的搓澡棉、浴花必须保持同一高度；折叠摆放的衣服，每一摞衣服最上面一件的领口向外对准通道，让顾客不弯腰也能看清衣服的领口款式。

4. 无印良品的营销推广

无印良品历年开发的商品以自身的质朴与品质成为品牌的最佳代言者。而消费者之间的口碑相传也成为了无印良品品牌的主要传播方式。其创始人木内正夫认为：“我们在产品设计上吸取了顶尖设计师的想法以及前卫的概念，这就起到了优秀广告的作用。我们生产的产品被不同消费群体所接受，这也为我们起到了宣传作用。”

2003 年前，设计简单、表达直白的海报是无印良品最主要的宣传手段，内容涉及品牌定位、产品类别，甚至是企业的发展阶段。2003 年后，无印良品使用每年一换的主画面来宣传品牌理念，主画面以极简为特色，通常没有太多的语言，通过画面的意境来传递品牌理念。

无印良品的宣传海报一直坚持惯有的品牌理念，并随着时代的发展不断补充新的品牌内涵。如 1981 年海报中的“爱无需美化”以及 1983 年海报中“自然、当然、无印”的海报，分别在 2000 年、2014 年又被重新拿出来作为当年的宣传主题，但随着一代人的成长，在

80年代宣传童装产品的海报，如今则转向以中青年为主要受众。

无印良品向顾客提供产品目录，并通过免费的商品图录和网站来联系顾客、推介产品。无印良品介绍产品时会重点提及材料和使用便利性。无印良品的网站，除了通过网上商城销售产品，其生活良品研究所还通过设置“意见箱”收集顾客提案，与顾客共同探讨新的素材开发和生活方式。

无印良品定期举办国际设计大赛，宣传其设计理念，为其产品开发提供源源不断的创意来源；并通过介绍无印良品的书籍和展览来加强其与顾客之间的沟通与共鸣，推广其生活哲学和品牌理念。

5. 无印良品的运营管理

无印良品提供的质朴产品不以低价为目标，而是要通过细致入微的设计风格、环保严谨的加工技术、周到体贴的服务来提升产品品质，实现合适的性价比。无印良品的运营管理，力图通过规则和把控，让简单实用的商品，在具有价格吸引力的同时兼具质感和美感，同时提升运营效率。

无印良品的产品开发过程非常重视顾客导向和品牌核心价值导向，从企划、设计、制造到售卖均需层层把关，将“简约无华”的概念落实在多个层面，如在制作中节省资源、简化制程、产品价格实在、设计造型简单、质地自然等。

为了实现产品的“实用便利性”，无印良品成立了两个核心的管理部门并由社长亲自管理。一个是面向消费者集思广益的生活良品研究所，另一个是设计师主动寻求需求的商品开发部，对产品进行定期检查并更新设计。

无印良品的生活良品研究所，像一个非正式的研究部门，通过实体店铺和网络与顾客交流。商品开发部会在研究所发布研究项目，向顾客征询产品的改进建议；而顾客则被鼓励在商品开发、试卖、正式售卖阶段为研究所贡献创意、解决问题。无印良品对顾客提案建立了一套完整的反馈机制。通过跨部门的合作将顾客的建议转化为商品。顾客建议在第一周内得到研究所内部审核认定后，第二周研究所会和商品开发部不同品类的负责人逐一探讨提案，基于对成本和顾客需求的经验判断作出采纳决策，第三周向顾客告知结果。五年间，共有 268 件提案进入生产流程。

产品设计方案获得通过后，产品还将面临由日本顶级设计师组成的外部咨询委员会的审查，委员会认真讨论商品是否符合“MUJI的理念”，集团认可后产品才能最终上架。

根据简单而高效的规则来推动团队运作，包括：建立门店低成本运营的标准作业手册、建立对新开门店的评估标准、通过“30%委员会”将销售管理费用率控制在 30%以内、设定用于判断“新产品是否值得重制”的基础数值等。例如，女装在销售一周、男装在销售两周后，若销量达到预售数量的 130%以上，便可追加订单；若未满70%，则需改变款式重新制造。

（二）大规模扩张后的品牌回归

无印良品的发展并非一帆风顺。从 1990 年至 2000 年，无印良品通过 10 年的急速增长期，销售额增长 3.4 倍，盈利能力提升 24 倍。2000 年，公司在东京证券交易所上市，无印良品出现首次净利润同比减少 12.7%，2001 年销售额增长 3.4%，但是营业利润减少51.3%。该时期由于过度追求销售业绩，忽视设计开发理念，门店扩张过快，遭遇平价对手的阻击，造成 MUJI 在 2001 年出现过 39 亿日元的亏损，公司遭遇严重危机。

运用品牌导向型公司的价值战略模型（图 4-8）对无印良品的危机进行剖析，无印良品的危机根源在于公司经营战略与品牌战略的脱离。

公司 2000 年上市后，销售战略目标定在 1 100 亿日元。在市场增长缓慢、居民消费购买力持续处于下行周期以及平价竞争对手进入市场的情况下,公司想实现持续平稳增长对于运营能力提出较大的挑战。该时期无印良品没有聚焦于相关核心能力的建设与提升,而是通过盲目的市场扩张来追求销售增长。门店的快速扩张导致商品开发无法跟上渠道扩张步伐,最终产品品质下降、大量产品滞销、门店大面积亏损、品牌效应弱化。

2001 年,无印良品第三任社长松井忠三上任,开始实施围绕核心能力建设的经营战略,实现企业核心能力支撑下的可持续发展。通过品牌战略与经营战略的融合,历时三年,净利润率实现"V 形反弹",使无印良品重回良性发展的轨道(如图 2-9 所示)。

作为品牌零售商,无印良品基于其品牌理念,将需求导向的产品设计、高效运营作为其最重要的核心能力。无印良品品牌以追求实用和性价比为核心,需求导向的产品设计能力和高效运营能力有助于其在为顾客创造价值的同时实现较高盈利。为了专注于核心能力,其产品制造环节实施外包。面对危机,以松井忠三为代表的无印良品管理层在实施清理库存、关闭门店等紧急止损的短期措施后,将企业资源重点投资于上述两个方面的核心能力的构建。

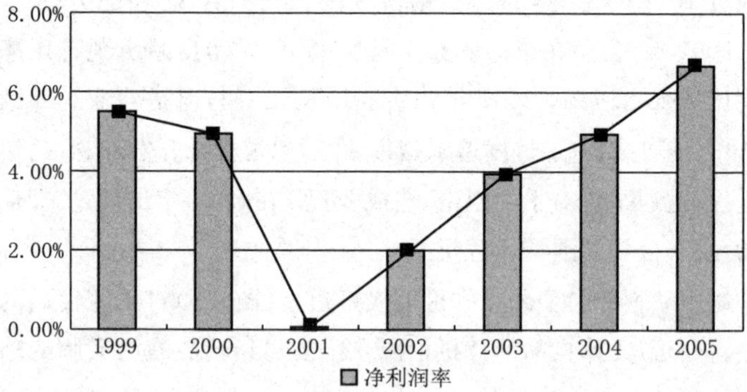

图 2-9　无印良品净利润率的"V 形反弹"

在需求导向的产品设计能力建设上有两方面。一方面,松井忠三创建了“生活良品研究所”网站，建立起通过与顾客的交流来进行商品开发的机制；同时起用著名设计师，不惜重金打造设计师团队。无印良品与著名设计师山本耀司的团队合作，使2003年服装销量实现两位数增长；自2003年开始，公司采用“全球无印”开发方式，与世界顶级设计师如英国的山姆·黑古德、意大利的恩佐·马里等合作，增加品牌辨识度。另一方面，无印良品变革商品结构，将商品职能划分为战略商品和高附加值商品，前者引流后者攫取溢价，打造客流与盈利的平衡点。比如公司推出战略性商品如卸妆水、化妆棉等，属于需要经常购买的品类同时性价比较高的，可以显著增加顾客的人数；而高附加值商品如直角袜、高领不刺痒羊毛衫，在顾客反复光顾的过程中会带来销售。

在高效运营能力建设上，一方面是通过供应链管理加强业务集成能力，比如数字化管理库存以销定产、寻找低成本生产基地、减少供应商数量提高单个供应商的采购量和议价力等。另一方面则加强标准化和制度建设，加强业务管控的同时降低管控费用，比如成立“30％委员会”把控费用、建立标准化体系强化服务标准和店面选址标准、完善新产品开发机制保证产品适销对路。

——该案例根据《无印良品》(无印良品著)《无印良品的改革》(渡边米英著)以及无印良品官网和其他公开资料编写

第三章　基于价值链的品牌导向的机理研究

对品牌导向型公司而言，品牌价值深深地根植于公司战略、公司流程和组织的各个层面，品牌管理过程与公司运营过程融为一体，并最终实现了品牌价值与公司价值的一体化管理。基于价值链理论，本章重点剖析品牌导向的一体化管理的作用机理。通过构建品牌价值链，说明了品牌管理的主要活动及其特点；通过构建品牌导向的价值链模型，说明了品牌导向型公司品牌管理活动与公司其他活动之间的关系，即品牌管理活动需要公司其他价值活动的支持，同时品牌对公司其他价值活动又具有导向作用。品牌导向的价值链模型反映了品牌这一无形资产在公司价值链中的作用及其对公司竞争优势的贡献，突出了品牌在公司战略中的核心地位。进一步地，基于品牌导向的价值链模型，本章分析了品牌导向的作用过程，并结合品牌导向的价值活动优化决策模型，从定性和定量两个方面深刻地揭示了品牌导向的作用机理，说明了品牌价值信号在公司价值活动中的传导过程，阐明了品牌导向型公司竞争优势的来源。

第一节　品牌支持系统

品牌的符号系统与价值系统的一体化模型表明，品牌的创建需要公司整个价值系统的支持。离开价值系统支持的品牌虽然可以赢得一定的知晓度，但却难以赢得顾客的美誉度和忠诚度，难以转化为公司可持续的竞争优势。本书借鉴和发展了王兴元的“名牌塔”理论，将品牌的价值支持系统归纳为四个层级，分别为：产品/服务、营销、公司内部管理支持和供应链管理支持（如图 3-1 所示）。品牌的价值支持系统以价值创造为核心展开，处在最顶层的是产品/服务，因为品牌价值总是与产品/服务的功能属性和实际质量紧密联系，离开了产品/服务的支持，品牌价值也就无从谈起；处在第二层的是营销，公司的营销组合活动对品牌的形成和维护起着重要的影响；品牌支持系统的第三层是公司内部的管理支持，涉及公司的管理系统和文化系统，如人员管理、后勤管理等职能模块以及战略、组织、制度、程序和管理方法；第四层是供应链管理支持，创建品牌资产不仅需要跨越职能部门的协调，而且需要供应链伙伴及其他利益相关者的支持。

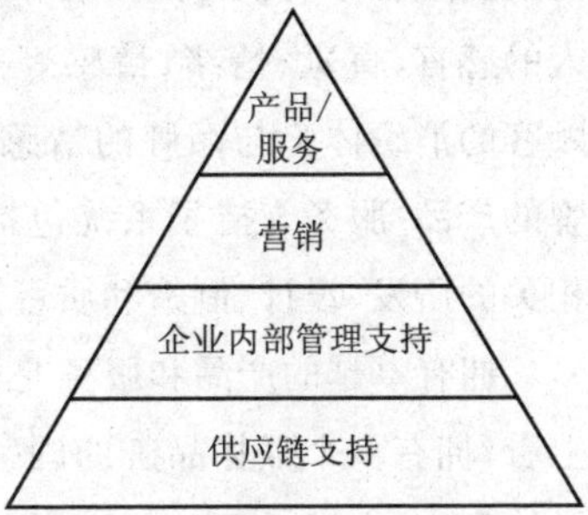

图 3-1　品牌支持系统

一、产品/服务支持子系统

品牌就是产品，但它是加上其他特性的产品，以便使其以某种方式区别于其他用来满足同样需求的产品。品牌的发展是因为品牌具有一组能满足顾客理性和情感需要的价值，即功能性价值与象征性、情感性价值，功能性价值不仅是顾客价值的一个重要构成，也是产生象征性、情感性价值的重要基础。功能性价值与产品和服务的功能和质量相关，创建品牌导向型公司就必须关注产品和服务的功能开发和质量管理，注重培养高水平的研发、设计能力，并努力提高公司的质量控制和技术创新的水平。

根据阿尔温·托夫勒(1970)[84]经济发展的三阶段理论,体验经济将继制造经济、服务经济之后成为社会经济的基础。顾客体验价值的产生是由于顾客和产品之间互动的结果,Schmitt(1999)[85]将体验定义为消费者的一种感受,客户对于商业活动中的"体验"是由消费过程中所获得的产品和服务构成的,同时他还认为体验涉及人的感官、直觉、情绪、情感等感性因素及智力、思考等理性因素。顾客的消费体验与品牌的情感性、象征性价值密切相关。因此,品牌的产品/服务支持子系统包括与产品、服务和顾客体验价值直接相关的研发、设计、制造和质量管理活动。

拥有卓越的产品和服务是创建强势品牌的基础。从宏观层面上看,拥有多个强势品牌的国家必然具有高水平的研发、设计和质量管理水平。2009 年,《商业周刊》发布的全球 100 个最有价值品牌中,入榜品牌最多的前四个国家依次为美国、德国、法国和日本,占了全球 100 强中的 76 个,这四个国家均具有很高的研发、设计和质量管理水平。从微观来讲,一个公司想要创建强势品牌,其产品、服务的功能和质量也必须在整体上达到甚至超过行业内的平均水平,并在一些单项上超越竞争对手而具备自身的特色。

二、营销支持子系统

品牌的塑造离不开公司的营销活动。公司市场营销部门的职能包括市场调研、产品销售、调节生产与供应、创造市场需求和公共关系,典型的营销组合策略涉及产品策略、定价策略、促销策略和分销策略,它们都会对公司的品牌权益产生实质性影响。

Simon 和 Sullivan(1993)[86]列出了对品牌资产有影响的营销变量:广告支出、销售队伍和市场调研支出、品牌年龄、产品组合等。Yoo、Donthu 和 Lee(2000)[87]检验了营销组合要素对消费者基础的品牌权益的影响。他们发现店铺形象、广告和价格水平会增强消费者对品牌权益的感知,同时,经常性的促销会损害品牌权益。Artur

Baldauf et al.(2009)[88]的研究则表明了营销组合要素对交易基础的品牌权益的影响。他们发现,供应商形象、促销活动(非价格导向)会增强零售商对品牌权益的感知,价格水平、价格优惠政策则会损害零售商心目中的品牌权益。价格水平对消费者基础的品牌权益与交易基础的品牌权益具有不同的影响,主要是由于消费者往往根据价格判断产品质量,而零售商采购人员往往具有判断价格的专业知识。

于坤章等[89]认为,价格促销对品牌权益的影响在不同情境下有所差异。品牌权益越低,品牌号召力越差,价格促销的效果也会越差;具有较高权益的品牌可以适当使用价格促销,由于消费者对其产品品质的信任,不仅不会影响感知质量,还会吸引一部分原本不具有购买能力的消费者。他们主张,以实用为目的功能型品牌更适合使用价格促销,而象征型品牌则更适合使用非价格促销活动。此外,新产品的价格促销不会对品牌权益构成损害。

因此,营销策略会对品牌权益产生积极或消极的影响,通过实施积极的营销策略,可以增强顾客心目中的品牌形象,提升公司的品牌权益。

三、公司内部支持子系统

公司内部支持子系统为品牌价值提供基础性的支持。公司内部支持子系统主要包括人力资源管理、财务管理等基本职能以及公司的文化和制度保障。

人员是公司内最具能动性的因素,是公司战略品牌管理最根本的决策力和驱动力。人力资源管理涉及人才的招聘、培训、配置和激励,人员效能的充分发挥可以提升公司的战略能力和活动效率。财务管理涉及资金的筹措、运用和审核,可以为品牌营销项目提供资金支持,也可以通过财务审核明确品牌权益和品牌价值,评估品牌营销计划的有效性。

公司文化是指公司全体员工在长期的发展过程中所培育形成

并被全体员工共同遵守的最高目标、价值体系、基本信念及行为规范的总和。公司文化直接关系公司形象和品牌形象，一个公司只有勇于承担社会责任、遵守社会伦理道德规范才能被广大的顾客接受，并赢得应有的社会声誉；借助于公司形象识别系统(CIS)，公司可以形成鲜明的文化特色，有效地传播公司形象，显著地提升公司品牌。另一方面，优秀的公司文化可以凝聚和激励员工，增强与利益相关者的合作关系，从而提升公司的运营绩效。

公司的战略、组织、制度、程序和管理方法可以理解为公司文化的一部分，可以提高公司资源配置和资源组织的有效性，为品牌管理活动的高效实施提供支持，也为公司的有序发展提供有力的保障。

四、供应链支持子系统

品牌的支持系统已经不再局限在公司的范畴，品牌可以为供应链上的所有成员创造价值，品牌管理的成功实施也需要来自供应链的有力支持。供应链是由供应商、制造商、分销商、零售商和最终用户构成的网链结构，它是连接供应商到用户的物流链、信息链、资金链，也是一条增值链，通过物料在供应链上加工、包装、运输等过程而增加其价值，给供应链成员带来收益。

供应链管理主要包括计划、合作、控制从供应商到用户的物料和信息，通过物料和信息的一体化管理，可以及时准确地传送需求信息、提供物料供给以及实现及时补货，使公司在更快速准确地响应客户需求的同时，有效地降低物流和管理成本，从而提高客户服务水平并为客户创造更多增值。

良好的供应商伙伴关系无疑可以增进交易基础的品牌资产；同时，供应链一体化管理通过低成本高效地服务于终端客户，也会积极地影响消费者角度的品牌资产。Steven H.Seggie(2006)[90]对美国 184 家第三方物流公司的调查表明，供应链整合程度对品牌权益有积极的影响。

对处于供应链上游的品牌公司而言，要成功地创建品牌更加离不开供应链伙伴的支持。如杜邦公司“莱卡”品牌的创建过程中，为了获得对终端市场的影响力，杜邦与使用“莱卡”原料的面料制造商和服装制造商进行了紧密的供应链合作，对面料和产品的设计和研发、成衣的商标和销售提出了一系列的要求。可以说，“莱卡”品牌的成功，是供应链成员协同努力的结果。

第二节　品牌导向的价值链模型

一、品牌价值链的构成

目前尚没有关于品牌价值链的统一定义。对品牌价值链的认识和应用目的的不同导致了品牌价值链构成的差异性。Keller 认为，品牌价值链是一种评价哪些营销活动创造品牌价值，以及评价品牌资产的来源和结果的结构化方法。基于这一认识，Keller 构建的品牌价值链反映了营销项目投资的价值增值过程(如图 3-2 所示)。

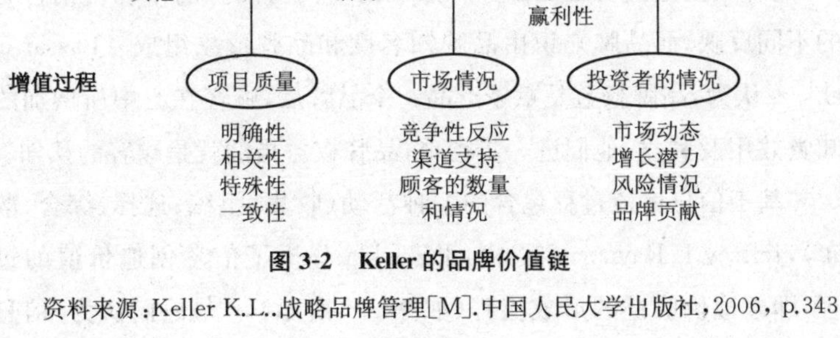

图 3-2　Keller 的品牌价值链

资料来源：Keller K.L..战略品牌管理[M].中国人民大学出版社，2006，p.343

陈文峰[91]认为，所谓品牌价值链，就是以公司向用户承诺的最终品牌价值为导向和目标，从公司经营的整个业务链入手，梳理和改善每一个环节，使之符合品牌价值的要求。这样的价值链贯穿公司经营的所有环节，包括产品开发、采购、生产、分销、服务、传播，等等。他以凌志牌轿车为例，说明了品牌价值系统的构建过程（如图 3-3 所示）。该价值链模型没有反映品牌管理活动自身的特点，只是强调了品牌对公司价值链的导向作用。

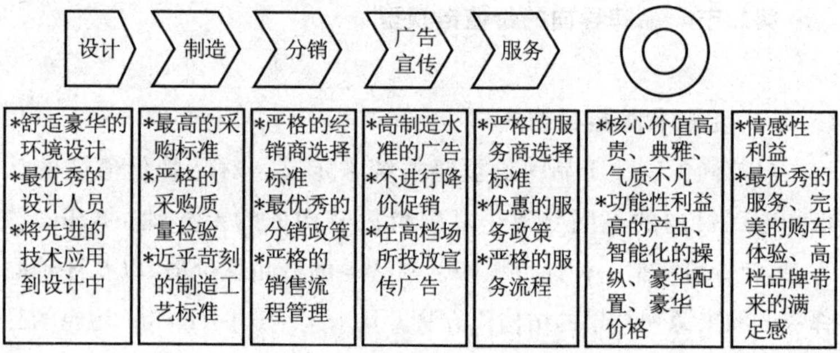

图 3-3 陈文峰的品牌价值链模型

本书认为，品牌价值链具有虚拟价值链（知识价值链）的属性，反映了顾客品牌知识的形成过程。这主要是因为，品牌权益是一项无形资产，由顾客的品牌知识构成。根据科勒（Keller, 1993）的定义，品牌权益是消费者由于品牌知识的不同对品牌的市场营销行为的不同反映，而品牌知识由品牌知名度和品牌形象组成。Lassar et al.[92]认为，品牌权益是赋予产品一个品牌后，顾客在心中所增加的知觉效用及利益；他们进一步指出，品牌权益指的就是顾客的认知。

基于信息增值过程包含的五种活动（收集、组织、选择、综合、散布），Jeffrey F. Rayport 和 John J. Sviokla 分析了信息创造价值的过程，即虚拟价值链的形成流程（如图 3-4 所示）。[93]他们认为，信息源于有形资产，信息可以进一步转化为知识，从而创造公司的核心资产。

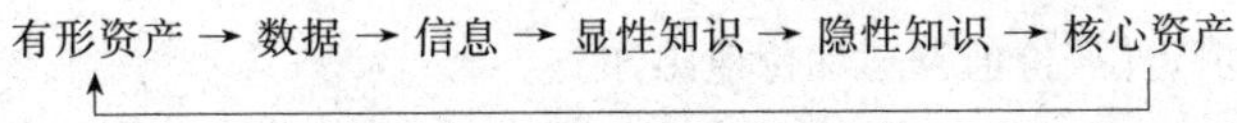

图 3-4　虚拟价值链的形成流程

根据虚拟价值链的特点，本书把品牌价值链归纳为四个环节：即品牌识别、营销项目、利益相关者体验、品牌绩效（如图 3-5 所示）。品牌价值链涵盖了公司价值活动的三个重要环节：价值定位、价值沟通和价值感知。参与者涉及品牌公司和顾客。在此，本人把品牌诉求的对象理解为广义的顾客——利益相关者，因为在服务经济和网络经济年代，品牌权益与利益相关者的关系越来越密切，品牌价值和品牌承诺必须协调不同利益相关者的价值诉求。

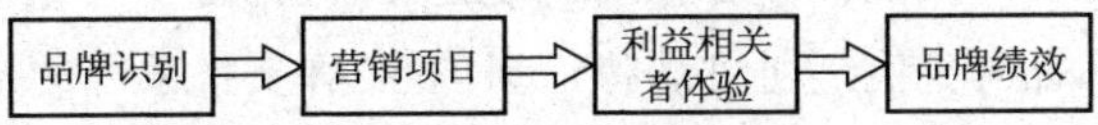

图 3-5　品牌价值链模型

其中，品牌识别是品牌战略管理者希望创造和保持能引起人们对品牌美好印象的联想物，品牌识别说明了品牌是什么以及公司对顾客的承诺；营销项目是指公司建立在产品、服务、员工、沟通基础上的对利益相关者的全方位的整合营销；利益相关者体验指包括股东、经营者、员工、债权人、顾客、供应商、竞争者、媒体和公众利益群体等在内的广大的利益相关者对信息的接受、思维和品牌知识的形成过程；品牌绩效是指利益相关者对营销行为的反应所形成的市场绩效和品牌资产。

品牌价值链具有以下特点：

（1）品牌价值链是公司价值链的一个特殊环节，发生在公司与利益相关者的界面，其形成需要利益相关者的参与。

（2）品牌价值链是一条虚拟价值链，涉及品牌信息的生成、品牌信息的传播和品牌知识的形成，涵盖公司价值活动的三个重要环节：价值定位、价值沟通和价值感知。

二、品牌导向的价值链模型

品牌作为符号，离不开它所表征的产品/服务。同样地，品牌价值链作为虚拟价值链，其增值作用的发挥必须依附于产品/服务为顾客所创造的价值，当然也就离不开品牌支持系统的支持。另一方面，品牌价值链反过来对品牌支持系统又具有导向作用。品牌价值链对品牌支持系统的导向作用体现在三方面。

首先，品牌价值链可以提升品牌支持系统所创造的功能性价值。品牌价值链涉及公司价值系统的三个重要环节（价值定位、价值沟通、价值感知），通过影响利益相关者对产品或服务价值的感知，可以增强对功能性价值的感知，创造品牌溢价。

其次，品牌价值链通过品牌识别，对品牌支持系统的价值定位具有导向作用。品牌支持系统反映了功能性产品或服务的价值创造过程，并通过各项基本活动和辅助活动创造了各种顾客效用。品牌价值链通过价值识别形成的品牌核心价值具有稳定性，可以引导产品或服务的价值属性的决策，引导价值创造环节的资源配置。

最后，品牌价值链通过营销项目投资所形成的品牌资产，对品牌支持系统具有导向和整合作用。对品牌导向型公司而言，品牌资产作为核心能力，影响公司的关键增值环节和价值链的结构；品牌资产作为关系资产，会影响公司与利益相关者的关系，影响价值链协作关系和合作效率。

为此，结合品牌价值链和品牌支持系统，本书构建了品牌导向的价值链模型（如图 3-6 所示）。品牌不仅是价值链的一个增值环节，而且是价值链的一个中心环节，品牌价值链贯穿公司价值链的所有环节。品牌导向的价值链模型是品牌价值系统与公司价值系统的一体化模型，反映了品牌导向型公司价值活动的以下特点：

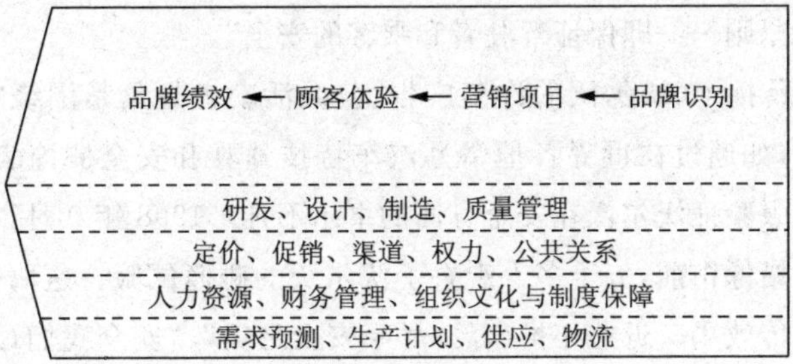

图 3-6　品牌导向的价值链模型

（1）品牌管理活动具有显著的价值增值能力，是公司价值增值的重要来源。

（2）品牌价值的实现是虚拟价值链活动和实体价值链活动共同作用的结果，品牌知识不仅影响顾客体验，也对公司运营具有导向作用，公司运营为品牌知识提供价值支撑。

（3）公司的品牌管理活动与公司运营高度融合，各项活动围绕品牌愿景和品牌核心价值展开，品牌管理目标与各部门的运营目标高度一致。

（4）品牌导向的价值链的优势环节与创建品牌的能力密切相关，这些优势环节的整合构成了品牌导向型公司的核心能力。

品牌导向的价值链模型说明，品牌导向型公司的核心问题是虚拟价值链与品牌支持系统之间的协同和整合问题，这是品牌获得持久的影响力、实现可持续发展必须解决的问题。以沃尔沃公司为例，品牌的核心价值与公司的价值系统高度一致，使品牌在高档车市场获得了重要的地位，近一百年来，难以撼动。沃尔沃品牌的核心价值是“品质、安全和环保”，其中，安全是沃尔沃品牌最重要的核心价值。沃尔沃公司最早提出汽车安全的理念，并且不懈地追求最高的安全标准。1936年，沃尔沃创始人之一古斯塔夫·拉森提出"车是由人来驾驶的，因此，沃尔沃所做的一切都必须始终立足于一个指导原则——即保证驾驶者和乘客的安全"。

在传播上，沃尔沃的许多广告、公关活动也是紧紧围绕"安全"而展开，如通过在世界各地举办汽车特技驾驶和安全侧撞表演，让人们亲眼验证沃尔沃在安全方面的卓尔不凡。1998年9月，在北京十三陵蜡像馆前，五千多人观看了沃尔沃的碰撞试验。这取得了极佳的宣传效果。近些年推出的"尽享安全之美"、"安全我们最在乎"广告系列，都加强了沃尔沃在一些消费者心目中"世界最安全车"的印象。

沃尔沃还专门设立了自己的交通事故研究部门，这并非出于商业盈利的角度考虑，而是一种对社会、对客户负责的态度。自1970年始，沃尔沃汽车公司事故研究组历时40年，对40 000多起事故进行了调查研究。在此基础上，第一手的调查数据转化成最新的研究成果，被运用到车型的开发和改进中，沃尔沃汽车的安全性能得以不断提升。2000年，世界上最先进的汽车碰撞测试中心之一——沃尔沃汽车安全中心成立，该中心几乎可以真实地再现现实生活中发生的各种类型的车辆碰撞事故，代表着安全研究领域的真正突破。[94]

同时，安全技术也是沃尔沃最重要的"核心专长"。在技术和产品研发上，汽车业的很多安全技术是由沃尔沃首创的。1959年，沃尔沃首先把航空所用的三点式安全带列为标准配备。1964年，沃尔沃推出后向式儿童安全座椅。在1966年上市的144轿车首次应用了车身前后溃缩技术。从2000年以来，沃尔沃汽车安全技术创新成果不断，包括翻滚稳定控制（RSC）、智能驾驶信息系统（IDIS）、翻滚保护系统（ROPS）、盲点信息系统（BLIS）、自适应巡航控制系统

(ACC)、高级稳定控制功能、弯道牵引力控制系统、带全力自动刹车功能的行人探测系统、城市安全系统、行人保护系统等安全技术。沃尔沃更是提出到2020年实现乘坐沃尔沃零死亡的目标。

而我国中央电视台的“标王”现象，则提供了一个个品牌“短命”的失败案例。这从反面说明了没有公司价值系统的支持，再好的品牌定位、再成功的品牌推广也难以赢得顾客的满意度和忠诚度，最终难以避免“昙花一现”的命运。

因此，品牌导向的价值链模型，不仅揭示了品牌导向型公司价值活动的特点，而且揭示了品牌可持续发展的本质。虚拟价值链活动的成功实施，可以使正确的品牌定位得到有效传播，这只是品牌成功的一部分，要实现品牌的可持续发展，更为关键的环节是要求公司的价值系统能够创造和呈现出与顾客的品牌认知相一致的价值。品牌的虚拟价值链和价值支持系统整合的核心，是要以品牌的核心价值和品牌相关的核心能力为导向，进行价值活动优化和价值活动重组，降低资源投入成本，增强价值活动有效性，使品牌承诺在产品和服务中得到充分的体现；在满足客户品牌诉求的同时，有效地增强公司的增值能力，创造可持续的竞争优势。

第三节　品牌在价值链中的导向作用的机理分析

对品牌导向型公司而言，品牌战略是公司最核心的战略，旨在驱动公司经营模式和价值链活动方式的选择，以培育品牌核心能力并创建强大的品牌资产。品牌在价值链中的导向作用体现在战略和过程两个层面：一是品牌战略导向的资源和组织决策，即围绕公司品牌资产的创建和利用来决定资源的交易和组织方式，通过构建高效的价值链来实施价值战略；二是品牌核心价值导向的价值活动的优化，即品牌核心价值作为价值信号引导资源在价值活动中的配置，保证创造的差异化价值符合品牌的诉求。

一、品牌战略导向的资源和组织决策

价值链管理的关键环节之一就是界定公司内部价值链活动，并构建公司的价值网络。Normann R.和 Ramirez R.用“价值战略”来涵盖这类决策问题，并将价值战略定义为“价值战略主要指一个公司在价值链(端到端)中正确定位的艺术——正确的业务、正确的产品和市场细分、正确的增值活动”。[95]价值战略的决策涉及对公司、市场和中间组织三种交易方式的选择问题。

科斯以交易成本为工具，说明了公司和市场两种交易方式的选择问题。科斯认为，公司的边界决定于两种协调方式组织同样一笔交易的额外差异——公司将倾向于扩张直到公司内部组织一笔额外交易的成本，等于通过在公开市场上完成同一笔交易的成本或在另一个公司中组织同样交易的成本为止。[96]威廉姆森首次指出，在公司和市场之间，还存在着中间型组织，对资源配置同样起了非常重要的作用。他认为，不同的交易对应着不同的规制结构(市场、公司、中间性组织)，根据资产专用性、交易频率、不确定性的差异，可以确定公司的边界。[97]当资产专业性、交易频率、不确定性程度较高时，公司是资源配置的主体；当资产专用性、交易频率、不确定性程度较低时，由市场来组织经济活动；对于处于市场和公司之间的中间地带，经济活动的协调主要靠中间组织。

基于资源基础论，公司价值增值曲线与适当的资源配置形式可表示如下(见图 3-7)。[98]线段 OA* 对应的是厂商无法自竞争性市场中取得的生产资源与能力，主要指厂商的核心竞争力。这类资源具有高度的专用性，为更好地发挥其价值，厂商还必须发展与之互补的管理协调能力；厂商必须以内部化的方式创造及善用这些资源，它们构成了公司价值链内部的活动内容。此外，某些生产资源及相关的管理协调能力也可能存在于可竞争的市场，但由于这些资源并非专为特定的厂商发展出来的，与厂商原有的核心竞争力的互补性及价值创造能力相比，其价值较低。尽管如此，只要取得及善用这类资源的价值增值仍高于零（即线段 A^*B^*），厂商仍然有动因继续自行发展这种能力或是在某些隔离机制的保护下，从市场取得这些资源。也就是说在线段 A^*B^* 的范围内，厂商仍然可通过内部化或混合式的形式整合这些资源，我们也可以理解为中间组织是获取这些资源的合理方式。最后，一旦厂商发觉继续整合相关资源无法获得价值增值时，就会以市场交易的形式来配置这些资源及生产活动。

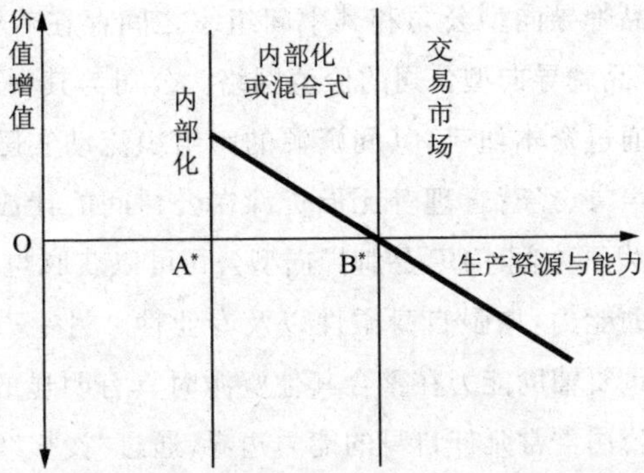

图 3-7　厂商整合生产资源的价值曲线及相对应的交易联结方式

竞争战略和公司边界有密切的关联，影响公司和市场边界的最重要变量之一就是竞争战略。公司的竞争战略决定各种资源不同的战略价值、公司必须重点培育和控制哪些资源和能力，从而影响公司价值战略的形成。品牌导向型公司以创建品牌资产、实现公司的可持续发展为战略目标，必须重点发展与品牌相关的核心能力，交易组织方式将以成本有效的方式为核心能力与相关辅助能力的培育和获取提供有力的支持。

由无形资源所形成的核心能力具有非交换性，它或是公司在长期的社会实践中积累而成，或是通过并购而后逐步内化的方式来获取，但无法通过市场方式来取得，且属于公司价值链的内部活动。对品牌导向型公司而言，品牌策划和管理能力、市场反应能力、沟通技能以及形成关键顾客价值的技术专长等无形资源构成了公司重要的核心能力，是公司内部资源和能力建设的关键。而与品牌能力密切相关的一些辅助能力，如产品设计、质量管控、营销推广等关键能力，往往也成为品牌导向型公司内部能力建设的重点，被纳入公司内部价值链的范畴。

为了专注于核心能力，一些辅助的资源和能力则可以由中间组织来提供。品牌导向型公司和其中间组织之间存在着密切的资源合作，构成了品牌导向型公司的价值网络。公司与其中间组织之间的联系不是通过资本纽带，其间资源的跨组织流动实际上指知识、技术、品牌、声誉、经营管理等无形资源在公司间的让渡、复制或传播。[99]通过发展中间组织，品牌导向型公司可以获取与自身能力互补的一些辅助能力，增强自身柔性以及专业性。另一方面，品牌核心能力及其重要辅助能力在整合其他资源时具有明显的规模经济，品牌导向型公司常常延伸自身的能力边界，通过“授权”和“认证”等管理手段，形成强大的中间型组织网络，发挥品牌的杠杆作用，更为高效地运用品牌资产。

“品牌授权”是品牌导向型公司常用的一种联盟合作方式，通过分配给“被授权者”一定的品牌使用权，可以扩大品牌的影响，同时分享“被授权者”创造的剩余。“品牌授权”的本质是品牌相关的核心能力在价值网络中的“溢出”。由于“特许品牌整合其他资源具有明显的规模经济”[100]，许多品牌导向型公司常常运用这种方式来扩张自身的生产能力、构建强大的营销网络。品牌导向型公司还常常通过供应商认证或质量认证，将品牌的标准推广到供应链的上下游公司，从而保证前后一致和稳定品牌质量。

2009年胡润中国品牌排行榜100强中有9家服饰公司，前四位依次为美特斯邦威、李宁、安踏、雅戈尔。这四家品牌公司均将研发设计、质量管控、品牌管理和供应链管理列为公司自身的资源和能力建设的重点。在生产制造和渠道构建环节，可以通过内部化或混合式的形式整合这些资源，不同企业采取了不同的资源获取方式。安踏和雅戈尔采用了纵向一体化的运营模式，拥有自己的生产制造体系，同时辅以一定比例的制造外包，渠道建设上在采取特许加盟方式的同时，更加强调直营店的建设。美特斯邦威和李宁是两家轻资产型的公司，通过“品牌授权”获得快速的发展，其生产体系均以外包为主，管理着多家成衣制造商，同时，它们的销售渠道则均采用了特许经营为主、辅以直营店的模式。可见，我国成功的服饰品牌公司基本遵循了品牌战略导向的边界决策。

综上所述，品牌战略导向的交易组织方式有以下特点，这决定了品牌导向型公司价值战略的特色。(1)品牌核心能力和重要辅助能力具有较强的价值增值能力，往往被纳入公司内部价值链的活动范畴，是公司内部资源培育的重点或实施并购的重要目标，如品牌管理、市场反应能力、沟通能力、与关键顾客价值相关的核心技术专长、营销推广、产品设计、质量管控等能力；(2)通过发展强大的中间型组织网络，可以扩展品牌导向型公司的资源范畴、扩大品牌资产的规模效应。品牌导向型公司可以成为专业的品牌运营公司，通过“授权”和“认证”等手段，将非核心业务外包，并寻求品牌资产最大的规模效应。

二、品牌核心价值导向的价值活动优化

以品牌核心价值为中心的品牌识别对公司价值活动具有导向作用。在品牌识别的基础上，公司通过提供切实的、经济性评估的

品质属性来解决目标顾客的相关消费问题。[101]品牌的核心价值不仅是对顾客价值的响应，也是公司内部资源能力和路径依赖约束下的产物，同时也考虑了竞争对手的品牌特点。品牌核心价值导向致力于使公司的流程和所有的价值活动都能有效地响应品牌的价值诉求，明确价值活动的优化方向。

（一）顾客需求导向的公司歧异性价值的优化过程

迈克尔·波特以价值链为工具，分析了顾客需求导向的公司歧异性价值的优化过程。经营歧异性具有比产品质量更广泛的内涵。波特认为，质量的典型特征是与有形产品相关，而标歧立异战略则是通过价值链为买方创造价值。价值链中的任何一种活动都可以为公司的经营歧异性作出贡献，公司为获得歧异性必须在各种活动间进行协调。

波特认为，买方的购买行为不仅与产品/服务的实际价值有关，也与买方的期望价值有关。买方通过价值信号来推断公司创造的价值。价值信号包括广告、信誉、包装、专业性、外观、供应商雇员的个性、设备的吸引力以及销售所提供的信息。因此，波特将顾客需求导向的价值生产过程总结为以下几个步骤。

(1) 识别特定顾客群的购买标准。购买标准反映了买方所认可的价值，考虑了不同顾客群的价值偏好。波特将购买标准分为使用标准和信号标准两类，使用标准是衡量什么创造买方价值的具体尺度，与买方的实际价值相关，信号标准是衡量买方怎样认识显现的价值尺度，常常来自市场营销活动。可以检验每一个使用标准以确定可能的信号。

(2) 对购买标准进行评级和分类。估算每一个使用标准的顾客价值，可以通过估计使用标准怎样影响买方成本及效益来计算满足每一个使用标准的价值，按重要性对使用标准进行评级；按信号标准对买方看法的影响大小对信号标准进行排序，决定花费在上面的费用水平。

(3) 识别对满足某种使用标准的信号标准起主要作用的价值活动,选择与其成本相比对买方价值贡献最大的活动。

(4) 优化价值活动,在控制实现歧异性成本的同时,增强歧异性。

(二) 品牌核心价值导向的价值活动优化步骤

品牌的核心价值具有稳定性,公司所有的营销项目释放的价值信号都必须与品牌的核心价值相吻合。这客观上要求公司的产品、服务、营销等价值活动在考虑顾客需求、资源与能力制约的同时,必须以品牌核心价值为导向。

品牌导向是在市场导向的基础上发展而来的,顾客需求仍然是其基本的出发点。但是品牌核心价值导向的作用过程又有其自身的特点,并主要体现在两个方面:一是顾客需求方面要强调顾客的心理需求,即情感和个性方面的需求;二是对品牌导向型公司而言,并非所有高价值的顾客需求公司都必须去满足,公司提供的价值应有自身的特色,只有与品牌核心价值相吻合的顾客需求才是公司的重点目标。斯科特·戴维斯认为,立足品牌,对重要商业项目进行全面深入的透视,是一项至关重要的能力,并把这种能力称作战略品牌透镜的运用。

本书在借鉴波特的价值活动优化分析的基础上,进一步结合公司的品牌发展要求和竞争对手状况,将品牌核心价值导向的公司内部价值活动优化总结为四个主要步骤(如图 3-8 所示)。

(1) 通过市场和公司调研,挖掘客户需求(包括功能需求和情感需求)、竞争者状况以及公司资源和能力制约;

(2) 分析各项顾客需求对顾客价值的重要程度、与品牌核心价值的吻合程度,对各项需求设置权重,通过品牌透镜对顾客需求进行筛选,实现顾客价值主张的内部化和特色化;

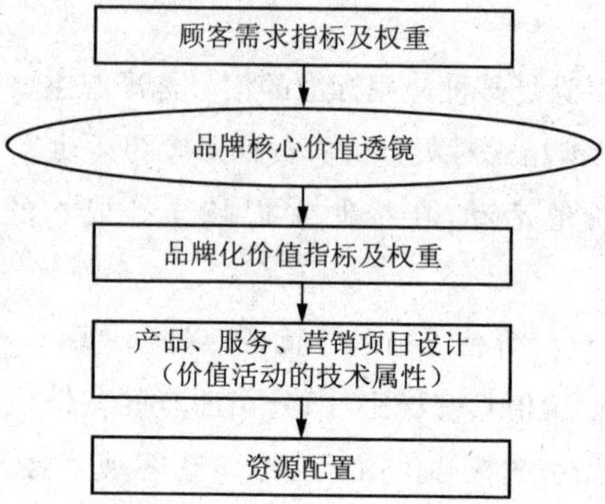

图 3-8　品牌核心价值导向的价值活动优化步骤

(3) 根据筛选出的顾客需求，设计营销项目，将营销项目展开到具体的价值活动特征，了解顾客需求和价值活动之间的关系，了解价值活动与资源和能力配置之间的关系；

(4) 基于资源和能力约束策划各种价值活动的技术属性的目标值，最大化地满足顾客需求。

（三）QFD 在品牌核心价值导向的价值活动优化中的应用

质量功能展开(QFD)是一种能将顾客需求进行多层次的演绎分析，并转化为多层次的工程特征和工程实施细节的一种系统化方法。[102] QFD 理论由日本质量管理大师赤尾洋二(Yoji Akao)和水野滋(Shigeru Mizuno)提出。它通过充分理解和分析顾客需求来完成产品或服务的概念设计，并使这些信息完整地传向产品和服务的制造和提供过程。QFD 是实施顾客需求导向的产品生产和服务提供的有效方法。

一个典型的产品质量保证的 QFD 流程由以下步骤构成，反映了顾客需求导向的作用过程(如图 3-9 所示)。

(1) 挖掘顾客的产品需求，包括潜在的客户需求，如获取便利、简便易用、产生豪华感等；

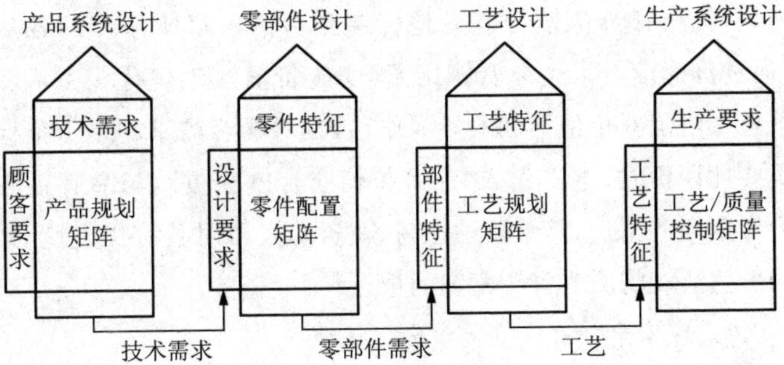

图 3-9　QFD 模型

(2) 通过顾客需求，形成产品概念，对产品概念进行评估，选择最佳概念；

(3) 将系统概念或结构分割为子系统结构，并将顾客的高级需求及其需求的技术特征分配给这些子系统结构；

(4) 将子系统需求转化为低级的产品/零部件需求和属性；

(5) 对于关键的零部件，将产品/零部件属性转化为制造操作流程规划；

(6) 确定零部件的生产流程；

(7) 确定生产组织结构需求、流程控制以及质量控制，确保合格制造出这些关键的零部件。

QFD 方法与价值链分析具有高度的一致性。两者都包含对顾客价值的识别，即：明确顾客需求，对顾客的多种需求的重要性进行评估、排序；另一方面，也均要求识别能满足顾客需求的技术措施或价值活动。最后，均要求结合成本情况优先实施和优化对顾客价值贡献更大的技术措施或价值活动。只不过，波特对歧异性的价值链分析更具有战略指导意义，而 QFD 方法更具有可操作性，还可从竞争者、员工等多维度展开分析。

结合 QFD 和波特的价值链理论，本书将对 QFD 方法进行扩展性应用，将品牌价值信号有效地传递到营销项目所涉及的各项活动，通过价值信号来引导资源配置，实施价值活动优化。为了反映品牌核心价值对价值活动的导向作用，在对顾客需求的多个指标进行重要性评价时，本书引入"品牌价值吻合度权重"，与品牌核心价值吻合度高的指标，其重要性也高，在资源配置时具有优先性，其对应的价值活动将成为资源配置的重点。

（四）品牌导向的价值活动优化模型

QFD被广泛地应用在产品和服务的开发和设计中，可以更好地满足顾客需求，本书将 QFD 的应用进行延伸，使产品、服务的开发和设计、营销沟通活动可以更好地响应品牌的诉求。品牌导向的价值活动优化模型仍然是以顾客需求为出发点，品牌导向有助于公司对顾客的需求进行进一步的筛选以创造差异化的价值，其具体表现为品牌的核心价值影响顾客需求指标权重的设置。

对各项价值活动的技术属性值进行决策，是让产品和服务更好地体现品牌价值、实现高水平的顾客满意度的关键。目前，对价值活动的技术属性值的决策方法有主观基础的启发式算法、基于优先级的启发式算法和数学规划法，主观基础的启发式算法和基于优先级的启发式算法只能得出技术属性的可行解。此外，对复杂的产品和服务的设计问题，由于顾客需求的多元性、价值活动的多样性，以及顾客需求和价值活动之间的复杂关系、价值活动之间的相互影响，很难通过一般的定性分析以及经验判断来寻求各种价值活动的最佳的技术属性。因此，本书运用价值活动优化的线性规划模型，来说明品牌核心价值在价值活动优化中的作用方式和作用效果。

1. 基于品牌透镜的品牌化价值的形成

对品牌导向型公司而言，产品、服务或营销项目的价值系统应围绕品牌核心价值进行构建，同时，结合不同情境、不同顾客群的顾客需求和技术能力形成具体产品、服务和营销项目的个性化价值。

品牌核心价值是具有可持续性的价值特性，公司能力为品牌核心价值的形成提供了有效支持，因此，可以认为，核心价值具有可靠的能力支持。在识别特定情境的顾客需求的基础上，接下来的工作就是以品牌核心价值为透镜，筛选顾客需求，形成产品、服务或营销项目的品牌化价值指标体系。

① 确定品牌核心价值及其权重

假设某品牌有 a 项相互独立的核心价值，表示为 $CV_f(f=1, 2, \cdots, a)$。β_f 为 CV_f 的权重，β_f 的确定采用AHP构权法。

② 明确顾客需求与品牌核心价值之间的相关关系

在特定情境下，某顾客群有相互独立的 b 项顾客需求 CD_u $(u=1, 2, \cdots, b)$。以品牌核心价值为透镜对顾客需求进行甄选，首先需要识别顾客需求和各项品牌核心价值之间的相关关系。用数值序列0、1、3、5、7表示两者间的相关性，各分值分别表示“不相关”、“微弱相关”、“弱相关”、“中等相关”、“强相关”，如果顾客需求和价值活动要素间存在负相关，则相关系数为相应的负值。归一化处理后，得到关系矩阵 $\varepsilon_{a\times b}$。其中，$\varepsilon_{fu}\in[-1, 1]$，为 CD_u 与 CV_f 间的关系强度。

③ 确立品牌化价值指标及权重

计算顾客需求经品牌化后的权重，θ_u 为 CD_u 品牌化后的权重：

$$\theta_u=\sum_{f=1}^{a}\beta_f\varepsilon_{fu}\quad u=1, 2, \cdots, b \tag{1}$$

对顾客需求进行筛选，选择 $\theta_u>0$ 的需求项，构成品牌化价值的指标体系 $BV_i(i=1, 2, \cdots, m$，m 为入选的需求项数目，$m\leqslant b)$。BV_i 对应的品牌化后的权重经标准化处理后，得到 BV_i 的相对权重 ω_i。

2. 基于品牌化价值的价值活动优化质量屋

现将QFD引入品牌导向的价值活动优化研究中。以质量屋为工具，将品牌化价值展开为具体可控的价值活动，再进一步分析价值活动的技术属性与资源配置之间的关系。质量屋的构成如下(见图 3-10)。

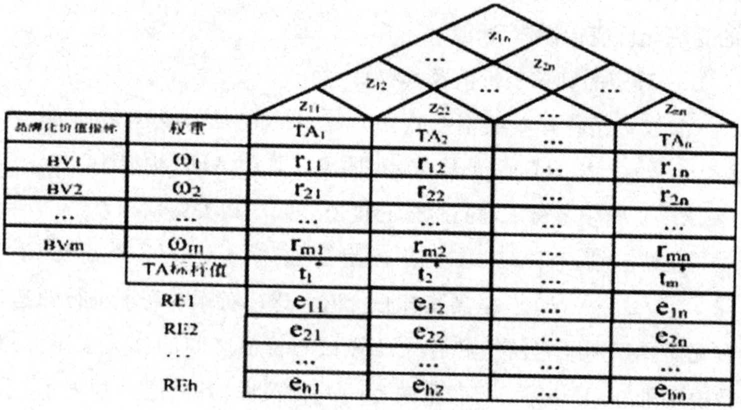

图 3-10 质量屋

① 左墙——品牌化价值指标 BV_i 及其权重 ω_i。

② 天花板——实现或增强品牌化价值的价值活动要素，第 j 项价值活动的技术属性为 $TA_j(j=1, 2, \cdots, n)$。

③ 屋顶——价值活动要素之间的自相关矩阵 $Z_{n\times n}$，z_{ij} 表示 TA_i 对 TA_j 的依存度。

④ 房间——品牌化价值和价值活动的技术属性之间的关系矩阵 $R_{m\times n}$，r_{ij} 表示 TA_j 对满足 BV_i 的关系强度。

⑤ 地板——进行市场竞争性分析后确立的技术属性 TA_j 实现程度的标杆值 t_j^*，代表公司对技术属性 TA 的最低要求，$t_j^* \in [0, 1]$。

⑥ 地下室——价值活动的技术属性与资源配置要素之间的关系矩阵 $E_{h\times n}$，e_{kj} 表示第 k 种资源 $RE_k(k=1, 2, \cdots, h)$ 对 TA_j 的

影响强度。

3. 确定价值活动的优化顺序

价值活动的组合构成了实现品牌化价值的具体方案，通过对各项价值活动的技术属性进行优化，可以形成最优的实施方案。通过评估项价值活动对品牌化价值的贡献，可以设定价值活动的权重，明确资源的配置方向和重点。

采用与创建关系矩阵 $\varepsilon_{a\times b}$ 相同的方法构建品牌化价值与价值活动要素之间的关系矩阵 $R_{m\times n}$，其中，$r_{ij}\in[-1,1]$，可以理解为 TA_j 达到目标值时（$TA_j=1$）对 BV_i 的贡献。在此基础上，第 j 个价值活动的权重 V_j 可以表示为：

$$V_j=\sum_{i=1}^{m}\omega_i r_{ij}\quad j=1,2,\cdots,n \tag{2}$$

4. 价值活动技术属性值的函数表示

① 价值活动要素自相关性分析

价值活动要素之间存在着一定的联系，一种价值活动的技术属性与其他价值活动的技术属性之间存在着相互影响和制约。以数值序列 0、1、3、5、7、9 表示价值活动要素之间的相关性，负相关时取相应的负值。经归一化处理后，得到关系矩阵 $Z_{n\times n}$。其中，$z_{ij}\in[-1,1]$，可以理解为 TA_i 增加一个单位时引起的 TA_j 的增量。

② 技术属性的计划实现程度和实际实现程度

经考虑价值活动之间的相关性，Fung et al.(2002)[103]提出了计划实现程度和实际实现程度的概念。用 x_j、y_j 分别表示 TA_j 目标值的计划实现程度和实际实现程度，x_j 是不考虑价值活动间的自相关性，TA_j 计划达到的实现程度；y_j 是考虑价值活动间的自相关性，TA_j 实际达到的实现程度。TA_j 的决策有最小化、最大化两种情形，两种情况下的 y_j 分别表示为[104]：

$$y_j = \frac{l_j^{\max} - l_j}{l_j^{\max} - l_j^{\min}} \tag{3}$$

$$y_j = \frac{l_j - l_j^{\min}}{l_j^{\max} - l_j^{\min}} \tag{4}$$

式中，$l_j^{\max}$、$l_j^{\min}$ 分别为 TA_j 的最大值和最小值，由开发人员根据价值活动的物理极限及竞争公司的情况综合确定；l_j 为 TA_j 的实现值。当 $y_j = 1$ 时，表明 TA_j 已达到其目标值。

考虑价值活动间的自相关性，若 y_j 与其他价值活动的计划实现程度为线性关系，则有：

$$y_j = x_j + \sum_{k \neq j} z_{kj} x_k = \sum_{k=1}^{n} z_{kj} x_k \tag{5}$$

由于与其他价值活动的技术属性正相关或负相关，y_j 可能大于 1 或小于 0，两者情况都不可行；同时，公司价值活动的技术属性要大于设定的 TA 的标杆值，产品和服务才具有竞争力，故提出以下限制条件：

$$t_j^* \leqslant y_j \leqslant 1$$

对于 x_j，也有 $x_j \leqslant 1$。

③ 价值活动与资源要素间的关系分析

价值活动的技术属性值 y_j 由 x_j 和 $y_j - x_j$ 两部分构成，前者是由投入 TA_j 的各种资源所产生的预期的技术效果，与价值活动和资源要素间的关系强度密切相关；后者是由于技术属性之间的相互影响产生的额外的技术效果，与价值活动间的自相关性相关。

资源要素 RE_k 对 TA_j 的影响强度 e_{kj} 一般根据过去的实践经验和统计数据进行估算。e_{kj} 可理解为当其他资源量既定时，在 TA_j 的投入中追加一单位的第 k 种资源引起的 x_j 的增量。本书进一步假定同一种资源对不同价值活动技术属性的影响有独立作用，不同资源对一种技术属性的影响也相互独立。$ek_j \geqslant 0$ 是资源投入的有效范围。

设计划投入 TA_j 的 RE_k 数量为 q_{kj}，则各种资源投入所产生的预期技术效果 x_j 为：

$$x_j = \sum_{k=1}^{h} q_{kj} e_{kj} \tag{6}$$

结合公式(5)和公式(6)，TA_j 的实际实现程度 y_j 为：

$$y_j = \sum_{k=1}^{h} \sum_{i=1}^{n} e_{ki} z_{ij} q_{ki} \tag{7}$$

5. 目标函数的建立

品牌化价值 VB_i 所带来的品牌满意度 s_i，取决于相关价值活动的技术属性值对 VB_i 的贡献。假设价值活动对品牌化价值的影响相互独立，则有：

$$s_i = \sum_{j=1}^{n} r_{ij} y_j \tag{8}$$

全面的品牌满意度 S 可理解为所有单项品牌化价值的函数，假设 S 与所有单项品牌化价值的满意度 s_i 之间是线性关系，则有：

$$S = \sum_{i=1}^{m} \omega_i s_i \tag{9}$$

将(8)代入公式(9)，有：

$$S = \sum_{j=1}^{n} \sum_{i=1}^{m} \omega_i r_{ij} y_j = \sum_{j=1}^{n} v_j y_j \tag{10}$$

进一步地，可将 S 表示为技术属性的计划实现程度 x_j 的函数：

$$S = \sum_{j=1}^{n} v_j \sum_{i=1}^{n} z_{ij} x_i = \sum_{i=1}^{n} \Big(\sum_{j=1}^{n} v_j z_{ij} \Big) x_i \tag{11}$$

令 $$V_i^* = \sum_{j=1}^{n} v_j z_{ij} \quad i = 1, 2, \cdots, n \tag{12}$$

V_i^* 可理解为考虑价值活动的技术属性之间的相互影响，当 TA_i 计划值为目标值（即 $x_i = 1$）时，其对品牌满意度的贡献。

结合公式(6)，S 可进一步表示为：

$$S = \sum_{i=1}^{n} v_i^* x_i = \sum_{i=1}^{n} v_i^* \sum_{k=1}^{h} q_{ki} e_{ki} = \sum_{k=1}^{h} \sum_{i=1}^{n} v_i^* q_{ki} e_{ki} \tag{13}$$

6. 价值活动优化的约束条件

产品、服务和营销项目的开发面临资源、预算和竞争环境的约束，必须在满足相关约束的前提下，将资源优先分配给权重更高的价值活动。

假设第 k 种资源 RE_k 的可获取量为 Q_k，计划投入量为 q_k，有以下资源约束条件：

$$q_k \leqslant Q_k, \ k = 1, 2, \cdots, h \tag{14}$$

其中，$q_k = \sum_{j=1}^{n} q_{kj}$，即 q_k 等于其在所有价值活动中的计划投入量之和。

令 $c_j(x_j)$ 为 x_j 时所耗费的成本，p_k 为 RE_k 的单位成本，则有：

$$c_j(x_j) = \sum_{k=1}^{h} p_k q_{kj} \tag{15}$$

假设产品和服务开发的总预算成本为 B，则总的预算约束为：

$$0 < \sum_{j=1}^{n} \sum_{k=1}^{h} p_k q_{kj} \leqslant B \tag{16}$$

此外，y_j、x_j、qk_j 作为决策变量，考虑到竞争情况和实际取值，也必须符合以下约束：

$$t_j^* \leqslant y_j \leqslant 1 \quad j = 1, 2, \cdots, n \tag{17}$$

$$x_j \leqslant 1 \quad j = 1, 2, \cdots, n \tag{18}$$

$$q_{kj} \geqslant 0 \quad k = 1, 2, \cdots, h, j = 1, 2, \cdots, n \tag{19}$$

7. 实例应用

某品牌经济型酒店定位于为商务和休闲旅行等客人提供“温馨”的酒店产品，倡导“适度生活，自然自在”的生活理念。其品牌核心价值可概括为“温馨、简约”，权重分别为 0.6、0.4。现运用基于 QFD 的品牌导向的价值活动优化模型，对客房部的设计及其资源配置展开研究。

经过市场调查并参阅已有的关于经济型酒店的研究资料，确立了商务和休闲旅行类顾客的六项需求指标：安全性、舒适感、便利性、时尚感、高品位和简约环保，并通过评估获得了顾客需求和品牌核心价值之间关系矩阵 $\varepsilon_{2\times6}$。由公式(1)，可得到顾客需求经品牌化后的权重 θ_u。选取 θ_u 为正的需求指标项，得到品牌化价值的指标体系 BV_i，由安全性、舒适感、便利性、简约环保四项指标构成，对应的权重经标准化处理后，得到 BV_i 相对权重 ω_i。具体数值如表 3-1 所示。

表 3-1　品牌化价值指标体系的形成

品牌核心价值		安全性 (CD_1)	舒适感 (CD_2)	便利性 (CD_3)	时尚感 (CD_4)	高品位 (CD_5)	简约环保 (CD_6)
指标 CV_f	权重 β_f						
温馨(CV_1)	0.6	3/7	1	1/7	0	1/7	0
简约(CV_2)	0.4	0	0	0	0	−3/7	1
$\theta_u = \sum_{f=1}^{a} \beta_f \varepsilon_{fu}$		0.257	0.6	0.086	0	−0.086	0.4
品牌化价值 BV_i		✓	✓	✓	\	\	✓
品牌化价值权重 ω_i		0.191	0.447	0.064	\	\	0.298

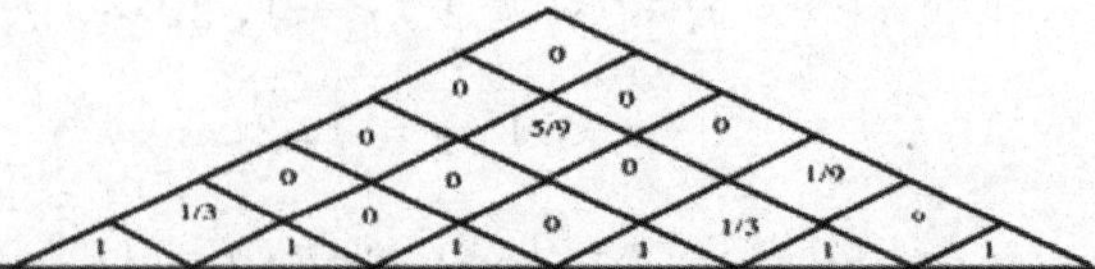

品牌化价值	权重	TA_1	TA_2	TA_3	TA_4	TA_5	TA_6
BV1	0.191	0	1/3	0	1/9	7/9	0
BV2	0.447	1/3	7/9	5/9	0	1/9	0
BV3	0.064	0	0	0	5/9	0	7/9
BV4	0.298	0	0	1/3	-1/3	0	0
	y_i标杆值	0.5	0.5	0.5	0.5	0.5	0.5
	RE1	0.02	0	0	0	0.04	0.01
	RE2	0.02	0.01	0	0	0	0.01
	RE3	0	0.05	0.04	0.05	0	0.02

图 3-11　品牌经济型酒店资源配置优化质量屋

增强品牌化价值的价值活动属性有六项，分别为：整洁卫生程度(TA_1)、客房设施先进有效(TA_2)、客房布局与装饰风格鲜明(TA_3)、提高日用品质量与品种(TA_4)、提高服务可靠性(TA_5)、提供多种客房服务项目(TA_6)。为简化模型，本书只考虑三种投入资源：人工($RE1$)、技能培训($RE2$)、设计与材料费($RE3$)，资源限额分别为 40、30、40 单位，单位成本分别为 10、15 和 25 百元，方案总预算为 1 800 百元。

TA_1 由卫生合格率来衡量，值域为[90%, 100%]，资源要素涉及 $RE1$、$RE2$；TA_2 用设备报修率来衡量，指标值越小越好，值域为[1%, 10%]，投入资源为 $RE2$ 和 $RE3$；TA_3 用设计师级别来衡量，由高到低分为四个级别，资源要素为 $RE3$；TA_4 用日用品更换频率来衡量，值域为[1 次/5 天，1 次/天]，投入的资源为 $RE3$；TA_5 用服务投诉率来衡量，值域为[0, 10%]，指标值越小越好，投入资源为 $RE2$；TA_6 用附加要求满足率来衡量，值域为[80%, 98%]，投入资源为 $RE1$、$RE2$、$RE3$。TA_j 的标杆值为行业平均水平，均设为 0.5。

根据上述信息得到如图 3-11 所示的质量屋。且可建立如下的线性规划模型：

$$\max S = \sum_{j=1}^{n} v_j \sum_{i=1}^{n} z_{ij} x = \sum_{i=1}^{n} \left(\sum_{j=1}^{n} v_j z_{ij} \right) x_i$$

$$= 0.005\,72q_{11} + 0.005\,72q_{21} + 0.005\,71q_{22} + 0.028\,55q_{32} + 0.013\,92q_{33} + 0.001\,45$$

$$q_{34} + 0.016\,48q_{15} + 0.000\,45q_{16} + 0.000\,45q_{26} + 0.000\,90q_{36}$$

s.t. $0.5 \leqslant 0.02q_{11} + 0.02q_{21} + 0.003\,33q_{22} + 0.016\,67q_{32} \leqslant 1$

$0.5 \leqslant 0.006\,67q_{11} + 0.006\,67q_{21} + 0.01q_{22} + 0.05q_{32} \leqslant 1$

$0.5 \leqslant 0.04q_{33} \leqslant 1$

$0.5 \leqslant 0.05q_{34} + 0.013\,33q_{15} + 0.001\,11q_{16} + 0.001\,11q_{26} + 0.002\,22q_{36} \leqslant 1$

$0.5 \leqslant 0.005\,56q_{22} + 0.027\,78q_{32} + 0.016\,67q_{34} + 0.04q_{15} \leqslant 1$

$0.5 \leqslant 0.005\,56q_{34} + 0.01q_{16} + 0.01q_{26} + 0.02q_{36} \leqslant 1$

$q_{11} + q_{15} + q_{16} \leqslant 40$

$q_{21} + q_{22} + q_{26} \leqslant 30$

$q_{32} + q_{33} + q_{34} + q_{36} \leqslant 40$

$10(q_{11} + q_{15} + q_{16}) + 15(q_{21} + q_{22} + q_{26}) + 25(q_{32} + q_{33} + q_{34} + q_{36}) \leqslant 1\,800$

$q_{11}、q_{21}、q_{22}、q_{32}、q_{33}、q_{34}、q_{15}、q_{26}、q_{36} \geqslant 0$

该线性规划模型的求解结果如表 3-2 所示。

根据公式(3)和(4)，可进一步计算出价值活动具体的技术指标值，卫生合格率为 95%，设备报修率为 1%，布局和装修由中级设计师完成，日用品的平均更换频率为每三天更换一次，服务投诉率为零，附加要求满足率为 94%。

对 y_j 的分析表明，客房设施先进有效、服务可靠性的属性值已达到最高水平，同时在整洁卫生、客房布局与装饰风格鲜明方面明显优于同业平均水平，在日用品质量与品种、增设服务项目方面维持较低的水平。增强顾客舒适感的最有效举措依次为客房设施先进有效、客房布局与装饰风格鲜明、整洁卫生和服务可靠性，它们都维持较高的服务水平，使顾客在舒适感上获得了极高的满足，“温馨”理念得到很好的体现。同时，模型建议在日用品的质量和品种数上维持较低的水平，客房服务项目适当精简，与“简约”理念相一致。模型的资源配置结果使品牌满意度高达98.6%，产品及服务很好地彰显了品牌的核心价值。

表3-2　基于QFD的品牌导向的资源配置结果

资源配置情况：							
	TA_1	TA_2	TA_3	TA_4	TA_5	TA_6	资源投入总量
$RE1$	3.925	0	0	0	9.423	26.652	40
$RE2$	6.909	0	0	0	19.757	26.667	26.667
$RE3$	0	18.554	14.988	6.458	0	0	40
价值活动的技术属性值的计划实现程度和实际实现程度							
x_j	0.220	0.928	0.600	0.228	0.323	0.533	
y_j	0.526	1	0.600	0.5	1	0.5	
品牌满意度 S：0.986；投入总成本：1 800 百元							

第四节　案例研读：凡客——资本驱动下的电子商务品牌

凡客诚品（VANCL）成立于2007年，2014年改名为凡客，公司成立的一年内就完成了三轮数千万美元的融资，并迅速成长为服装电子商务的第一品牌。其产品最早只有男装衬衫、POLO衫两类，后来经营范围涵盖男装、女装、童装、鞋、家居、配饰、化妆品等多个品种。艾瑞咨询发布的《2009—2010年中国服装网络购物研究报告》中，凡客以28.4%的市场份额，在自主销售式服装B2C网站中排名第一。2008—2011年，凡客以快速成长著称。2009年12月，凡客荣获德勤亚太区高科技高成长企业500强第一名。2010年2月，凡客荣膺"2010年度北京十大商业品牌"，是唯一获选的零售电子商务品牌。2011年下半年，因为赴美上市受阻，迫于库存和亏损的压力，凡客进入收缩期，其市场影响力日渐低微。凡客的百度指数见证了其经营起落(如图3-12所示)。

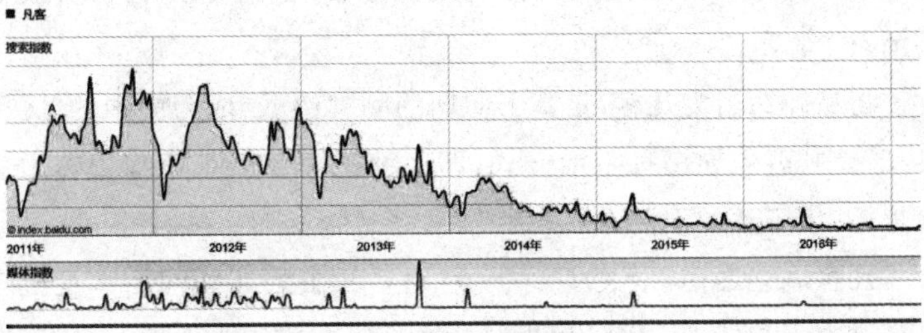

图3-12　凡客2011—2018年的百度指数

凡客是典型的资本驱动的互联网品牌。其命运与宏观经济背景有很深的联系。美国是全球互联网创新和投资的风向标，凡客的兴盛正逢美国互联网创业高潮，资本市场对中国互联网概念的推崇使创业公司很容易拿到高额投资。而2011年美国外债危机的爆发，拖延了凡客的上市计划，凡客由此进入漫长的冬季。凡客的超高速扩张与资本的贪婪和推动有关。

品牌的创立，以稳定可靠的产品品质、成熟的企业理念和文化为前提。传统的服装品牌，其品牌资产的创建需要十年以上的时间。大量资本推动了凡客的快速成长，拥有几十亿元的销售规模和很大的市场影响力，但凡客的品牌理念和盈利模式仍不清晰，远非一个成熟的品牌。互联网背景下的快速传播，可以快速成就一个品牌，也可以快速摧毁一个品牌。由于资本的意志过于强大，短期利益诱惑之下，凡客没有能够专注于品牌导向。失去品牌资产的支撑，资本热潮消退后的凡客，如今低调地活着，开始专注于产品，并追求稳定的发展。

第一，游走的品牌定位。

作为高速成长的互联网品牌，受制于创始人陈年的格局和见识，凡客是在不断“试错”中成长的。在规模增长和品牌创建两个目标之间，凡客屡屡为了高速成长牺牲品牌利益。凡客有很长一段时间在创建产品品牌还是渠道品牌之间徘徊，品牌定位也一直模糊不清。

将品牌命名为凡客，是基于初期的品牌愿景：成为中国的“无印良品”。凡客倡导一种生活方式，即一种把虚荣的东西都去掉之后最得体、最舒适的生活方式。

凡客成立之初，沿袭了 2005 年创立的服装互联网品牌批批吉(PPG)的商业模式。PPG 以男装标准款服装直销为主要业务，公司成立 27 个月后销售额即达到 10 亿元人民币，2008 年因资金链断裂退出市场。大规模的服装标准款制造具有低成本的特点，凡客借鉴 PPG，推出牛津纺和小翻领的标准化衬衫，定位于普通的男性青年白领市场，让他们能以中低价位享受高品质的服饰。这一阶段，凡客将品牌定位为“商务精英简单得体的生活方式”，其 60％的客户位于 25—35 岁这一区间。

2008 年年底，凡客对外正式发布新的品牌定义。陈年将品牌重新定位为“互联网成就的服饰家居时尚用品品牌”，品牌内涵为“坚持国际一线品质，中产阶级合理价位”，“提倡简单得体的生活方式”。但是，凡客没有进一步阐述“时尚”的内涵，而是继续强调“简单得体”。

2009 年 5 月，凡客将品牌进一步调整为“互联网快时尚品牌”，将国际服装品牌 ZARA 设为标杆。快时尚追逐流行，以低价、款多、量少为特点，激发消费者的兴趣。至此，凡客放弃了“简单得体”的品牌属性，目标市场也更趋年轻化。随后，凡客进军女装和童装市场。

2010 年 5 月主营时尚服饰的第三方平台 V+频道正式上线，凡客转型为电商平台，销售聚焦于 20—30 岁用户群的时尚类品牌服饰。初期，V+频道流量有 50%以上是从凡客首页导入的，对凡客自有品牌形成了一定冲击。由于没有达到预期的销售目标，2014 年 12 月 V+频道停止运营。

2011 年上半年，凡客开始大规模品类扩张，推出自有品牌的各类日杂用品。最快的时候一天增加 100 多个品类，员工没有时间对产品进行足够的调研。2011 年 6 月，凡客的化妆品频道正式上线，推出自有品牌妙棵(Miook)。

2011 年下半年，宏观形势逆转，凡客赴美上市无期限延迟，企业危机逐步爆发，深陷债务、质量、裁员等危机。2011 年 7 月，凡客进入调整期。公司开始放缓增长速度、压缩产品品类、重整组织结构、清理大量库存。凡客不再卖小家电、小百货，品类重点回到服装和箱包上。

2012 年年初，凡客提出实现长期盈利的目标。凡客推出一系列服饰产品，通过降价和送券的方式扩大规模，增加销售，但是仍然未能改变其亏损的局面。2013 年开始，凡客确认今后将走“品牌+渠道”模式，凡客转型为开放式平台，大规模引进第三方商品。2013 年 7 月，凡客转型改版为综合 B2C 商城，自有品牌进一步弱化。

2013 年 9 月，凡客重启自有品牌户外广告投放，通过一系列举措重塑其自有品牌的核心地位。与此前将凡客首页广告资源让位给第三方品牌不同，首页主要位置重新回归自有品牌商品。

2014 年 8 月，陈年召开“一件衬衫”发布会，宣布凡客化繁为简，回归产品中心，精心做好一件衬衫。品牌名称随之作了变动，从凡客诚品简化为“凡客”。凡客的这次更名看似非常随意，只是由陈年在发布会上作了说明：一是“我是凡客”的表达已经深入人心，二是诚品作为目标，有自我标榜之嫌。

2015 年 4 月和 2016 年 4 月，陈年相继召开“一封情书”“只有上帝知道我有多爱你”的两轮 T 恤新品发布会。2016 年 4 月，陈年发微博说：凡客十几亿元的债务和近二十亿元的库存问题都已解决。

如今，不再融资，凡客低调地活着。作为互联网快时尚服装品牌，其当下的品牌理念为“做独一无二的产品，是凡客品牌持续生命力的唯一可取之道。其中，产品的风格、品质、性价比是其‘独一无二’特性的体现”。2017 年 9 月，凡客市场中心总监刘亿林在接受采访时对外宣称公司已实现盈利。

第二，催生繁华的大规模营销。

2008—2011 年间，凡客一直将规模增长作为最重要的战略目标，其销售额由 1 亿元增长到 32 亿元。凡客的快速成长与其在互联网市场的营销能力密切相关，也与巨额的营销推广和“高性价比”的定价策略密切相关。

从 2007 年到 2014 年，凡客共融资超过 5 亿美元，资本实力非常雄厚。2011 年，在陈年对外宣称将凡客销售目标定为 60 亿元的时候，其广告投放目标是 10 亿，相当于每 100 元销售收入要承担 17 元的广告费用。而“高性价比”策略下，凡客通常以极低的价格迅速切入一个新兴市场。如进军鞋类市场时，凡客以 49 元低价销售帆布鞋，第一天就销售 2 万单。

大规模的营销和价格补贴支撑着凡客的快速增长，并意图通过上市来转嫁所有成本。2011 年年底上市无望后，凡客被曝库存达 14.45 亿元，总亏损近 6 亿元，四年累计亏空超过 20 亿元，这样的结果正是上述高成长的路径所导致的。同时，在被压缩的成本空间内很难制造出真正高质量的产品。即便在凡客宣布“以产品中心”后，2014 年、2015 年“双十一”前夕的国家质检总局的质量抽查公告中，凡客多批次的鞋子、服装均登上“不合格榜”。

凡客的广告媒体推广是全方位的，包括电视广告、报纸和刊物广告、海报等，但其在网络投放的广告占所有广告投放的60%以上。凡客的一系列的营销推广使凡客近乎家喻户晓。

(1) CPS(Cost Per Sale)广告付费模式

凡客创建伊始就采用CPS广告付费模式，按照广告带来的销售额向展示广告的网站付费。CPS广告通过网站联盟投放，有专业广告联盟和自建联盟两类渠道。自建联盟采用三种运作方式，一是网站、博客合作；二是网店代销合作；三是凡客校园代理。2008年2月27日，凡客的产品开始通过网站联盟大量传播，当日获得30万元的订单额。CPS付费模式提高了凡客广告费用的有效性。

(2) 凡客体与明星代言

2010年7月，凡客体广告文案走红。凡客邀请了作家韩寒和演员王珞丹出任形象代言人，广告词以“爱……不爱……是……不是……我是……”为基本叙述方式，以其简单、直接、精准的定位，成为一种表达自我且极富个性的语言形式，彰显出凡客的个性品牌形象。

凡客的明星代言人从王珞丹、韩寒到黄晓明，再到李宇春，均系草根出身，靠自我奋斗成名，拥有大量的年轻粉丝，代言人运用自身的影响力(如微博营销)为凡客带来了大量顾客。

2013年，凡客顶着资金紧张的压力，与中国好声音合作，以“怒放的生命”为主题推出了一组广告。但由于缺乏有效的产品支持，品牌下滑的趋势并没有得到扭转。

(3) 凡客达人

凡客达人平台是凡客的一个社区化全民营销平台，2011年3月上线。用户自主免费开通店铺，即成为凡客达人，可以发布凡客产品搭配图，或以晒单形式推荐展示。当有顾客从该搭配页面下单成功，此凡客达人即可获得售价4%—14%的提成。2013年5月，凡客达人平台取消了分成机制，CPS分成也大幅度降低。

因为忽略企业和品牌理念，凡客为了追求市场效应，也举办了一些产生负面影响的营销活动。如2012年，因为用国家领导人图片作大幅广告，凡客遭到工商部门查处。2012年年会，凡客邀请日本女优到现场助兴，引发争议。

第三，对凡客的反思。

在互联网背景下，品牌的竞争生态发生了很大的变化。凡客的发展历程对互联网品牌创建具有启示性。对互联网品牌来讲，足够的营销投入、多渠道的品牌推广下，企业及其产品可以在短期内被公众广泛知晓；依靠资本市场的支持，实施低利润甚至补贴的政策，企业及其产品也可以在一定时期内赢得客户和市场。

但品牌影响力的积累是一个漫长的过程，上述做法无法长期支撑品牌的成长。凡客发展遇阻并非单纯由于上市失败。同时期，和凡客一样年销售额达到10亿级规模的服装电商还有麦考林，其2010年在美国纳斯达克成功上市，由于业绩差、股价低迷，于2016年4月退市。

凡客与麦考林的衰退基于同样的原因，即：产品和服务缺乏保持顾客黏性的核心价值，影响了品牌价值的提升。而这种核心价值的形成，不仅要有成功的品牌定位，还需要获得企业价值系统的支持。即通过品牌价值链与品牌支持系统之间的协同，创造出差异化的、保持顾客黏性的品牌核心价值。企业在内部能力的建设上要将与创建品牌核心价值相关的能力作为企业的核心能力加以培育，而这一过程是漫长的，需要企业克服短期的利益导向和其他阻碍，坚持长期的资源投入才能取得成功。

综合而言，互联网技术下的营销推广，可以加快品牌价值链的创建时效。但品牌核心价值的形成还依赖于品牌支持系统的创建和提升进程。凡客的品牌价值链的创建有成功的一面，但资本意志替代了品牌创建的初心，导致品牌定位游走不定，企业内部也不能有效识别其核心价值；同时，其品牌支持系统缺乏持久深入的技术、管理变革，难以对品牌核心价值的创造形成有效支持。由此，品牌定位和品牌价值模糊不清、品牌价值链与品牌价值系统相脱离，直接主导了凡客的发展局面。凡客如今回归产品核心，应该是回到了正确的起点。

——该案例根据凡客官网、相关新闻报道等资料编写

第四章　品牌导向的价值链整合模式的构建

自迈克尔·波特1985年首次提出价值链的概念以来，价值链理论一直处于不断的发展之中，价值链的范畴也在不断拓展。在21世纪，竞争的主体已由单个的公司扩展到由上下游公司构成的公司群，价值链也由单个公司的价值链延伸到"端到端"(end-to-end)的价值系统，一体化的价值链对增进顾客价值、获取竞争优势的作用正在不断增强。核心公司涉及的价值系统实际上是一种网状结构，由供应商、客户、合作伙伴等各自公司的价值链整合而成。

对品牌导向型公司而言，随着品牌强度的增强，其品牌导向的作用范畴会逐步超越公司自身的界限，延伸至"端到端"的价值链，通过一体化的价值系统增强品牌的创建效果。公司价值系统的构成反映了公司的价值战略，通过价值链成员的分工和协作可以使公司更专注于自身的核心专长，提升公司能力和顾客需求之间的适应性，以最有效的方式满足顾客需要。

通过选择、构建和实施不同的价值链整合模式，品牌导向型公司可以更有效的方式增进顾客价值和创建品牌资产。本章在第三章的基础上，基于"端到端"价值链的视角，对品牌导向展开进一步的研究。在分析价值链整合的内涵及不同的关系模式的基础上，重点分析品牌导向型公司的价值战略及其指导下的各种品牌导向的价值链整合模式。

第一节　价值链整合的内涵

“端到端”的价值链是一个创造终端使用者满意和实现利益相关者目标的业务体系。[105]价值链整合是与价值链分解相反的过程。目前，对价值链整合尚没有统一的定义。剑桥技术伙伴 1998 年公布的白皮书“竞争的新领域：一体化的价值链”中，将价值链整合定义为“在同一个细分市场中的多个公司，以增进顾客感知价值和优化价值链效率的方式，对从原料产地至终端消费点的产品、服务和信息流进行协作计划、实施和管理的过程”。[106]国内许多学者对价值链整合的关注则主要集中在战略层面。朱瑞博[107]认为，价值链的不断分解使市场上出现了许许多多相对独立且具有一定比较优势的增值环节，价值链的整合就是通过市场选择最优的不同增值环节，把它们联结起来，构成一个新的价值链。厉无畏、王玉梅(2001)[108]认为在生产能力越是相对过剩、市场竞争越是激烈的情况下，价值链整合的机会也就越多。本书认为，价值链整合的职能要素涉及战略、计划、组织、实施和协调，按照不同的整合层次，价值链整合的内容可以分为战略整合、文化整合、运营整合。

一、战略层面的整合

战略层面的价值链整合是实施公司价值战略的主要手段，主要围绕顾客价值和公司核心能力展开，目标是构建高效的价值网，组合公司间的核心能力，以经济有效的方式创建顾客价值。公司的价值战略的制定取决于顾客价值和公司的核心能力。Kathandaraman 和 Wilson 认为，价值创造涉及三个核心概念：卓越的顾客价值、核心能力和关系。它们也是由价值链中的重要公司构成的价值网的三个构件。[109]图 4-1 是 Kathandaraman 和 Wilson 的价值网模型。

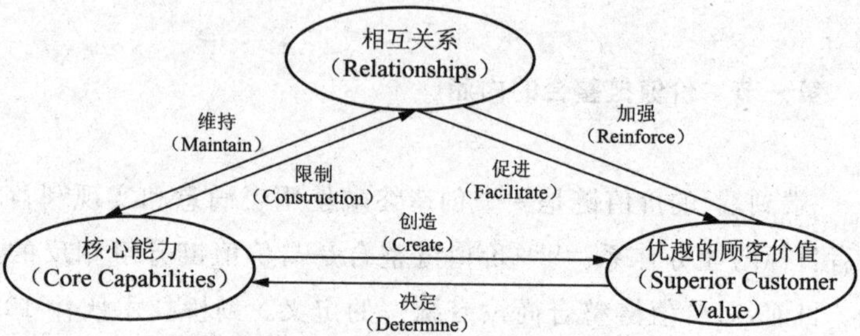

图 4-1　价值网模型（资料来源：文献[109]）

该模型说明了优越的顾客价值、核心能力和相互关系三个核心概念之间的相互作用。其中，价值网的目标是创造优越的顾客价值，成员公司的核心能力影响该公司的价值战略及其定位，从而进一步影响该网络价值创造涉及的范畴。也就是说成员公司的核心能力共同创造了优越的核心价值，而公司之间的关系属性则会影响网络内的公司联合创造价值的方式。因此，良好的关系会促进价值的创造，若公司间的关系存在问题，则核心能力就不能以有效的方式组合，网络也难以创造出显著的价值。关系也有助于维系网络，从而有助于各公司持续的投入以维持和提升核心能力。另一方面，公司对网络的价值在于它们所拥有的核心能力对网络的价值，公司只愿意与那些拥有独特能力的公司发展关系，因此核心能力反过来限制了网络中各公司之间的关系。价值网的终端客户所需要的价值决定了各成员公司核心能力的属性，各成员公司的核心能力都必须显著增强客户价值。最终，顾客对网络所创造价值的认可又会鼓舞成员的士气并进一步增强成员关系的质量。

核心公司是价值链整合的主体，其发展的上、下游公司和合作伙伴在价值链整合中起着较小的作用。核心公司拥有更为强大的核心资产，其拥有的核心技术的数量和水平也显著高于价值链中的其他成员，因而核心公司在端到端的价值链中拥有更多的价值增值环节。通过对自身核心资产和核心能力的识别，核心公司明确自身在价值系统中的定位，并进一步明确需要从公司价值链外部获取的核心技能和价值环节。其他公司由于拥有对核心公司有价值的独特能力而被纳入这一价值系统，核心公司自身比较弱的一些增值环节可以被其他公司所拥有的显著增值环节所替代。价值链中所有的成员都聚焦于自身的核心能力，对自身在价值链中的定位有清晰的界定。

战略层面的价值链整合首先是具有不同核心资产的公司通过伙伴关系组合在一起，形成一个开放的价值系统；其次，在开放的环境下，对公司的资源和能力进行整合，使系统在原有的核心技能基础上，产生新的、难以模仿的核心技能；最后，通过核心技能的组合与运用，提升价值模块和价值活动的增值能力，为顾客提供卓越的价值。如图 4-2 所示，其中，核心技术 ABi、ADi 表示公司 A 与公司 B、公司 A 与公司 D 通过资源整合生成的新的核心技术，其他核心能力则为公司自有的核心能力。

价值模块整合是价值链整合的一种重要形式。价值模块是指可组成系统的、具有某种确定独立功能的半自律性的子系统，可以通过标准的界面结构与其他功能的半自律子系统按照一定的规则相互联系而构成更加复杂的系统。[110]价值模块是构成模块化价值链的“基因”。价值模块整合是指按照某种联系规则（界面标准）将可进行独立设计的、具有一定价值功能的模块整合起来构成更加复杂的功能系统。[111]公司可以模块为单位加入“端到端”的价值链，这些价值模块以公司各自的核心资产、核心技能和流程为资源基础。由于可根据事前确定的技术标准和共同的设计规则行事，模块整合使价值链整合的成本大大下降。

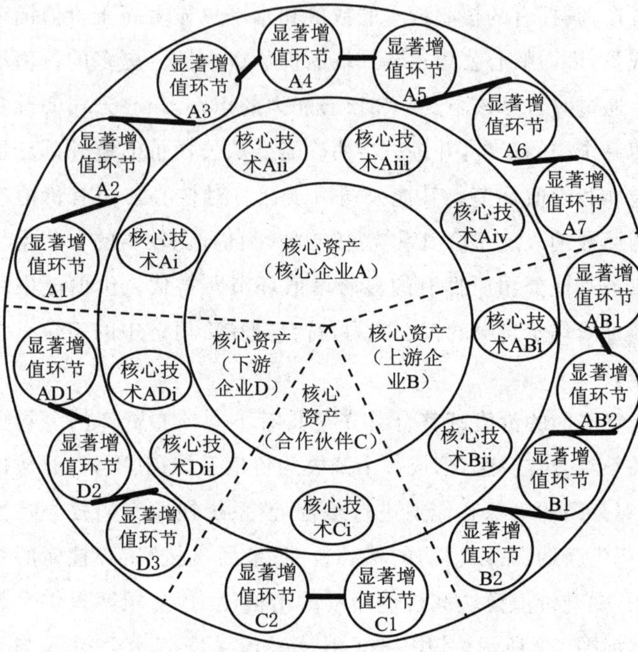

图 4-2　战略层面的价值链整合

品牌导向型公司遵循品牌战略导向的资源和组织决策，通过战略层面的价值链整合构建一体化的价值链，在专注于品牌核心能力的同时，高效率地响应顾客需求。品牌导向型公司已经拥有相当的品牌资产，同时拥有品牌创建和品牌管理方面的核心技能，往往有能力充当价值链整合者。由于品牌可以加强其他公司对该品牌导向型公司的认知，因此它在吸纳其他公司加入价值系统方面具有先天优势，可以充分发挥品牌的杠杆作用，整合外部的优势资源。那些在制造、销售、物流以及其他服务领域具有优势能力的公司，都可能成为品牌导向型公司的价值链成员，通过整合各方的核心技能和价值环节，品牌导向型公司可以更高效地为顾客提供卓越的价值。

一些品牌导向型公司，为了增强自身在价值链（供应链）中的权势，通过对上下游公司输出资源和能力，实施了更深层次的战略整合。以莱卡品牌为例，杜邦纤维(中国)有限公司主席路久成先生认为：莱卡(Lycra)所赋予服装品牌的附加价值远远大于它给服装带来的功能性提高，他们给客户提供包括品牌、技术、产品创新、买家服务多方位全方面的服务，将他们的顾客直接引入价值创造过程，与他们一起共同创造更多的价值，相信这对莱卡(Lycra)，对其所有合作伙伴来说都具有极大的诱惑力。

二、文化层面的整合

组织文化是指组织成员的共同价值观体系，是组织在长期的生存和发展中所形成的为组织所特有的、为组织多数成员共同遵循的最高目标、价值标准、基本信念和行为规范等的总和及其在组织中的反映。在很多情形下，组织文化属于抽象的意识范畴，可以视作组织的无形资产。组织文化由于规定人们的行为准则和价值取向，会对组织的资源配置和行为方式产生持久的影响，成为实施成功的价值链整合的关键环节。

Thomas 等通过对美国最优秀的大公司的调研，以麦肯锡顾问公司研究中心设计的公司组织七要素为研究框架，总结出成功公司的一些共同特点，即公司在发展过程中必须全面考虑七个相互关联的变量[即结构(Structure)、战略(Strategy)、体制(Systems)、人员(Staff)、作风(Style)、技巧(Skills)和共同的价值观(Shared values)]，简称“麦肯锡 7S 框架”。[112]其中，共同的价值观处于核心地位，并把其他六个要素黏合成整体，形成公司的命运共同体。对公司的这种认知同样可以扩展到价值链范畴。价值链成员公司需要集成各自的核心技能来为终端顾客创造卓越的价值，作为一个协同运作的价值系统，价值链必须具有能为成员公司所共享的价值理念和行为规范。价值链成员公司必须理解合作方的价值观、领导风格、品牌内涵、组织行为方式和制度体系，本着尊重、包容、学习、吸纳、变革和扬弃的原则，寻求公司文化的融合、减轻公司文化间的冲突。由此，文化层面的价值链整合就显得尤为重要。本书认为，价值链的文化整合是指在“端到端”的价值链中，各成员公司相异或冲突的文化特质通过相互适应、相互融合而形成协调、和谐的文化体系的过程。

价值链中的核心公司在文化整合过程中发挥着主导作用。核心公司往往会向其他成员公司输出自身的文化，谋求对上下游公司的同化。为了减轻同化过程中的阻力，核心公司在选择合作伙伴时，优先选择组织文化相近和相容的公司。核心公司通常通过指导、培训、制度输入等方法，引导合作伙伴实施文化变革，以建立价值链成员公司间共同的价值观和相融的行为规范。严文华等人将跨文化管理的整合同化过程分为四个阶段：探索期、碰撞期、整合期以及创新期。[113]对核心公司来讲，其与价值链成员公司的文化整合可以相应地归纳为：探索期、导入期、整合期和创新期。

对公司品牌来讲，品牌是公司文化的载体，公司文化是品牌的内涵，它们都与公司的形象息息相关。当品牌导向型公司成为价值链中的核心公司时，品牌核心价值的整合就成为价值链成员间文化整合的一个重要内容。“渗透式文化整合”是品牌导向型公司常用的整合方式。

“利乐”公司是一家执着绿色愿景的公司，可再生（Renewing）、减量化（Reducing）、可循环（Recycling）和负责任（Responsibly）的“4R”原则，是该公司始终坚持的环保理念。为了打造一条环保价值链，利乐对其价值链上下游实施了强有力的文化整合。

(1) 对终端顾客宣传利乐包的回收利用价值。为了使消费者养成回收利乐包的习惯，“利乐”一直致力于对公众进行环保宣传。最近的一次活动是“环保长椅捐赠世博”活动，即“利乐”公司向上海世博园捐赠 1 000 把由牛奶饮料纸包装经过再生利用制成的环保长椅。这一活动是利乐中国公司和上海世博会事务协调局等联合发起的，自2009年6月5日启动之后，已吸引上海逾600个组织团体的加入，总回收量达到113吨，相当于1 000多万个250毫升容量的牛奶饮料纸包装得到回收再利用。

(2) 与相关公司合作，对社区的拾荒者、保洁员和废品回收员代表，进行回收牛奶饮料纸包装的专门培训。通过培训来扩大和落实纸包装的回收网络。

(3) 大力推动可持续森林经营认证，帮助供应商建立原材料的木材可追溯系统。经由可持续管理的森林既可以提供生产性资料，又能保护和维持森林生态系统及其功能。利乐通过与森林管理委员会(FSC)等专业机构密切合作，以积极行动支持森林的永续发展。至2007年，利乐全球80%的纸板供应商便获得了FSC产销监管链认证；到2015年，纸板供应商全部获得FSC产销监管链认证；到2018年，利乐全球所有的包材和印刷工厂完成此项认证。

(4) 积极向公司推荐先进的复合纸包装再生利用技术和经验，同时也对公司的环保技术进行研发支持和市场推广。上海彩乐环保产品有限公司的塑木挤压技术、山东天艺塑胶有限公司的铝塑分离技术均是在“利乐”公司带动和支持下得以发展的。

三、运营层面的整合

“端到端”的价值链的集成运作不仅依赖于价值链成员之间的业务关系，还必须整合他们的业务流程和信息系统。[114]文化层面的价值链整合可以为运营层面的整合提供有效的支持。我们可以将价值链运营层面的整合概括为三方面的内容：价值链协调机制、价值链业务流程优化、集成的价值链信息系统。

(一) 价值链协调机制

价值链各环节的公司存在着“竞合”关系。一方面，各成员公司的合作可以使价值链具有更高的增值能力，提高价值链的竞争优势,从而使各成员公司从中获利;另一方面,在个体理性假设前提下,各成员公司的决策受其自身目标优化的驱动,由于个体目标的差异导致价值链中信息结构不对称和决策冲突。

通过建立良好的价值链协调机制,可以使成员公司的局部最优决策尽可能接近价值系统的整体最优决策,提升价值链整体的利润水平;并有效地协调各方的冲突,使成员公司得到均衡的发展,满足价值链整体的长期发展需要。

(二)价值链业务流程重组和优化

业务流程是为顾客创造价值的逻辑相关的一系列活动。詹姆斯·钱匹(2002)[115]认为流程重组跨越组织之间的各种界限,各相关公司通过可操作性技术的应用,将公司之间的商业行为以及客户有机地连接在一起,以期提高效率。公司间的流程重组要求公司不仅针对自身业务流程,而且还要针对合作伙伴以及供应商的相关流程进行必要的协调。

王能元等认为:价值链与业务流程一样都是由活动组成的,价值链分析和优化与业务流程重组在本质上是一致的。[116]在价值链整合过程中,实施业务流程的重组和优化具有两方面的优越性:一是更好地坚持顾客价值导向而非利润导向;二是跨公司的流程重组可以更好地实现公司间的无缝连接。

价值链业务流程的重组和优化不仅仅表现为对业务流程的分解、重组和简化,这一过程还涉及价值链成员公司组织结构和组织行为的变革、对业务流程职责的重新界定和划分。价值链文化整合是业务流程整合的基础和前提,而价值链业务流程的重组又是建立集成的价值链信息系统的基础。

(三)集成的价值链信息系统

运营层面的价值链整合需要信息技术的支持。聚焦于公司间的相互作用,Elliot Bendoly 和 Ashok Soni 提出了“价值链资源计划”

(ACRP)的概念。他们认为,ERP系统主要聚焦于公司内部,跨越职能部门实施了业务流程的无缝整合,为公司提供了改良的工作流、业务活动的标准化管理、高水平的订单管理、精确的存货统计和最新的运营数据。[117]一个新的趋势是,许多公司开始在ERP系统的基础上嫁接一些专业应用软件,使公司业务处理的范围远远超出内部职能的范畴。

Elliot Bendoly和Ashok Soni认为,价值链范畴可以涵盖物料供应链、信息服务链、正向和逆向物流以及公司的垂直的和水平的关系。许多应用软件提供了价值链成员之间的界面。比较突出的是公司间的交易应用软件,包括B2B电子商务应用软件和B2C电子商务应用软件,大大拓展了公司的市场和渠道,节省了公司的交易费用。还有一类是有利于增强公司间计划编制能力的决策支持系统,如供应链管理软件;客户关系管理和供应商关系管理软件则通过监管合同的履行来保证质量和长期的可靠性。图4-3表示的是价值链范畴的公司信息系统的核心构成。

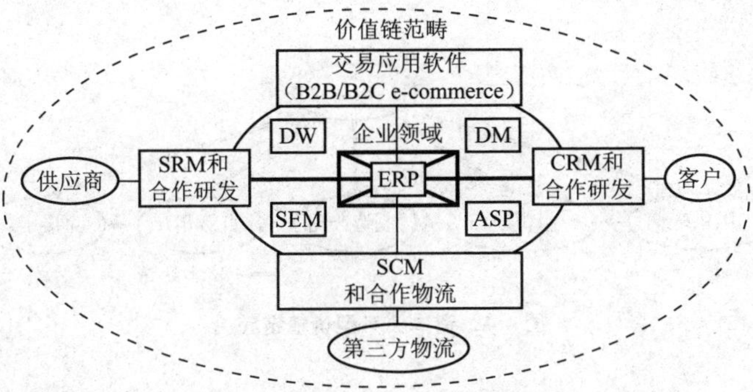

图4-3　价值链范畴的公司信息系统的核心构成(文献[117])

集成的价值链信息系统有两个层次。价值链成员之间的数据分享属于最低层次的公司间整合;更高层次的则涉及合作的决策制定，如生产（库存）计划的合作制定、新产品（服务）联合开发等。

第二节　价值链整合的关系模式

价值链成员之间存在着“竞合”关系，各方之间存在着相互冲突的目标，也存在着合作利益。如前所述，公司之间的关系属性会影响网络内的公司联合创造价值的方式。显著的合作利益是深层次价值链整合的驱动力，不同的关系和利益纽带又决定了价值链整合具有不同的特点。通过对目前纺织公司价值链整合现状的调查、分析，本书总结出四种价值链整合的关系模式。

一、资本关系型价值链整合

一些公司，为了增强与上下游公司的合作关系，采取投资参股的方式，通过资本纽带增强彼此的控制能力，并建立利益分享机制。资本纽带增强了价值链成员之间的合作利益，使价值链整合变得更加容易、更加高效。

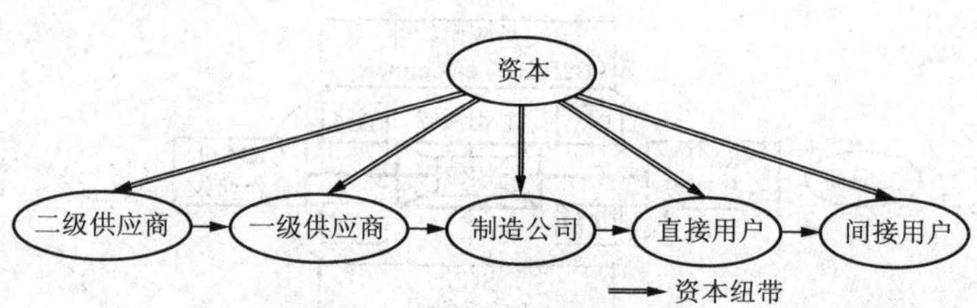

图 4-4　资本关系型价值链整合

一种常见的由资本关系型价值链整合表现为集团内部的纵向一体化。即公司在成长过程中，以资本为纽带，从原来的产业环节向上游和下游环节延伸，构建高度一体化的价值链。以亚洲拥有最大规模的服装生产基地的宁波雅戈尔集团为例，从上游的棉花种植，到纺纱、织造、印染和成衣制造，再到下游的营销渠道的建立，雅戈尔至今已累计出资30多亿元，构筑起一个规模宏大的垂直产业链。

为提升面料质量，2001年，雅戈尔与日本公司合资成立水洗厂；2003年，宁波雅戈尔日中纺织印染有限公司投产，合资方之一的日清纺是日本最大的纺织成衣后整理公司之一，另一个合资方伊藤忠则拥有丰富的信息及下游客户资源；2004年，雅戈尔与日本伊藤忠及中国香港青春国际控股有限公司合资成立了宁波雅戈尔毛纺织染整有限公司。自此，雅戈尔开始涉足服装印染、水洗、设计、制造、加工等领域，完成了对上游业务的垂直整合。

雅戈尔在1997年之后耗费15亿元巨资买下大批店铺，以自营旗舰店作为营销网络的龙头。2008年，雅戈尔并购了美国KELLWOOD公司旗下的核心男装业务——香港新马集团，更是获得了强大的设计开发能力、国际经营管理能力以及遍布美国的分销网络。至此，“雅戈尔产业链”形成了全球最大的纺织服装产业链之一。

资本关系型价值链整合具有以下特点：

一是公司之间的合作关系稳定，信任度高，易于信息沟通和交流。

二是资本纽带可以协调各方的利益分配关系，形成有效的利益共享机制。

三是公司之间的配套能力强，在基础设施、硬件系统等方面的相互配套，使价值链成员间联合创造价值的能力得到增强。

四是易于形成高度趋同的战略目标和公司文化。

二、地域关系型价值链整合

产业集群是我国产业竞争格局的一大特点。例如：中国羊毛衫名镇“大朗”，是著名的毛织产品生产基地。大朗毛织品一半内销、一半外销。数据显示，目前大朗的毛织产品在东欧市场上占到30%

的市场份额，在北美国家的市场上占到15%。

地域关系型价值链整合（见图4-5）是大朗镇毛织公司竞争优势的主要来源。大朗镇众多的中小毛织公司在保持自身灵活多变、反应快捷的特点的同时，又能积少成多形成产品规模优势；从而吸引国内较大规模的机械厂、纺纱厂都在大朗设点，加上辅料厂等，目前已经形成纺纱、毛织、辅料、机械等一条龙服务。与此同时，大朗的私营业主投资4亿元建成的毛织贸易中心，通过每年举办的国际毛织产品交易会，形成中国毛织产品集散中心和贸易中心；此外，配套的物流和其他服务业也得到了长足发展，形成了研发设计、质量检测、人才培训、信息咨询、展销物流、融资服务"六大公共服务平台"。大朗地区由此形成了产、供、销上下游紧密合作的毛织产业链。

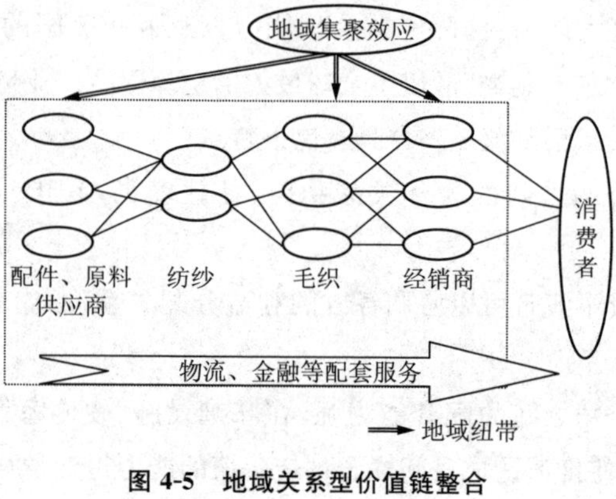

图4-5　地域关系型价值链整合

地域关系型价值链整合具有以下特点：一是价值链上的所有节点公司处于同一区域内，血缘关系和地缘关系使节点公司间的信息传递更加真实、快捷；同时节点公司间市场交易费用、物流费用因地缘优势而降低，公司间更趋于无缝连接；二是由于同类公司大量集聚，一方面极大地促进了公司之间的专业分工和协作，提高了公司的生产效率；另一方面又促进了同类公司之间和多个价值链条之间的竞争，其结果是使价值活动的增值能力提高，可以为顾客创造更高的价值。三是地域内价值链各环节的配套能力强，价值链具有灵活性和动态性，可以满足顾客不同的价值需求。

地方的一些龙头公司在价值链整合过程中发挥了主导作用，他们形成了产业所在地区的最初的市场影响力，并通过技术扩散和人才培养推动了当地的产业发展，促进了地区价值链关系的形成，起到了核心公司的作用。同时，由于资本力量雄厚，龙头公司拥有更强的技术研发能力，在产品的创新和升级过程中发挥主要作用。一些特色产业区，缺乏龙头公司造成产品研发和产业升级滞后，最终导致整个集群的衰退。

三、关键技术型价值链整合

处于产业链特定环节的公司，由于掌握了该产业的关键技术，成为决定产业形成和发展的关键力量。这些公司凭借其技术优势和技术垄断，成为“端到端”价值链的整合者，通过对上下游公司实施协调管理，可以更好地促进产业发展，并从该产业发展中获取最大化的利益。

近年来，纺织原料趋于多元化，棉、麻、丝、绒以及动物纤维与大豆纤维、天丝（Lyocell）、莱卡等新型纤维的混纺可以改善织物的性能，满足多元化的顾客需求。新型纤维生产商掌握着纤维生产的关键技术，决定着新纤维的性能；同时，各种纤维产品的市场推广还取决于终端产品的性能，必须依赖下游制造商的二次开发。因此新纤维产业的发展需要原料生产商、纺纱、织布、成衣制造、时装设计以及零售等各个环节的协同努力。随着各种纤维产品之间的竞争加剧，纺织行业中新纤维制造商驱动的关键技术型价值链整合开始出现。以特定的纤维产品为纽带（见图 4-6），价值链的各个环节组成一体化的团队，通过联合价值创造增强顾客价值，以提升该种纤维产品的市场地位。

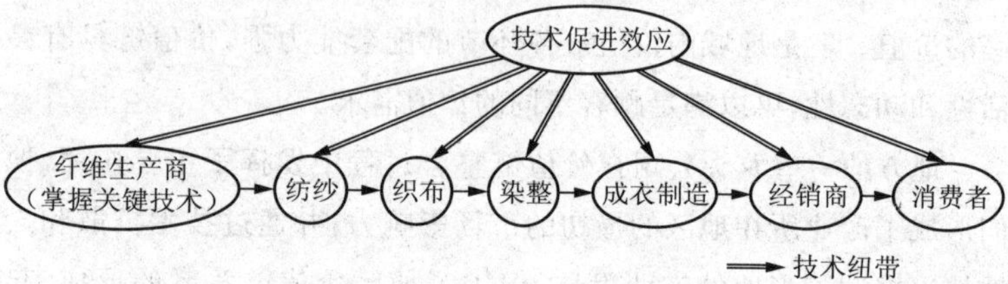

图 4-6　关键技术型价值链整合

技术和垄断是支撑原料供应商实施价值链整合的内在力量。在关键技术型价值链整合过程中，原料生产、供应商是价值链中的核心公司，它们通常由于技术优势在该原料市场上具有一定的垄断地位，是该价值链的组织者，并承担联合产品开发和联合产品推广的管理工作。

莱卡自 2000 年开始实施“最佳合作伙伴计划”。莱卡“最佳合作伙伴计划”的对象包含了代理商、包纱厂、织布厂、制衣厂。在该计划下，莱卡向客户提供一系列配套服务，范围涉及莱卡提供的技术支持、产品革新信息、市场研究、流行趋势预测、广告支持以及与客户合作进行品牌推广。全球纤维素纤维的领先者奥地利兰精集团（“天丝”原料供应方），自 2003 年开始在中国组建“天丝”中国染整行业联盟，给会员公司提供更多的技术交流和支持，致力于开发更高品质和多元化的面料以共同开拓市场。同时，所有使用其纤维的公司开发的面料产品均需经过测试和检验，再挂上统一的“天丝”吊牌，以增强对终端产品的市场控制，让消费者买到放心产品。

关键技术型价值链整合具有以下特点：一是掌握关键技术的厂商往往同时参与多条价值链，价值链整合涉及多个制造商和经销商，具有广泛的市场影响，联合效应增强了产品的市场推广力量，从而提高了该产业的整体市场地位。二是产品开发、质量控制和产品推广是该模式价值链整合的主要环节。

四、品牌关系型价值链整合

品牌产品的价值来自多个价值链成员的共同创造，为了满足既定的品牌诉求，有必要对上下游公司实施价值链整合，使设计和生产的每一个环节都能体现品牌核心价值的要求。这是品牌关系型价值链整合的一般情形。虚拟经营模式下，品牌公司的价值链整合更具有特殊意义。

品牌具有扩张效应。一方面，创建和维护品牌需要相当高的投入，品牌的规模扩张具有显著的规模效益，同时，市场扩张可以提高品牌的知名度、增强影响力。另一方面，品牌资源可以为上下游公司共享，品牌公司的价值链成员可以因此而获得价值提升。所以，拥有特定品牌资源的公司，可以实施虚拟经营，通过整合价值链，实现品牌的低成本、快速扩张。一方面可以采取贴牌生产的方式，寻找符合要求的公司定点加工产品；另一方面，可以通过特许经营的方式招募经销商，快速建立市场营销网络。“恒源祥”集团是一家采取虚拟经营的品牌公司，专业从事品牌管理。旗下产品包括毛线、毛衫、内衣、床上用品、袜品等，生产均由定点公司以贴牌的方式进行，定点公司定期交纳品牌使用费和管理费。而且，“恒源祥”又通过特许经营的方式向全国招募经销商(如图 4-7 所示)。

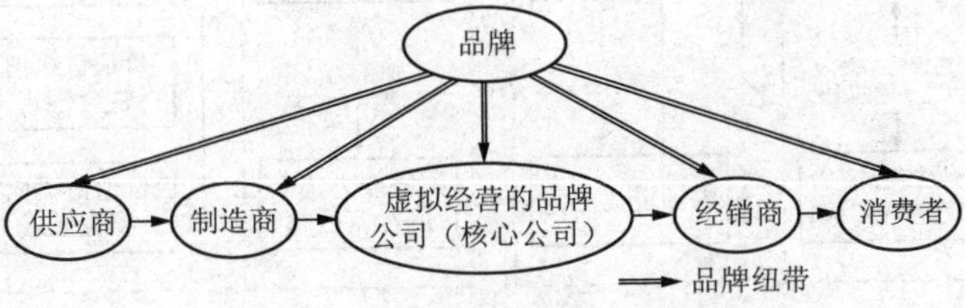

图 4-7　品牌关系型价值链整合

品牌关系型价值链整合的特点是：品牌资产可以为价值链成员公司带来“溢价”的同时，成员公司的价值创造活动会给品牌资产造成正面或负面影响。因此品牌关系型价值链整合必须强化品牌标准，加强对上下游公司的质量管控，为顾客提供稳定、可靠的产品；同时，上下游公司应加强文化整合，树立一致的品牌形象。

品牌关系型价值链整合表明，品牌是维系整合方合作利益的一种重要的关系纽带。品牌导向型公司可以品牌为关系纽带，对上下游公司实施一体化管理。但要构建有效的品牌导向的价值链整合模式，还必须明确品牌导向型公司的价值战略。

第三节　品牌导向的价值链整合的模式

一、品牌导向型公司的价值战略

品牌导向型公司实施明确的价值战略，通过品牌战略和其他经营战略的高度一体化来实现其价值主张；而价值链整合，则旨在为价值战略的实施提供有效的价值组织形式。图 4-8 描述了品牌导向型公司价值战略的形成特点。

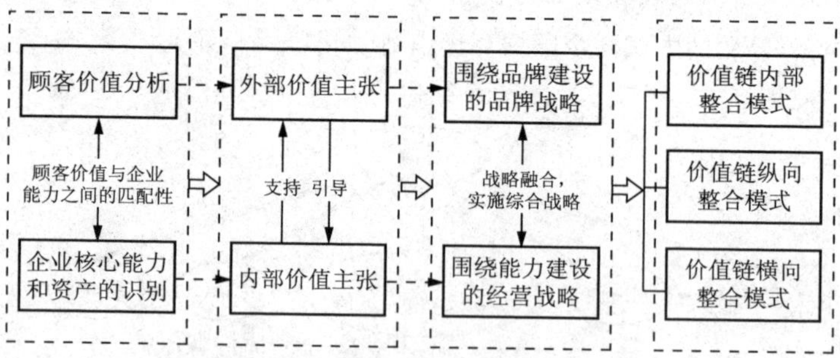

图 4-8　品牌导向型公司的价值战略

如前所述，价值战略主要指一个公司在价值链（“端到端”）中正确定位的艺术——正确的业务、正确的产品和市场细分、正确的增值活动。我国台湾宏碁集团董事长施振荣提出著名的“微笑曲线”，表明“端到端”价值链上的不同环节，其价值增值程度是不同的。此外，根据增值活动的特点，价值战略由低到高可以划分为四个阶段：基础产品、增值价值、绩效价值和共创价值。[118]基础产品以基本的经济观念为基础，只具有一种产品的最本质的价值，满足顾客最基础的功能需求，是一种没有差别化的产品；增值价值提供差别化的产品和服务，可以增强厂商的竞争优势；绩效价值，也叫利用价值，涉及与供应方和买方相关联的活动所创造的价值，绩效价值强调价值是共同创造的，公司只在具体的功能领域对产品和服务绩效有所贡献，公司间的价值创造流程实行高度整合；共创价值是最高形式的价值创造和价值创新，这一形式下，价值并不只是由卖方传递给买方，而是由各方共同设想和共同创造的，强调为了增强能力与机遇而构建伙伴关系和关系网络。上述分析揭示了公司的价值升级的两种途径：一是进入高增值的价值链环节，二是通过提供差别化价值以及提高价值活动的整合程度来提升整个价值链的增值能力。

Normann和Ramirez认为，价值战略的潜在目标在于提升公司能力和顾客需求之间的适应性。[119]顾客价值是公司制定价值战略的出发点，从广义的角度，我们也可以把顾客理解为公司的利益相关者，包括股东、经营者、员工、债权人、顾客、供应商、政府和社区。Slywotzky和Morrison（1997）[120]提出了以顾客为中心的公司设计，认为现代的价值链应开始于顾客，然后转向资产与核心能力，即顾客需要驱动了公司价值链的设计。他们认为管理者在制定公司价值战略时应思考如下问题：（1）顾客的需要和偏好是什么？（2）何种方式可以满足这种需要和偏好？（3）最适合于这种方式的产品和服务是什么？（4）这些产品和服务所需要的投入要素和原材料是什么？(5)与投入要素和原材料相关的核心能力和资产是什么？

众多研究表明，公司的能力是制约公司价值战略选择的主要因素。Ribeiro等通过对巴西500家最大公司的管理人员的调查证实，每一种价值战略都表明一系列潜在的业务能力、技能和知识，从而使公司可以协调所有的活动、有效地使用资产以及学习。我国台湾学者刘常勇(1998)认为，OEM、ODM和OBM分别代表了价值链上"制造"、"研发"和"销售"环节，从OEM到ODM再到OBM的升级过程最能体现公司创新能力演进的三个关键阶段。汪建成等对"格兰仕"公司升级案例的研究也得出了同样的结论。[121]

通过对顾客价值的分析以及对公司自身核心能力和资产的识别，公司就能明确自身的价值主张。价值主张是关于公司向顾客传送什么样的价值的陈述。David Waiters和Geoff Lancaster把公司的价值主张分为内部主张和外部主张。公司的内部价值主张与外部价值主张相互依存，具有很强的一致性，内部价值主张为外部价值主张的确立提供有效的支持；外部价值主张对内部价值主张的形成具有引导作用。内部价值主张需要识别公司要提供给目标顾客群的价值的驱动力、创造价值所涉及的活动以及价值创造活动的成本动因(驱动力)；外部价值主张是实现公司在顾客心目中定位的方法。品牌战略是实现外部价值主张的主要途径，而内部价值主张的实现则主要依赖于能力导向的经营战略。

艾克认为，无论是作为组织的品牌，还是作为产品的品牌，抑或是作为人的品牌以及作为符号的品牌，其核心是品牌识别的每个方面都反映组织的战略思想和价值观念。对品牌导向型公司而言，其公司品牌的价值主张兼顾了顾客、股东、员工等利益相关者的价值需求，实现了内部价值主张和外部价值主张的融合；同时，对品牌导向型公司而言，品牌不仅是营销沟通的工具，也是公司重要的战略资产和核心能力，其品牌战略与公司战略也高度融合，公司的经营战略要有助于实现品牌的顾客承诺，品牌战略要体现其经营战略，并彰显和传递其中的价值理念。因此，在价值链的构建和价值链整合过程中，品牌发挥着主要的导向作用，要求价值活动的构成和组织能充分体现品牌的价值主张，并有助于品牌相关能力的提升以及品牌资产的创建。

正如 Kathandaraman 和 Wilson 的价值网模型所揭示的那样，关系是价值创造所涉及的三个核心概念之一。同时，绩效价值战略和共创价值战略是价值战略的高级阶段，也进一步说明了关系管理是价值战略最重要的内容。研究品牌导向的价值链整合模式，可以了解价值链不同主体的价值活动之间的相互联系和相互影响，探讨端到端的价值链中相关主体基于核心能力和品牌资产的协同创造的价值活动方式，为品牌导向型公司价值战略的实施提供有效的价值组织形式。

二、品牌导向的价值链内部整合模式

价值链系统的内外关联价值链的一个内涵特征是各种价值活动间相互联系、相互影响。一般来说，价值链系统的联系包括内部联系、纵向联系和横向联系三个方面。[122]相应地，品牌导向的价值链整合模式也可以分为价值链内部整合模式、价值链纵向整合模式和价值链横向整合模式。

品牌导向的价值链由品牌价值链和品牌支持系统构成，品牌价值链和品牌支持系统又分别由一系列相互依存的活动构成。价值链内部整合包括品牌价值链内部的整合、品牌价值链与品牌支持系统之间的整合。品牌价值链内部的整合通过优化品牌价值链的各项活动之间的联系来获取竞争优势；品牌价值链与品牌支持系统之间的整合则通过优化品牌价值链的活动与品牌支持系统的活动之间的联系来获取竞争优势。不同层面的价值活动的整合，一方面可以使品牌核心价值导向的歧异性更加鲜明，另一方面可以有效地降低活动成本,从而提高价值活动的效率。

(一)品牌价值链内部的整合

根据第三章对品牌价值链的描述,品牌价值链由品牌识别、营销项目、利益相关者体验和品牌绩效四个主要的价值环节构成。其中,品牌识别各项内容间的协同、营销项目与品牌识别之间的匹配性、营销项目之间的协同构成了品牌价值链内部整合最为重要的内容(如图 4-9 所示)。

图 4-9 品牌价值链内部的整合

Aaker 认为,品牌识别内容由四个方面十二项构成,分别为:作为产品的品牌(产品范围、产品特性、质量/价值、使用体验、用户和原产地),作为组织的品牌(组织特性、区域性或全球性),作为人的品牌(品牌个性、品牌/消费者的关系),作为符号的品牌(视觉形象/标识和品牌历史)。Aaker 进一步将品牌识别体系从结构上由内到外分为核心识别和延伸识别两个层面。核心识别代表品牌永恒的精髓,延伸识别包含了使品牌识别细化和完整化的要素,描述品牌代表的细节。成功的品牌识别客观上要求各项识别内容互为补充、相互协调,从不同的侧面打造立体、独特而清晰的品牌形象,增强品牌的差异性。公司的单项识别内容往往不足以构成与竞争对手之间的差异性,各项识别内容的组合则可以为品牌设立独特的、可持续的身份标签。其中,延伸识别是对核心识别的扩展和演绎,核心识别具有稳定性和持久性,并适用于不同市场;延伸识别必须充分体现核心识别，但在不同的市场可以有不同的侧重，两者相结合使品牌的身份稳定而颇具感性，同时在时间和空间上又具有一定的柔性。以品牌维珍（Virgin）为例，其核心识别是四种清晰的价值观和联想物：创新、乐趣、服务品质和物超所值，延伸识别涉及品牌个性、品牌符号和身处逆境的经营模式。维珍品牌的个性强烈而另类，可以被描述为“游离于规则之外，富有幽默感，有时有些出格，敢于挑战权威，能力过人，自我要求很高，事情也办得很漂亮”。其品牌个性与其核心识别高度吻合，使其核心识别更加具体而富有感性。维珍的商标字符采用有棱有角的手写字，与传统的四平八稳的铅字形成鲜明的对比，彰显了其创新求变的品牌个性。维珍的经营模式的特点在于，喜欢进入高手云集的行业和市场，以年轻的挑战者的身份，通过创新和优质服务来赢得市场。其品牌个性、品牌符号与组织经营特点相辅相成，共同聚焦于品牌的核心识别，使品牌在消费者心目中的独特性更加鲜明。

Keller认为，品牌价值创造过程始于公司投资某一项针对实际或潜在客户的营销方案。品牌识别有效地界定了品牌的目标顾客、核心价值观和联想物，是指引营销项目设计的指南。营销项目涉及产品和服务的研发与设计、营销沟通、贸易等相关活动，项目实施目标就是要发展、运用、体现和传播品牌识别，将其内容和价值取向准确、高效地传递给目标顾客。因此，营销项目的设计应围绕品牌识别展开，营销项目要成为品牌识别的载体，能体现、落实品牌识别中的顾客承诺，并有助于形成预期的品牌联想；对营销项目的选择和评价也要围绕其传播品牌识别的有效性展开。营销项目具有自身的独特性，不同的项目在体现品牌的功能性利益、情感性利益以及品牌个性上具有不同的表现，与顾客的沟通和联系方式（单向传播、双向沟通、亲身参与和体验）各有不同，面对的目标受众也有所差别。因此，必须考虑营销项目与其传播的品牌识别内容之间的匹配性，同时也要考虑项目之间的协同性。在品牌识别的指导下，公司应对营销项目进行协同规划，考虑项目在时间和空间上的分配，以及多种沟通方式的协调运用，形成立体的、全面覆盖目标受众的营销传播。

（二）品牌价值链与品牌支持系统之间的整合

品牌价值链与品牌支持系统之间的整合，在第三章品牌导向的价值链模型部分已有论述。需要补充说明的是，品牌支持系统涉及多个部门，因此品牌价值链与品牌支持系统之间的整合是跨部门、跨职能的整合，要取得预期的整合效果，需要构建以品牌为核心的公司文化。其中，品牌事业部制是实施品牌价值链与品牌支持系统之间的整合的一种有效的制度形式。

品牌事业部制是一种以品牌为导向的组织形式。品牌事业部实施品牌分别管理的模式，实现了品牌系列产品从规划、研发到销售的独立运作。在原先的职能部门框架下，职能部门需要同时负责多个品牌的管理，同时，品牌价值链需要整合的职能分散于多个部门，这客观上造成了品牌价值链与其支持职能之间只能维持松散的协作关系。一方面，在品牌事业部下，品牌成为管理的核心内容，品牌价值链与品牌支持系统围绕品牌价值战略进行高效的内部沟通，品牌一体化运作的效能得到很大的提升。另一方面，相对于产品事业部，品牌事业部克服了产品有限的生命周期的问题，建立在品牌之上的事业部具有可持续性；同时，可以解决产品多样化带来的沟通效率问题。

上海通用是产品最多、体系最为庞大的国内汽车企业，目前已拥有凯迪拉克、别克、雪佛兰以及萨博四大品牌，共二十三大系列近八十个品种的产品矩阵，覆盖了顶级豪华车、高档车、中高档车、中级车、大众普及型轿车及 MPV 等宽泛的领域。

三、品牌导向的价值链纵向整合模式

迈克尔·波特将公司价值链与供应商、销售渠道的价值链之间的联系称为纵向联系。对上下游公司价值链纵向联系进行优化，会对公司自身的成本和效益产生影响。张书军认为，价值链的纵向整合模式主要包括两部分内容：确定在产业价值链中的战略定位及与上下游相关公司的价值链协作关系。[123]对品牌导向型公司而言，更有效地实施品牌战略是其实施纵向价值链整合的主要目的，为此，它们会选择实施多样的价值链纵向整合模式。

品牌导向型公司可以存在于“端到端”价值链的不同位置，可以是制造型公司，也可以是研发设计型公司或其他服务型公司，还可以是综合型公司。但它们的共同之处在于：它们的品牌资产和品牌管理能力在价值链系统中具有较强的影响力。品牌导向的价值链的纵向整合有两个主要的实施步骤：一是基于品牌战略的价值链分析，即需要明确品牌战略对上下游公司的要求、上下游公司影响品牌绩效的主要价值活动，从而识别价值链的协同机会；二是在对这些价值活动进行评估的基础上，通过价值链伙伴的选择、公司边界的重新界定以及联盟和合作计划来为品牌战略提供更好的支持。以下分别对以零售商、制造商、原料商和虚拟品牌公司为主体的、以品牌为导向的四种典型的价值链纵向整合模式进行分析。

（一）零售商质量管控与零售商品牌

近年来，零售商自有品牌发展迅猛。在瑞士、德国和英国等国家，零售商自有品牌产品的市场占有率为28%—45%，在美国、瑞典和许多其他欧洲国家，其平均的市场占有率为15%—20%。[124]发展自有品牌的零售商一般为大中型零售商，拥有良好的品牌形象和顾客声誉；零售商贴牌产品的价格一般低于同品质的制造商品牌的价格，可以给顾客提供具有更高性价比的产品。

英国Reynolds J. & Cuthbertson C.在《制胜零售业》一书中探讨了自有品牌的演变过程。[125]该书认为，自有品牌的演变经历了四代:无品牌、“准品牌”和自有标识、自有品牌、经过扩展的自有品牌和细分的自有品牌,反映了零售商发展自有品牌能力的增长过程。自有品牌四代的演进,反映了自有品牌产品品类的延展及技术含量的增强趋势,也反映了自有品牌形象的提升趋势,自有品牌的发展动因从单一的利润驱动向品牌、利润双驱动演进。作为第一代零售商自有品牌的无品牌,往往选择具备基本功能的产品,制造流程简单、技术含量低,以低质低价为特点,可以增强零售商的边际利润。第二代自有品牌的市场定位和产品销量有了提高,产品依赖于成熟的生产技术,但其质量形象、技术水平仍然低于领先的制造商品牌,价格也相对低廉,自有品牌缺乏自身的独特性和显著性。第三代自有品牌在技术水平和质量形象上面拉近了与领先制造商品牌的距离,又具有价格优势;生产通常外包给专业的代工厂商,同时,产品延伸到多个产品类别,形成家族品牌,增强了零售商的形象。第四代自有品牌不再以价格优势为特点,其产品具有一定的创新性,贴牌商通常为国际性的制造商,主要围绕自有品牌从事生产,已经达到、甚至超越领先的制造商品牌,通过提供独特的、更好的产品,零售商的品牌形象得到显著提升。目前,我国大多数零售商的自有品牌处于第二和第三发展阶段。

图 4-10 展现了自有品牌创建过程中零售商与贴牌商的价值链整合。零售商拥有比较强大的品牌价值链,其品牌支持系统与不经营自有品牌产品的零售商相比,增加了产品开发、设计、质量管控、代工厂商管理等价值链活动。为了更好地利用品牌的杠杆作用,零售商将代工厂商的部分价值链纳入自身的价值链系统,在共同的品牌价值链导向下,代工厂商的品牌支持系统和零售商的品牌支持系统实施高效整合。代工厂商一般无品牌或品牌相对较弱,贴牌产品的属性及其运营能力必须符合零售商自有品牌的诉求,其管理制度和文化也必须与自有品牌的形象相吻合。

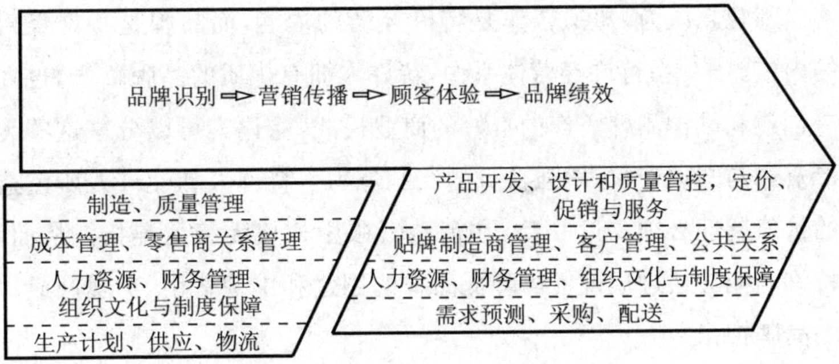

图 4-10　零售商与代工厂商的价值链整合

（二）制造商渠道管控与特许经销体系

对生产终端产品的制造商而言，零售环节是影响消费者品牌认知、形成消费者体验的主要场合。如果对销售渠道缺乏有效的管控，那么产品断货、货架拥挤、销售空间布置混乱以及服务员态度恶劣、不能提供有效的咨询和宣传等现象将会严重损害品牌形象；此外，零售商常常不能向制造商及时提供各项产品的销售情况以及顾客反应。波士顿咨询公司的调查显示，越来越多的品牌制造公司试图移向价值链的零售部分来加强对自身品牌命运的控制。[126]

品牌制造商通过向下游零售商的纵向整合，可以更好地向顾客展示品牌的定位，使品牌在营销环节拥有一致的品牌形象；同时，可以更快地对顾客需求作出响应。建立直营商店、实施纵向一体化是一种选择，但如果完全依靠直营商店，则往往会耗用公司大量的资金，制约品牌发展的速度。因此，特许经销成为处于扩展和发展阶段的品牌实施价值链纵向整合的一种普遍的选择。

根据国际特许经营协会（IFA）的官方网站对特许经营的定义，特许经营是一种分销产品和服务的方法。一个特许体系至少是两个层面的复杂关系：(1)特许人，提供商标、商号和一种商业模式；(2)受许人，通过支付使用费和加盟金得以用特许人名义和模式从事经营。

刘观志认为,知识合作是特许经营的内涵,而品牌是特许经营的内核。[127]在特许经营体系中,特许人拥有优质的品牌资产,也拥有创建和维护品牌资产的良好的商业模式,受许人可以分享这些无形资产与知识产权,增强自身的获利能力。特许人和受许人所创造的价值属性必须高度一致,在消费者眼中构成无缝的连接。从而,特许人能够通过规模优势降低品牌的创建和维护费用,实现低成本的品牌扩张。

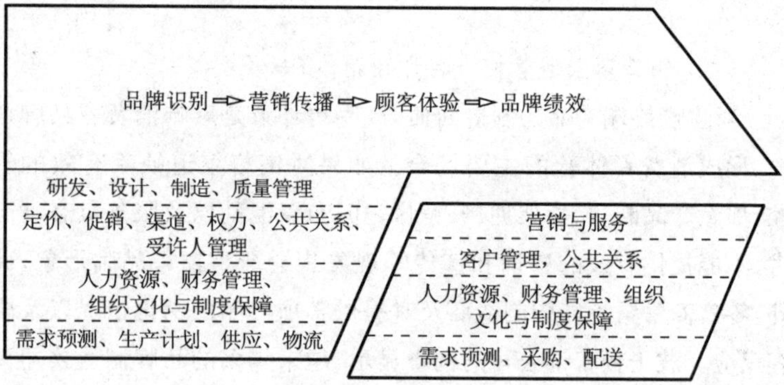

图 4-11　特许人与受许人的价值链整合

特许人与受许人的价值链整合如图 4-11 所示,特许品牌制造商和受许零售商拥有共同的品牌价值链,同时,品牌支持系统由特许品牌制造商的品牌支持系统和受许零售商的品牌支持系统共同组成。两者的价值链整合具有以下特点:

(1) 特许人拥有品牌资产,从事品牌的创建和维护工作;受许人缺少知名度,特许人将自身的品牌价值链延伸至所有受许人,使受许人的信誉度大大提升。

(2) 特许人对受许人的品牌支持系统实施有效的监管,使受许人所创造的价值符合品牌的诉求,使受许人的价值链成为品牌支持系统的一部分。

（三）供应商技术支持与成分品牌

成分品牌也称为要素品牌，Kevin Lane Keller 认为，成分品牌亦即为最终产品中的材料、元素和部件建立直接面向最终消费者的品牌资产。创建成分品牌的供应商一般拥有较强的技术和质量管控能力，在下游制造商中拥有良好的声誉，但凭借自身的价值链难以在终端消费者市场形成影响。因此，要创造强大的品牌资产，必须与下游的终端消费品制造商进行价值链整合。

成分品牌的产生，首先是由于成分品牌和终端产品品牌在品牌价值链层面上具有协同性。由于成分品牌拥有较强的技术和质量管控能力，能够增强消费者对终端产品的质量认知，因此，借助于成分品牌，制造商可以增强终端产品品牌的质量信誉和品牌形象。而供应商借助终端产品品牌的市场影响，可以将自身的质量信誉延伸到消费品市场，通过合作的营销项目来创建成分品牌，形成对终端消费者的持久的影响力，由市场拉动来促进产品销售；通过技术推动和品牌拉动的双引擎，建立强势的市场位势，促进产品价格的提升。

成分品牌价值链与下游制造商终端产品品牌的价值链之间高度整合，如图 4-12 所示。成分品牌借助于下游制造商的终端产品品牌的营销项目来创建自身的品牌资产，并力求在终端产品的消费者

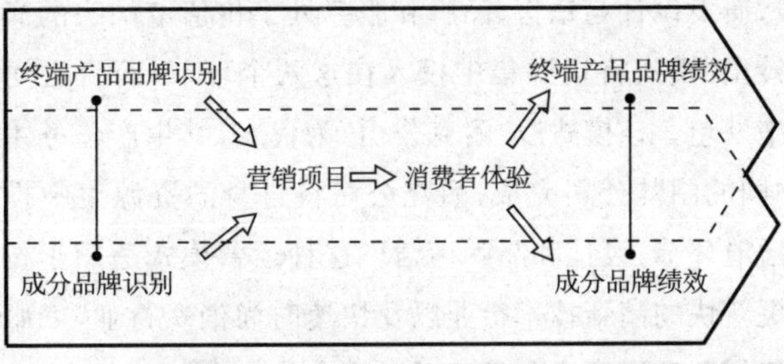

图 4-12　成分品牌与下游制造商终端产品品牌之间的整合

体验中凸显成分品牌的属性，为此，拥有成分品牌的供应商需要参与下游制造商品牌的营销项目策划、对其营销项目提出特定的要求并给予人财物方面的支持。在品牌识别环节，成分品牌自身的品牌识别体系与终端产品的品牌识别体系必须具有很强的兼容性；在品牌绩效环节，双方的品牌绩效互相增强，具有高度的一致性。

一些具有强大的成分品牌的供应商，并不满足于品牌价值链层面的整合；出于创建知名成分品牌的目的，它们还寻求品牌支持系统之间的进一步整合。为了使终端产品能够更好地体现出成分品牌的特点，供应商常常参与制造商的产品研发过程：一方面，对制造商的产品研发活动提出特定要求，并通过一些激励手段对制造商的行为加以引导；另一方面，根据制造商及其反映的消费者诉求，对自身产品进行改良。

（四）虚拟经营的价值链整合模式

1991年，美国学者罗杰·内格尔等人在调研报告《21世纪制造公司研究：一个工业主导的观点》中首先提出了“虚拟经营”的概念，它是一种以虚拟组织为基础的敏捷制造模式，即以竞争能力和信誉为依据选择合作伙伴，采用动态联盟的形式，以增强公司的整体竞争能力，在最大程度上满足用户需求。[128]姜旺、魏晓平总结了虚拟运营的三种主要模式：星型、哑铃型和橄榄型。[129]其中，哑铃型虚拟运营模式是品牌导向型公司经常运用的一种运营模式。根据“微笑”曲线，研发设计与销售、品牌和服务处于价值链两头的高增值环节，“哑铃型”模式将资源集中投入在这两个环节，而将之间的生产环节实施外包。该模式以“耐克公司”为代表，其生产任务主要是由韩国、中国的制鞋公司完成，耐克公司将自身的资源集中投入价值链的高增值环节：设计和品牌运营。这种运营模式适用于技术升级和产品更新快的高新技术行业以及快速时尚消费行业，如服饰业和电子消费行业。该模式要求公司以客户为中心，以创建知名品牌为目标，敏捷捕捉市场变化，快速响应市场需求。

品牌导向型公司虚拟运营的价值链整合如图 4-13 所示。品牌导向型公司将资源集中于与品牌相关的核心能力的建设，其价值链由品牌价值链及与品牌核心价值相关的其他价值环节构成，不包括生产环节。通过形成虚拟组织，品牌导向型公司可以整合制造商、零售商的价值链，形成一个联系紧密、高度一体化的价值链系统。

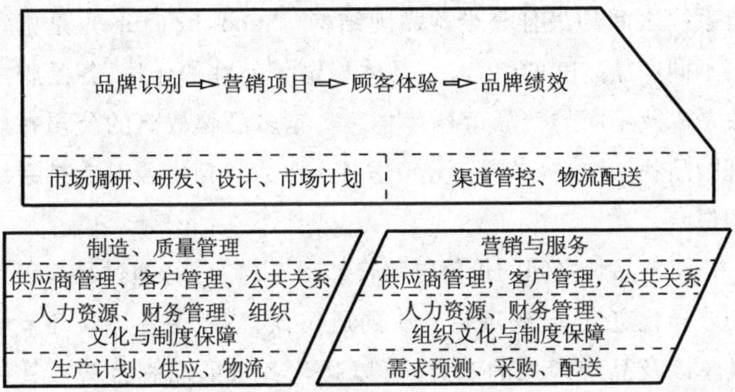

图 4-13　基于虚拟运营的价值链整合

四、品牌导向的价值链横向整合模式

价值链的横向联系包括两个层面。一个层面发生在公司内部的多个业务单元之间，通过对既相互区别又相互联系的各业务单元的目标和政策的统一协调产生协同优势。另一个层面指公司价值链与同一产业中具有类似活动的公司的价值链之间的横向联系，主要表现为公司与外部公司相关价值链环节的协作竞争问题。对品牌导向型公司而言，价值链的横向整合主要围绕品牌价值链之间的横向联系展开。由于不同产业的公司的品牌也可能存在着共同的品牌诉求，所以，公司之间的横向联系不仅存在于同一产业中的竞争性公司之间，也同样存在于不同产业的公司的品牌价值链之间。

因此，第二个层面的横向联系的范畴，有必要扩展到不同产业的公司之间。

（一）公司内部多个业务单元之间的整合

就实施多品牌战略的公司而言，品牌导向的价值链横向整合首先表现为各个品牌价值链及其支持系统之间的整合。

Aaker在《品牌领导》一书里强调了品牌结构在各品牌协同运作中的重要性。通过设计合理的品牌结构，可以实现品牌价值链及其支持系统之间的最佳整合。品牌结构（Brand Structure），是指一个公司不同产品品牌的组合，它具体规定了品牌的作用、各品牌之间的关系以及不同的产品市场环境。实施多品牌战略的公司在确立合理的品牌结构时，必须充分考虑各个品牌价值链及其支持系统之间的整合。

公司多品牌之间的价值链整合如图4-14所示，通过品牌识别环节的差异化定位、营销项目的协同运作、利益相关者体验环节的形象共享以及品牌绩效的互补，可以强化各自的品牌优势。具体而言，品牌价值链及其支持系统之间的整合可以通过以下路径加以实现。

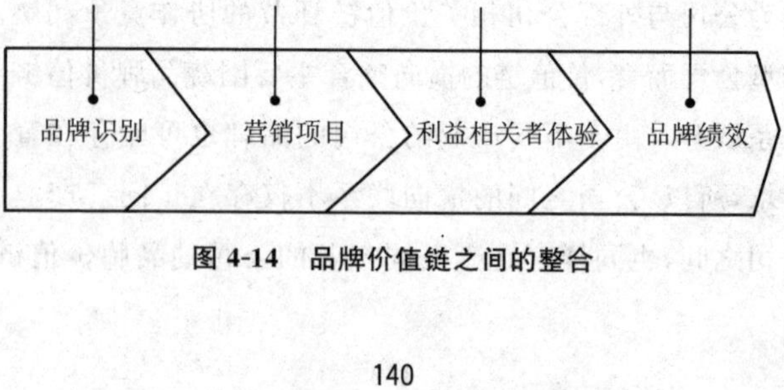

图4-14　品牌价值链之间的整合

(1) 通过在市场上的差异化定位,来避免渠道上的冲突、强调不同的功能性优势并吸引不同的顾客群。在品牌识别环节,需要对不同品牌的产品特性、质量/价值、用户等进行差异化的定位,以增强品牌间的互补性,构建逻辑清晰的品牌结构。例如,宝洁旗下的洗发水品牌,海飞丝以“去头屑”为主要的功能诉求,飘柔突出“飘逸柔顺”,潘婷则强调“营养和健康”;五粮液集团通过高端品牌五粮液、中端品牌五粮春与五粮醇、低端品牌尖庄占领了不同价位的市场区间。

(2) 利用已有的品牌资产,减少创建新品牌的资源投入,或者通过品牌间的联系来增强顾客对品牌的价值感知。品牌价值链在实施营销项目以及利益相关者体验环节需要消耗大量的知识、信息、名声等资源,这些资源具有特殊性,不存在显著的规模不经济阶段,因此通过品牌价值链之间的资源共享,可以带来显著的价值增值。价值背书是品牌之间资源共享的一种主要形式。通过强势品牌的价值或地位背书,可以分享强势品牌的价值和信誉,促进产品的销售。典型的有双品牌战略,代表公司形象的组织品牌,可以为组织旗下的子品牌或副品牌提供值得信赖的背景形象;反过来,子品牌或副品牌也可以扩展主品牌的内涵,增加其联想物。

(3) 品牌绩效在不同层面上的互补性。品牌组合的优化还需要从战略层面平衡品牌绩效。金牛品牌和战略品牌分别代表了公司在现在和未来最主要的利润源泉;银弹品牌是创造、改变或维持品牌形象的最重要的力量;关键品牌可以赢得广泛的顾客基础,赢得顾客知晓度和顾客忠诚。

中粮酒业有限公司旗下拥有三大葡萄酒厂,称为沙城长城、华夏长城和烟台长城,分别占整个“长城”葡萄酒市场份额约35%、50%和15%。

尽管三家酒厂都是由中粮控股,但实际运营并不被中粮控制,三家企业各自保持了在研发、生产、销售、宣传等多方面的独立性。并且由于各自以利润为中心，从新品研发、广告宣传到市场销售，在所有可能增加个体利益的环节三方都争夺资源，新品重复开发，市场重复进入，各做各的广告，造成了极大的资源上的浪费。

为了避免资源上的浪费，中粮酒业决定加强品牌整合。中粮酒业有限公司总经理曲喆表示："中粮整合三个长城葡萄酒企业并不是为了简单地解决相互之间的市场冲突，更重要的是通过这种全面的资源整合，把长城品牌提升到更高的一个档次。"中粮酒业收回了三家长城酒厂的营销权利，进行资源优化，实施统一的生产标准和管理规范，采用一致的市场策略，集中力量打响长城品牌。通过对品牌识别、营销项目、利益相关者体验和品牌绩效四个环节的整合，长城葡萄酒已经成为中国销量最大的葡萄酒品牌。

品牌识别环节。

"长城"以前的品牌定位很不清楚，沙城长城、华夏长城和烟台长城各自为政，销售渠道也泾渭分明，导致消费者对长城品牌的认知非常混乱。通过品牌整合，公司完成了"长城"产品的统一标识，并同期推出了中粮酒业有限公司的CI、VI系统。通过实施企业识别策略，一个既符合社会公众要求，又切合企业实体的中粮酒业新形象得以展现。

同时，长城的酒标也实现了五大元素的统一：统一使用长城品牌LOGO；统一采用标准"长城"中文文字；统一采用标准"长城"英文文字；各生产厂标明相应产地，即"沙城产区"、"昌黎产区"、"烟台产区"；统一注明"中国粮油食品进出口(集团)有限公司"；背标统一采用"3·15"标志图案。在形象整合后，原三个生产企业的名称只作为原产地识别符号存在，而侧重于标注长城品牌和中粮集团这一品牌背景，是因为中粮酒业曾经做过市场调研，被调查的大部分消费者不知道长城是中粮出品的，但表示，知道"长城"是由中粮出品后，会更加信赖长城品牌。

此外，为了避免三个企业在市场上的互相厮杀，整合的关键一步是产品的系列工作，通过突出三家产品的鲜明特色，实行分级管理和等级标准，从源头上避免重复生产与重复竞争。中粮酒业认为，沙城厂发酵和储酒能力居同行业首位，工厂历史长且拥有葡萄园，网络历史渗透广，可以迎合对葡萄酒认知较浅的大众消费群，以中低档、大批量产品为主，这样可以充分发挥其发酵、储酒能力的特有优势。华夏厂拥有规模最大的酒窖和葡萄园，橡木桶资源丰富，产品质量优良，市场口碑良好，则可侧重于中高端定位，目标人群是对葡萄酒有一定了解，生活方式比较西方化的消费群。烟台厂葡萄园管理规范，资源优良，产品外观新颖，可侧重新世界酒定位，目标人群为年纪较轻，喜欢追求新事物的人群。

营销项目与利益相关者体验环节。

这次整合将三家企业的营销权利上收，使营销渠道的投入大幅减少，同时增强了对渠道的掌控，提升了品牌形象。长城品牌形成了一套管理规范，按产地、年份和品种对长城品牌的各产品进行细分，并将这种细分和管理规范应用到各公司的销售网络中去，最后传递到零售终端，达到对市场终端的控制。例如，统一确定全国性产品和区域性产品，对全国新产品实行统一定价，对区域性产品制定定价要求；制定统一的经销商管理制度，将三家企业在二、三线城市的经销商整合成一个经销商；针对不同渠道、不同档次的产品制定不同的促销活动，销售旺季策划统一主题的促销活动等等。

另外，制定了品牌等级管理体系和针对不同等级的生产规范，保证不同等级的产品对应不同的价格以及不同的消费者群体，达到对长城品牌各产品市场的细分。

品牌整合前，沙城长城、华夏长城和烟台长城都分别强调自己的产品优秀，甚至比别的“长城”更正宗。2002 年 8 月，在即将完成旗下三地长城品牌形象整合之时，中粮酒业在“中央电视台”和香港卫视推出了一个60秒钟的电视广告。该广告重点展现了长城葡萄酒本身的价值和文化感染力，全方位地揭示了品牌的内在实力。该广告片分为三部分：高洁的品质——动人酒香，犹如天籁传唱；开放的胸襟——好酒之间没有距离，只有亲密；民族的自尊——地道干红，天赋灵犀，分别突出了长城葡萄酒的原产地风范、世界级品质和民族品牌特色。完成整合的当年，长城葡萄酒销售增长约30%，长城商标也被评为中国驰名商标。

品牌绩效环节。沙城长城、华夏长城和烟台长城的产品分别侧重于中低端、中高端和新世界酒的定位，产品形成了干型、半干、半甜、甜、加香、起泡、蒸馏、配制8个系列40多个品种，针对性地覆盖不同的消费者群体，实现市场绩效的互补。

(二) 基于横向联系的品牌联盟及其价值链整合

品牌导向型公司实施品牌战略时，不仅可以通过与供应商、销售渠道之间的价值链纵向整合来增强品牌资产，还可以通过与同一产业甚至不同产业中具有共同品牌诉求的公司实施品牌价值链的横向整合。品牌导向的横向价值链整合模式包括多种形式的品牌联盟。

捆绑销售是一种常见的品牌联盟，常运用于互补产品的销售，可使消费者对产品属性和品牌之间的相容性有更好的理解，从而促进销售。有时，还可将附产品作为主产品的促销赠品。捆绑销售还常常用于新产品的推广。公司内的品牌之间、产业内的品牌之间以及不同产业的品牌之间，只要存在品牌价值体系的相似与重叠，都可以实施捆绑销售。

善因行销(Cause-Related Marketing)是一种流行的策略，当公司与某一慈善品牌形成长期持续的关系时，则表明善因品牌联盟(cause-related brand alliance)的形成。[130]许多企业家、其他知名人士以及公司热衷于参加慈善活动，以树立良好的公众形象，促进个人和公司品牌的提升。同样，慈善品牌也要借助知名人士和知名公司的参与，扩大慈善品牌的知名度，扩大社会影响力，增强品牌自身募集善款的能力。善因品牌联盟的建立，正是出于这种相互提升品牌的需要。

上述两种基于横向联系的品牌联盟的价值链整合主要是基于品牌价值链之间的整合，目的是寻求品牌价值的相互背书。更深层次的价值链整合涉及品牌支持系统之间的整合。如“同业品牌联盟”的一种形式是，具有互补能力的两个同业品牌公司之间可以共同从事产品开发、共享技术和渠道与售后服务等。例如，在研发混合动力技术方面，通用汽车公司已经同戴姆勒—克莱斯勒公司及宝马公司结成研发联盟，以共同对抗行业领先者丰田汽车公司。

第四节　案例研读：ZARA公司品牌导向的价值链的构建

ZARA是西班牙Inditex集团旗下的一个子公司，它既是服装品牌，也是专营ZARA品牌服装的连锁零售品牌。ZARA创建于1975年，是Inditex旗下八大零售服装品牌中最有名的品牌，截至2017年2月在88个国家拥有超过2 100家的服装连锁店。在2016年Interbrand公布的全球最佳品牌100强中，ZARA排名第27位，同时位列价值增速最快品牌的第7位。

ZARA的目标顾客主要是年轻的、对时尚敏感的都市一族，通过优异的设计却相对低廉的价格，生产并提供热销款式，让平民拥抱时尚。ZARA风格多样，并不强调特色的设计风格。ZARA的面料选择和制造工艺相对于竞争对手也并无优势。ZARA品牌的核心价值在于能提供“最新的时尚”、“纷繁易逝的时尚”、“经济的时尚”,其成功源于其构建的独特价值链可以有效实现品牌的核心价值。

第一,对时尚的掌控机制。

由于当下顾客的服装品位变化快,服装的流行程度和流行周期难以预测。ZARA 认为,花费巨额成本通过营销和广告来影响流行收效甚微,而应建立快速的顾客时尚需求响应机制。通过及时发现处于萌芽状态的时尚元素,并将相关的流行服装款式最快地投放市场进行试探性销售,ZARA 成了时尚服饰的引领者。

为及时了解顾客对时尚的最新观点、品位和趋势,ZARA 综合运用多种方式:(1)ZARA 的设计师会到世界各大服装时尚中心参加各大高档品牌时装公司的时装发布会,从顶级设计师及其品牌服饰设计中获取灵感。(2)ZARA 分布世界各地的服装买手会购买高端品牌及竞争对手的当季流行新款,提交设计总部进行研究。(3)安排专人在公共场所捕捉服装流行元素和时装款式。(4)根据实时销售数据监控滞销产品和畅销产品,分析用户喜好。

上述时尚追逐法构成了 ZARA 产品流行畅销的基础。但也存在明显的不足,即这使得 ZARA 服装设计中缺少原创成分,其设计是基于市面上已经有的流行元素进行重新组合。因此,ZARA 与 H&M 不同,不需要与顶级设计师合作。此外,ZARA 也屡次因为涉嫌抄袭而被指控。但 ZARA 从这种时尚追踪机制中显然获益良多。

第二,快捷的信息沟通和扁平化的决策体系。

服装流行周期趋短,基于时间的竞争变得越来越重要。为获得时尚先机,ZARA 构建了快捷的信息系统和扁平化的决策体系来快速响应市场需求。

ZARA 的信息系统大部分都是由 IT 部门自主开发完成,可以保证供应链的各个环节之间的信息分享畅通无阻,ZARA 的组织结构、运营流程甚至企业和部门布局也都以方便信息沟通为原则。

为了更快地响应顾客，ZARA 将决策权力向基层倾斜，采取“由下而上”的决策方法，同时，给决策者提供大量的资讯以供决策参考。ZARA 的各大部门都有对速度和扁平化决策模式的偏好。相对于其他服装连锁企业，ZARA 赋予门店经理更多的职权。门店经理按照自己的判断下订单，有权决定自己店中的销售款式；同时，总部的商务组也会根据每个店的具体情形为每个店事先提供“建议订单”。设计师团队中，ZARA 没有首席设计师，设计师之间的层级划分模糊，每个设计师在产品上都有发言权，产品样式最终会结合各地区最新销售数据来决定。公司的信息技术部门没有设置首席信息官和正式的 IT 预算核定流程，相关信息技术的决策由技术协调委员会讨论决定。

为了减少决策程序，ZARA 会对畅销产品进行再设计，快速创造出不同材质、不同纹样、不同价格的系列产品，更好地满足顾客的相关需求。据报道，ZARA 每季度有超过 50%的商品进行了元素重新混合和再设计。

第三，快捷的制造与分销体系。

ZARA 采用两周就上市的快速模式，生产一般耗时 3—7 天，物流最远也要求在两天内到达。

ZARA 服装制造时间远远低于行业平均水平，主要是因为：(1)设计人员通常利用现有的库存面料和辅料进行服装设计，同时采用“延迟制造”手段，通过采购很多未经染色的坯布快速响应市场上的花色需求。对于畅销品，如果库存里没有可用的面料，将不再追加生产。(2)ZARA 对产业链实施了高度的垂直整合，能够对原料采购、生产计划和生产力实施有效的控制。ZARA 的大部分工厂只安排一个班次，可以随时根据需要调整生产时间。生产过程采用与丰田公司联合开发的准时生产(JIT)系统。(3)ZARA 的生产基地比较集中，大部分位于西班牙总部周围很小的辐射半径内，同时主要选择邻近生产基地的供应商。ZARA自己的工厂可以完成大约50%的生产任务，拥有染色、裁剪和服装后期加工的最新设备；缝纫工序则通过当地的外协缝纫厂来完成，这些网络化的、规模较小的加工中心专门承接ZARA的业务。ZARA工厂裁剪好的面料和辅料可以通过地下传送带送至外协缝制厂。

ZARA快捷的分销能力则取决于以下系统特点：(1)ZARA在重点市场和加工协作厂商附近建有五个配送中心，通过地下传送带、双车道高速公路将加工好的成衣送达配送中心；在西班牙和智利设有两个空运基地，负责将服装运往欧洲以外的销售网点。配送中心可以每天24小时不间断运行。(2)采用越库配送，许多衣服挂在衣架上进行存储和运输，以节约中转时间。每个ZARA店都有自己的工作场地和对口工作人员，货物在配送中心短暂停留后便会拼箱发运。(3)ZARA分销中心的自动化和计算机化程度很高。使用激光条形码读取工具和信息系统控制的传送带进行快速分拣；选择最优的运输路线和送货顺序以尽可能地节约时间。

为了能够更好地应对需求波动，ZARA允许工厂的生产力和配送中心的处理能力维持在相对较低的水平，以快速应对旺季及其他突发性需求。

第四，多品种、小批量的短周期经营方式。

ZARA的门店每周向总部下两次订单，货架上的服装产品每周更新两次，每隔三周其服装店内所有商品一定要全部换新。ZARA通过不断更新的花色品种来保持产品新鲜度，一年当中要引进一万多个新款式，数倍于竞争对手。ZARA不仅在秋冬之初和春夏之初的销售旺季大规模引进新款，在一年中的其他时间也不断推出新款，包括对现有款式的改动和全新的设计。

每种新款都是少批量生产，店铺里的每种款式的供应都是限量的。ZARA根据门店订单和销售数据反馈每种款式是否畅销，进一步考虑后续的生产安排。不受欢迎的款式，马上削减订单甚至直接下架；爆款则迅速根据其样式，设计出更多运用不同材质、颜色搭配的成品。

这种多品种、小批量的短周期经营方式，不仅可以吸引顾客多次光顾和多频采购，同时也降低了库存和降价打折的压力。由于热销款式经常断货，顾客会产生购买的紧迫感，很少撞衫的独占情结，则提升了服装的感知价值。

第五，品牌导向的价值链的成本结构。

ZARA的成本结构与竞争对手显著不同。品牌导向的价值链的构建需要对核心能力进行长期的重点投入以增强品牌特色，提高价值链增值能力；同时，通过运营优化提升运作效率以降低成本。在独特的成本结构下，ZARA品牌的销售净利润率一直高于其竞争对手H&M、GAP。

在制造和物流环节，ZARA都有不菲的固定资产投入，并无显著的成本优势。为了加快对欧洲市场的响应速度，ZARA大部分产品都在欧洲生产，50%的生产任务由自有和控股工厂完成，这种模式使其生产成本比在发展中国家的外包生产高了不少。采用每周两次的频率实行快速送货，增加了物流成本，抵消了欧洲制造带来的运输距离经济性。ZARA在制造和物流环节拥有充沛的运能以快速响应需求增长，但持续不断地推出新款使其生产流程不会随季节变换出现高峰和低谷，制造和物流资源得到了稳定而有效的利用，同时高效率的作业管理使生产和配送速度得到提升，抵消了部分成本劣势。

ZARA的渠道成本也偏高，店面租金昂贵。为了增强品牌的时尚定位和顾客的购物体验，ZARA店址常位于商业中心奢侈服装品牌店附近，店面面积和空置面积都比较大。但是频繁、限量推出新款使得顾客的光顾和采购频率更高。ZARA的信息系统虽然很强大，但并不盲目追求先进技术的投入，而是注重系统的稳定、可靠和适用性；同时坚持自我研发，进一步降低了系统的维护和更新成本。ZARA服装在时尚先机的把控上高出对手，但在面料和服装质量方面则比较一般，没有为此追加投入。

ZARA的成本构成，在宣传推广和库存费用两个方面具有成本优势。相比H&M每年4%的收入用于推广，ZARA的品牌宣传不依赖例如著名设计师、著名模特代言的外部力量，除了社交媒体上的营销活动和每周更新两次的产品目录外，基本没有其他的广告预算。在库存方面，得益于多品种、小批量的短周期经营方式，ZARA的库存只占销售额的10%左右，而H&M、GAP的水平为14%—15%。ZARA还尽量以原料/半成品的存货代替无法重制或成本较高的成品存货，在加快需求响应速度的同时降低库存成本。

ZARA服装的定价比H&M、优衣库高一个标准。ZARA能够以很快的速度限量提供非常多的最新款式，所以它的零售服装平均售价可以达到标价的85%，远高于行业60%—70%的平均水平。ZARA在收益和成本的上述特点构成了该品牌独特的利润源。

——该案例根据Inditex集团主页、
相关新闻报道和调研案例等资料编写

第五章　品牌导向价值链的纵向整合机制

第四章探讨了品牌导向的价值战略的实施，通过在“端到端”的价值链上的成功定位，将自身不具备竞争优势的价值模块进行外包，品牌导向型公司可以强化品牌相关的核心能力并赢得显著的竞争优势。价值战略高度依赖于价值链成员之间的协作。由于失败的外包关系，许多外包的实践被证明是不成功的。解决这一问题的方法之一就是运用委托代理理论来辅助设计契约和关系的类型。[131]

品牌导向型公司的外包内容涉及生产、销售和服务等诸多环节，外包的价值模块与品牌导向型公司自身的价值模块需要进行高效的整合和协同；此外，为了保证对顾客的品牌承诺，也需要对外包的价值环节实施严格的控制；因此，品牌导向必须延伸至相应的外包环节。本章针对第四章阐述的三种典型的品牌导向的价值链纵向整合模式，对制造外包、销售和服务外包以及虚拟经营（制造服务外包）中涉及的委托代理关系进行分析，揭示不同情形下最优契约的特点，并探讨品牌导向对契约和关系的影响。

第一节　品牌导向的价值链纵向整合中的委托代理问题

品牌导向的价值战略的实施依赖于价值链伙伴的高度协作，外包环节作为品牌支持系统的重要构成部分，必须体现品牌的价值诉求。但是，品牌导向型公司与其价值链伙伴属于不同的利益主体，加之信息不对称和外部不确定性的影响，结果常常导致价值链整合过程中矛盾不断，冲突升级，从而严重损害品牌形象和声誉。这些问题的制度根源在于合作的利益分配和协调机制。研究不同情形下的契约特点，充分发挥其激励机制和协调机制，可以实现契约各方的共赢，有助于品牌导向型公司价值战略的成功实施。

品牌零售商、品牌制造商和虚拟品牌运营商作为不同性质的主体，其品牌导向的价值战略具有各自的特点。零售商自有品牌委托加工、品牌制造商特许经营和品牌运营商制造服务外包作为三种典型的品牌导向的价值链整合模式，近年来发展迅猛。本章对三种价值链整合模式进行委托代理分析，试图解决品牌导向的价值链纵向整合中的一些代表性问题。

一、零售商自有品牌委托加工中的委托代理问题

高俊山等认为，信息不对称使得公司业务外包面临严重的代理问题。[132]零售商自有品牌采取委托加工的方式进行生产，其品牌产品的质量、交货期主要受制造商行为的影响，制造商的机会主义行为会对零售商品牌造成负面的影响。由于零售商难以对生产过程实施全程监管，产品交付时也难以进行一一验收，制造商在自利动机的驱动下，容易产生偷工减料等行为。另一方面，许多制造商也拥有自己的品牌，常常导致委托加工产品的生产计划得不到优先保证，影响零售商自有品牌产品的交货期。此外，零售商自有品牌

委托加工中还存在着设计方案泄漏、仿冒产品冲击市场等问题。通过进一步健全和优化契约设计，零售商能够有效制约交易双方的机会主义行为，促进问题的协调解决。

激励机制是解决上述代理问题的有效手段之一。田厚平等研究了信息不对称条件下，发包人激励承包人同时提高产品质量与准时交货率的联合决策问题，探讨了固定支付、奖励机制与惩罚机制相结合的最优契约设计。[133]谭云清等通过建立博弈模型，分析了声誉对外包服务提供商激励的影响。[134]在零售商自有品牌委托加工活动中，为了保证品牌的设计和制造质量，品牌零售商必须制定有效的契约激励设计和制造水平的提高。目前，在加工外包的委托代理契约中很少有文献考察品牌效应对激励机制的影响。

二、品牌制造商特许经营中的委托代理问题

在纵向关系中，品牌制造商通常依靠零售商提供地方和销售点广告、商品展示以及销售点服务支持。品牌导向的制造商通过与零售商建立特许经营协议可以在保持零售商独立性的同时，增强对零售商的指导、控制和监管，通过优化零售商的服务增强顾客的品牌感知，提升品牌形象。由于无法观察到零售商的努力水平和当地的需求状况，或者观察与监管成本过高，会产生一系列委托代理问题。

首先是道德风险问题，主要指特许体系中一方利用私人信息损害另一方的利益。如零售商通过报告恶化环境信息、瞒报需求，就可以把产品销售更多地归因于自身的努力，或者减少自身努力水平的投入来获取额外的收益。其次是逆向选择问题，如零售商通过夸大自身的资质和能力以期被纳入特许加盟体系。再次就是“套牢”和“敲竹杠”问题，如果零售商加盟需要一定的专业性资产投资，那么在进行专业性投资后，零售商就难以从双边关系中退出，特许方则借机企图重新安排契约关系。与前两个问题不同，“套牢”和“敲

竹杠”并非建立在信息不对称或欺骗行为之上，而是发生在两个平等而知情的交易者之间。

特许契约构成了特许方和受许方之间合作的基础。有效的特许契约可以很好地防范受许方损害品牌形象的相关行为。特许方可以利用可观测的信息，建立奖惩机制，激励加盟零售商从自身利益出发选择对特许人有利的行为。通过构建委托代理模型，可深入探讨影响受许人服务水平的因素，了解相关要素对特许契约激励机制的影响，尤其是品牌效应对特许契约设计的影响。

三、品牌运营商制造服务外包中的委托代理问题

一些品牌运营商采用虚拟运营的模式，围绕品牌价值链（品牌识别—营销项目—顾客体验—品牌绩效）的运行展开相关业务，将与品牌核心能力关联度不密切的制造、服务环节外包，成为专业的品牌管理公司。虚拟品牌运营商主要采用动态联盟的合作形式，一方面增强了组织柔性，可以更好地应对市场需求的波动，另一方面价值网的动态更替，也增加了公司品牌管控的难度。因此，对一系列委托代理关系的成功管理，成为品牌运营商工作的重中之重。

品牌运营商制造服务外包必须考虑多种外包任务的不同属性，使多种任务能够相互协调，共同增进品牌价值。此外，针对动态联盟的特点，在委托代理关系多次重复的情形下，隐性激励的声誉机制会发挥作用，同时也会产生棘轮效应影响这一新的委托代理问题；品牌运营商应建立动态的混合激励机制，最大限度地提升制造服务商的努力水平。进一步地，品牌运营商在实施关系管理时，还应该关注品牌溢价及其相关影响。

针对品牌运营商制造服务外包的上述特点，在考虑品牌溢价的基础上，本书构建多任务的混合激励契约模型，通过优化契约安排，提升品牌运营商的关系管理绩效。

第二节　品牌零售商与代工厂商的委托代理模型

零售商自有品牌可以增强零售商的盈利能力，有助于形成差异化的竞争优势。AC尼尔森发布的《全球经理人报告：2005 自有品牌的力量》显示，自有品牌消费品领域继续稳步提高其全球市场占有率。基于AC尼尔森从38个市场的14个产品领域、80大品类所采集到的数据，截至2005年第一季度的12个月里，自有品牌增长率为5%，是生产商品牌(2%)的2倍以上，自有品牌商品占销售总值的17%。AC尼尔森2009年发布的报告《谁将赢得中国货架大战的胜利？品牌产品还是自有品牌产品？》则表明，相对自有品牌在一些发达国家相当可观的市场份额(瑞士占46%，英国占41%，美国占17%)，2008年中国所有的快消品中自有品牌只占近1%的市场份额。该报告同时发现，相对于食用类产品，自有品牌在我国非食用类产品中拥有更高的市场份额，部分原因在于消费者对食品安全问题的普遍关注。

零售商自有品牌采用贴牌方式委托制造商加工生产。品牌导向型的零售商作为委托方，往往只给予代理方有限的决策权限，产品的设计、质量标准、产品定价的决策权往往由零售商控制，以更好地彰显其品牌特色。在标准的委托代理模型中，一个普遍的假设是委托方是被动的，只关心代理方的产出。[135]然而，作为委托方的品牌零售商在实施制造外包时，可以通过控制某些变量谋求对代理方产出的重大影响。

著名零售商对加工产品贴牌后，会产生品牌溢价。品牌溢价，是指与提供相似利益的其他品牌相比，顾客为某品牌多支付多少。[136]凯文·莱恩·凯勒将品牌溢价列为品牌资产十方面利益之一。品牌溢价会影响品牌零售商的收益，进而影响品牌零售商的外包决策。

考虑到品牌导向型公司外包活动中的上述情形，本书在双边道德风险的背景下展开对品牌零售商与代工厂商之间的博弈的研究。重点讨论品牌零售商如何设计激励契约以提升设计、质量水平，同时探讨品牌溢价能力对激励契约设计的影响。

一、模型假设及参数设计

本模型中有两个参与方，品牌零售商作为委托方，代工厂商作为代理方。围绕激励问题，本书假设参与双方都是风险中性的。这一假设下，双边道德风险下的优化契约可以采用简单的线性契约。[137]品牌零售商和代工厂商承担合作项目并付出联合的努力。

品牌零售商为其代理方制定一个要么接受要么拒绝的激励契约 $S(x)$，双方对各自的努力水平进行独立的决策，品牌导向型公司的努力水平（产品设计、标准制订）为 $a(a \geqslant 0)$，代工厂商付出的努力水平（按约定标准从事生产）为 $e(e \geqslant 0)$。

合作产出为 X_0，作为可观测值，是双方的努力水平 (a, e) 和外部环境状态值 θ（θ 为随机变量，并且 $\theta \sim N(0, \sigma^2)$）的函数。为了便于分析，假设 $X_0 = a^r e^t + \theta$，其中，r 代表委托方的贡献系数，$r \in (0, 1)$，t 代表代理方的贡献系数，$t \in (0, 1)$；产品加贴零售商的品牌后，由于品牌的溢价作用，产出价值得到提升。参照王卓等[138]对终端市场品牌溢价的量化表示方法，引入品牌溢价系数 k，k 反映零售商的品牌溢价能力，且有 $k \geqslant 1$，将贴牌后的产出表示为 $X = Ka^r e^t + \theta$。

$C(a)$ 和 $C(e)$ 分别代表委托方和代理方努力的负效用，分别表示为 $C(a) = \dfrac{1}{2} b_1 a^2$ 和 $C(e) = \dfrac{1}{2} b_2 e^2$（$b_i > 0$，$i = 1、2$，表示成本系数）。假设 u_0 为代理方的保留效用。

品牌导向型公司提出的以产出(贴牌前)为基础的线性激励契约表示为 $S(x_0)=\alpha+\beta x_0$，其中，α 为固定报酬，β 为基于产出的分成比例，$0\leqslant\beta\leqslant 1$。

二、基于帕累托最优的努力水平分析

假设委托方可以观察到代理方选择的努力水平。在这种情况下，通过设计强制性契约，委托方可以控制代理方的努力水平。委托方的优化问题就是在考虑代理方的参与约束的情况下最大化自身的利益。

$$\max_{a,\,e,\,\alpha,\,\beta} E(x)-S(x_0)-C(a) \tag{1}$$

$$\text{s.t. (IR)}\, S(x_0)-C(e)\geqslant u_0 \tag{2}$$

由于委托方追求自身利益的最大化，参与约束取等式。因此，委托方的问题变为：

$$\max_{a,\,e,\,\alpha,\,\beta} ka^r e^t-\frac{1}{2}b_1a^2-\frac{1}{2}b_2e^2-u_0 \tag{3}$$

公式(3)表明在委托方利益最大化的同时，可以实现帕累托最优。最优化的一阶条件意味着：通过求导可以得到最优的努力水平的反应函数。

$$a=\left(\frac{kre^t}{b_1}\right)^{\frac{1}{2-r}} \qquad e=\left(\frac{kta^r}{b_2}\right)^{\frac{1}{2-t}}$$

$$\beta^{**}=0 \tag{4}$$

委托方和代理方的努力水平可以达到纳什均衡，于是，可以得到委托方和代理方最佳的努力水平，表示为 a^{**} 和 e^{**}。

$$a^{**}=k^{\frac{1}{2-r-t}}\left(\frac{t}{b_2}\right)^{\frac{t}{4-2r-2t}}\left(\frac{r}{b_1}\right)^{\frac{2-t}{4-2r-2t}}$$

$$e^{**}=k^{\frac{1}{2-r-t}}\left(\frac{t}{b_2}\right)^{\frac{2-r}{4-2r-2t}}\left(\frac{r}{b_1}\right)^{\frac{r}{4-2r-2t}} \tag{5}$$

将公式(5)代入公式(2),可以得到代理方的固定收入 α^{**}。

$$\alpha^{**}=w_0+\frac{1}{2}b_2\left(\frac{kr}{b_1}\right)^{\frac{2}{2-r-t}}\left(\frac{tb_1}{rb_2}\right)^{\frac{2-r}{2-r-t}} \tag{6}$$

通过上述分析,本书得出以下结论。

结论 1:在完全信息的条件下,每个参与方的最佳的努力水平与品牌溢价系数具有正向关系,与双方的成本系数具有反向关系。此时,委托方将给予代理方与品牌溢价系数正相关的固定报酬。

三、信息不对称下的努力水平分析

现在,假设委托方不能观察到代理方的努力水平,实施监管又需要高昂的成本。这种情况下,强制性契约不具有可行性,必须设计激励契约来驱动代理商努力工作。对品牌导向型公司而言,公司不仅有利润最大化的追求,同时,对产出质量也有严格的要求,因此也要求各方付出较高的努力水平。在双边道德风险的情形下,委托方需要设计契约为代理方以及自身提供适当的激励。因此,委托方的激励计划必须考虑双方的激励问题:

$$\max_a E(x)-S(x_0)-C(a) \quad \max_e S(x_0)-C(e) \tag{7}$$

通过偏导求解可以得到委托方和代理方努力水平的反应函数。

$$a=\left[\frac{(k-\beta)re^t}{b_1}\right]^{\frac{1}{2-r}} \quad e=\left(\frac{\beta ta^r}{b_2}\right)^{\frac{1}{2-t}} \tag{8}$$

进一步,可以求得纳什博弈的均衡解,表示为 a^* and e^*。

$$\begin{aligned} a^*&=\left(\frac{\beta t}{b_2}\right)^{\frac{t}{4-2r-2t}}\left[\frac{(k-\beta)r}{b_1}\right]^{\frac{2-t}{4-2r-2t}} \\ e^*&=\left[\frac{(k-\beta)r}{b_1}\right]^{\frac{r}{4-2r-2t}}\left[\frac{\beta t}{b_2}\right]^{\frac{2-r}{4-2r-2t}} \end{aligned} \tag{9}$$

进一步分析分成比例 β 对双方努力水平的影响。分别求解由 a^*、e^* 对 β 的一阶导数。

令 $\frac{\partial a^*(\beta)}{\partial \beta}=0$，有 $\beta=\frac{kt}{2}$

令 $\frac{\partial e^*(\beta)}{\partial \beta}=0$，有 $\beta=\frac{k(2-r)}{2}$

因为 $t+r<2$ 时，有 $\frac{kt}{2}<\frac{k(2-r)}{2}$，所以不存在可以使委托方和代理方的努力水平同时达到最大值的 β。

以下就 β 的值域进行分阶段讨论。

情形一，$\frac{k(2-r)}{2}<1$，此时可知，$\frac{kt}{2}<1$。分析此时分成比例 β 的取值对双边努力水平的影响。

当 $0\leqslant\beta<\frac{kt}{2}$ 时，有 $\frac{\partial a^*(\beta)}{\partial \beta}>0$，即委托方的努力水平随着分成比例 β 的增大而提高；

当 $\frac{kt}{2}<\beta\leqslant 1$ 时，有 $\frac{\partial a^*(\beta)}{\partial \beta}<0$，即委托方的努力水平随着分成比例 β 的增大而减弱。

当 $0\leqslant\beta<\frac{k(2-r)}{2}$ 时，有 $\frac{\partial e^*(\beta)}{\partial \beta}>0$，即代理方的努力水平随着分成比例 β 的增大而提高；

当 $\frac{k(2-r)}{2}<\beta\leqslant 1$ 时，有 $\frac{\partial e^*(\beta)}{\partial \beta}<0$，即代理方的努力水平随着分成比例 β 的增大而减弱。

图 5-1 描绘了双方努力水平（a^*，e^*）随分成比例 β 的变化。β 取值在 $\left[0,\frac{kt}{2}\right)$ 之间时，双方的努力水平都随 β 的提高而上升；β 取值在 $\left(\frac{k(2-r)}{2},1\right]$ 之间时，双方的努力水平都随 β 的减小而上升，

表明在上述两个区域，β 不能达到最有效的激励；β 合理的取值范围是 $\left[\frac{kt}{2}, \frac{k(2-r)}{2}\right]$。

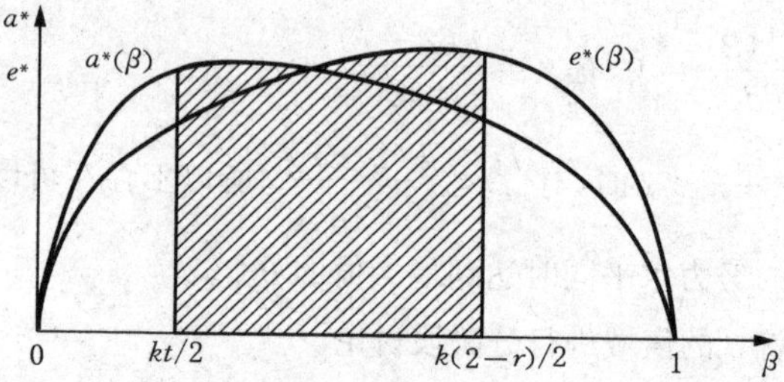

图 5-1 双方努力水平随分成比例 β 的变化(情形一)

情形二，$\frac{kt}{2}<1$，且 $\frac{k(2-r)}{2}\geqslant 1$。此时，分成比例 β 的取值对委托方努力水平 a^* 的影响与情形一相同。即当 $0\leqslant\beta<\frac{kt}{2}$ 时，委托方的努力水平随着分成比例 β 的增大而提高；当 $\frac{kt}{2}<\beta\leqslant 1$ 时，委托方的努力水平随着分成比例 β 的增大而减弱。

由于 $\beta\in[0, 1]$，所以 $\beta\leqslant\frac{k(2-r)}{2}$，因而 β 在其$[0, 1]$取值范围内 $\frac{\partial e^*(\beta)}{\partial\beta}\geqslant 0$。即代理方的努力水平随着分成比例 β 的增大而提高。

此时，β 取值在 $\left[0, \frac{kt}{2}\right)$ 之间时，双方的努力水平都随 β 的提高而上升；取值范围 $\left[\frac{kt}{2}, \frac{k(2-r)}{2}\right]$ 受到限制，β 合理取值范围为是 $\left[\frac{kt}{2}, 1\right]$。如图 5-2 所示。

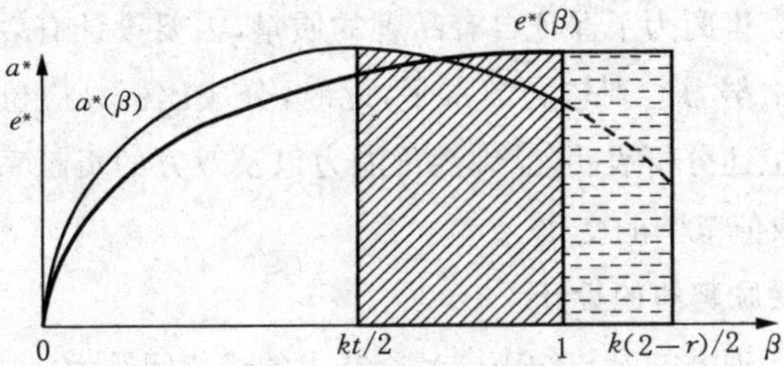

图 5-2　双方努力水平随分成比例 β 的变化(情形二)

情形三，$\frac{kt}{2} \geqslant 1$，可知 $\frac{k(2-r)}{2} > 1$，取值范围 $\left[\frac{kt}{2}, \frac{k(2-r)}{2}\right]$ 在 β 的可取值范围之外。此时，在 β 的[0, 1]取值范围内，恒有 $\frac{\partial a^*(\beta)}{\partial \beta} \geqslant 0$，$\frac{\partial e^*(\beta)}{\partial \beta} > 0$。$\beta$ 的取值越大越好，为 1。如图 5-3 所示。

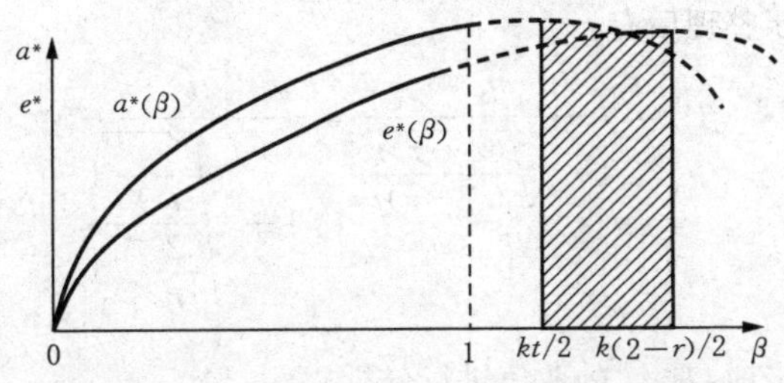

图 5-3　双方努力水平随分成比例 β 的变化(情形三)

根据以上分析，本书得出结论 2。

结论 2: 在信息不对称的情形下，每一参与方最优努力水平与品牌溢价系数具有正向关系，与双方的成本系数具有反向关系；分成比例 β 的合理取值范围为[0, 1]与 $\left[\frac{kt}{2}, \frac{k(2-r)}{2}\right]$ 的交集，当两者无交集时，β 取最大值 1。

品牌零售商为了保证自有品牌的质量，需要设计有效的契约使设计和制造努力达到较高的水平，此时，分成比例 β 应位于合理取值范围。上述分析表明，品牌溢价能力以及双方的贡献系数会导致 β 的合理取值范围的变化。

四、激励契约的设计

考虑代理方的参与约束(2)，委托方的优化问题为：

$$\max_{S(x)} E(x) - C(a) - C(e) \tag{10}$$

将公式(9)代入公式(10)，通过一阶导数可以得到次优的分成比例 β^*：

$$\beta^* = k\frac{(2-r)t - \sqrt{tr(2-r)(2-t)}}{2(t-r)} \quad (\text{当 } t \neq r \text{ 时})$$

$$\beta^* = \frac{1}{2}k \quad (\text{当 } t = r \text{ 时})$$

进一步整理后有：

$$\beta^* = \frac{k}{1+\sqrt{\frac{(2-t)r}{(2-r)t}}} = \frac{k}{1+\sqrt{\frac{\frac{2}{t}-1}{\frac{2}{r}-1}}} \tag{11}$$

进一步地，对 β^* 的取值进行分析。

如果 $r > t$，很容易有推论 $(r+t)(r-t) < 2(r-t)$，即 $r^2 - t^2 < 2r - 2t$；则有 $t(2-t) < r(2-r)$，即 $\frac{r}{t} > \frac{2-r}{2-t}$，$\frac{(2-t)r}{(2-r)t} > 1$。结合公式(11)，很容易得出次优的分成比例 $\beta^* < \frac{1}{2}k$。

同样地，如果 $r < t$，可以推导出 $\beta^* > \frac{1}{2}k$。

结论 3：在信息不对称的情形下，只有品牌溢价系数和贡献系数能够影响分成比例的决策，其中，品牌溢价系数和代理方对产出的贡献系数 t 对分成比例 β^* 有正向的影响，委托方对产出的贡献系数 r 对分成比例 β^* 有反向的影响。如果 $r=t$，即委托方与代理方对产出的贡献系数等同，则 β^* 等于$\frac{1}{2}k$，即分成比例 β^* 只与品牌溢价系数相关；如果 $r>t$，即委托方的努力对产出起主导作用，则次优的分成比例 β^* 小于$\frac{1}{2}k$；如果 $r<t$，即代理方的努力对产出起主导作用，则分成比例 β^* 大于$\frac{1}{2}k$。

品牌零售商选择贴牌加工时，由于每天运营活动的复杂性，很难对代工厂商实行高效的过程监管。而产出结果的可测量性，使得以产出为基础的激励契约更为有效。固定报酬 α 对分成比例和双方的努力水平没有影响，其主要作用是调节双方的利益分配，满足代理方的保留效用。分成比例 β 是激励契约探讨的重点。对品牌导向型公司而言，只有激励双方达到较高的努力水平，品牌的质量才能得到有效保证，因此品牌导向型公司必须关注不同的分成比例 β 对努力水平的影响。

本书构建的品牌零售商与代工厂商的委托代理模型，结合贴牌制造的特点，引入品牌溢价系数作为模型参数，将代工厂商无品牌的产出价值与贴牌后的产出价值进行了区分，将无品牌的产出价值作为委托方给代工厂商计算薪酬的基础，而将贴牌后的产出价值作为委托方计算收益的基础。上述双边委托代理模型表明，分成比例的决策不仅受到双方对产出的贡献系数的影响，品牌溢价系数也影响分成比例 β 的合理取值区域和次优的分成比例 β^*，当品牌溢价系数提高时，双方努力水平会进一步提升，委托方也愿意支付代工厂商更高的分成比例。

第三节　品牌制造商与加盟经销商的委托代理机制

一、特许经营及其合作机制

20世纪80年代中期，特许经营这一运营方式开始进入我国。根据中国连锁经营协会年度报告，2010年，我国特许体系已超过4 500个，加盟店总数达40万以上，覆盖的行业业态超过70个，特许经营公司直接创造的就业岗位超过500万个。2006—2010年，特许体系、加盟店和就业岗位的增长分别为73%、100%和67%。2016年中国特许连锁百强销售规模达到近3 600亿，同比增长21%。

在第四章的第三节，本书提出了特许经营体系下特许人和受许人之间的价值链整合模型。该模型描述了一个品牌制造公司与其加盟店通过整合形成的一体化的价值链。在此基础上，本章进一步就特许人和受许人之间的合作机制展开研究，并分析品牌权益对合作机制的影响。

关于特许经营合作机制的形成动因，目前有资源筹集假说和代理假说，两种假说对特许经营都具有一定的解释力。[139]资源筹集假说认为，特许经营是公司获取稀缺资源的手段。[140]特许人往往面临快速成长压力和规模经济的诱惑，通过特许经营可以获取受许人的资金、地方信息和经营管理者的才干；而受许人通过利用特许人的专有品牌、专有技术、专有产品和特有商业模式等经营资源，可以降低其经营风险和经营成本。代理假说认为，由于直营连锁中对雇用管理人员的监督成本过高，特许经营的代理机制可以减少监管成本。[141]

品牌制造公司与其加盟店构成了一体化的价值链体系，对作为特许人的品牌制造公司而言，当期利润最大化并不是其唯一目标，维护和增强品牌价值是其必须关注的战略目标。而受许人的服务是影响品牌价值的重要因素，因此，特许人会对受许人的服务水平、服务风格提出具体的控制要求。受许人具有相对独立性，即受许人必须在保持统一形象、统一品质的前提下展开独立自主的运营。特许和受许双方属于客户关系，通过缔约约定彼此的合作关系及权利义务，因此，特许契约构成了特许人和受许人之间合作的基础。

特许权具有价值性，受许人在使用特许人的经营资源时，必须支付相关费用。特许契约中的费用结构是特许契约的重要组成部分，主要有加盟费、特许权使用费及其他费用。加盟费(initial fee)是特许人将特许经营权授予受许人时所收取的一次性费用。特许权使用费(royalty fee)，是受许人在特许经营期间向特许人定期支付的费用，一般为受许人的销售额的一定比例。其他费用主要为特许人提供选址、培训等管理支持时应获得的相关报酬。此外，受许人往往还被要求从特许人处以一定价格购买产品、原材料和设备等经营资源。

二、基于特许经营的制造商与经销商的委托代理关系

(一) 最简单情形

考虑一个实施特许经营的终端产品品牌制造公司，其在每个销售市场区域拥有一位特许加盟零售商，各个受许人之间不存在竞争。受许人从特许人处购买产品并按照规定的价格销售。特定地区的零售需求是不确定的，但服从已知的分布，且其均值只受品牌效应系数、零售价格和受许人服务质量水平的影响。品牌效应系数，反映品牌对消费者服务感知的影响。品牌效应系数越大，受许人的服务就越能够更好地被消费者感知，并进一步影响市场需求。特许人和受许人之间的关系主要由特许契约加以规制，其核心构成为费用结构，主要由特许人制定并宣布，受许人可以选择接受

或不接受。

具体而言，有如下假定。

假设1：在 McGuire and Staelin[142]的线性需求函数的基础上，增加考虑品牌权益对需求的影响。Keller(1993)认为：品牌资产是指由于顾客拥有的品牌知识而导致的对品牌营销反应的差别化效应。品牌权益可以影响顾客对产品的评价、对质量的感知和购买率。[143][144]因此，可以认为品牌权益会影响消费者对受许人服务水平的感知，并进一步影响需求水平。故定义受许人所面对的特定的区域市场的终端需求为 $D=D(p,A)=(1-\theta p+\beta A)\xi$，其中 $\theta(\theta>0)$ 是价格敏感参数，$p(p>w$，w 是单位产品的转移价格)为零售价格，$A(A\geqslant 0)$ 为受许人服务水平，$\beta(\beta>0)$ 为品牌效应系数，反映品牌对消费者服务感知的影响，ξ 是反映环境变化的随机变量，服从均值为1，标准差为 σ 的标准正态分布。当 $A=0$ 时，需求期望值 $1-\theta p\geqslant 0$。对品牌导向的特许人而言，受许人的服务水平必须高于其要求的最低服务水平 A_b。

假设2：定义特许契约为 $H=H(p,w,f,F)$，其中，w 是单位产品的转移价格，大于等于单位产品的生产成本 c，f 为特许权使用费率(受许人销售收入的一定比例)，$0\leqslant f\leqslant 1$，F 为受许人一次性支付给特许人的加盟费，$F\geqslant 0$。为简单起见，在此假设特许人宣布的零售价格是外生的。

假设3：假设特许人和受许人均为风险中性。假设受许人的保留效用(机会成本)为 $\hat{U}$，与服务质量水平 A 对应的成本 $C(A)=\frac{1}{2}bA^2$，$b>0$，为服务成本系数，反映了受许人的经验和能力水平。

根据以上假定，特许人和受许人各自的利润 π_0、π_1 分别为：

$$\begin{aligned}\pi_0&=(fp+w-c)D(p,A)+F\\&=(fp+w-c)(1-\theta P+\beta A)\xi+F\end{aligned}$$

$$\pi_1 = [(1-f)p - w]D(p, A) - F - C(A)$$
$$= [(1-f)p - w](1 - \theta p + \beta A)\xi - F - \frac{1}{2}bA^2$$

首先分析对称信息下的最优特许契约。此时,受许人的服务水平可以观察,特许人在考虑受许人的参与约束的情况下最大化自身的利益,通过强制契约实现想要的服务水平,可以实现帕累托最优的契约设计。因此,委托人的问题是选择(f, F, w)和A解以下最优化问题。

$$\max_{f,F,w,A} E\pi_0 = \max_{f,F,w,A}(fp + w - c)(1 - \theta p + \beta A) + F \tag{1}$$

$$\text{s.t. (IR)}E\pi_1 = [(1-f)p - w](1 - \theta p + \beta A) - F - \frac{1}{2}bA^2 \geqslant \hat{U} \tag{2}$$

因为特许人没有必要支付受许人更多,所以,参与约束的等式成立。将参与约束(2)通过固定项F代入目标函数(1),最优化问题转变为:

$$\max_{f,F,w,A}(p - c)(1 - \theta p + \beta A) - \frac{1}{2}bA^2 - \hat{U} \tag{3}$$

其最优化的一阶条件意味着:

$$A^{**} = \frac{(P - C)\beta}{b} \tag{4}$$

将上述结果代入受许人的参与约束得:

$$F^{**} = (p - w)(1 - \theta p) + \frac{(p - c)\beta^2}{2b}(p + c - 2w) - \hat{U} \tag{5}$$

此种情况下受许人的服务水平与转移价格w和特许权使用费率f无关,但受到品牌效应系数的激励。特许人的最优化问题等同于加盟店是特许人的一个部门，单位产品的转移价格 w 和特许权使用费率 f 都不影响特许人的利润，只需要通过加盟费来控制受许人的利润。由于没有必要设置特许权使用费率，所以 $f^{**}=0$。

当受许人的服务水平不可观察时，受许人的参与约束和激励约束同时起作用，最优化问题可以表示为：

$$\max_{f,F} E\pi_0=\max_{f,F}(fp+w-c)(1-\theta p+\beta A)+F \tag{6}$$

$$\text{s.t. (IR)} E\pi_1=[(1-f)p-w](1-\theta p+\beta A)-F-\frac{1}{2}bA^2\geqslant \hat{U} \tag{2}$$

$$\text{(IC)} \max_{A} E\pi_1=\max_{A}[(1-f)p-w](1-\theta p+\beta A)-F-\frac{1}{2}bA^2 \tag{7}$$

在 f、F 既定的情况下，受许人的激励约束意味着：

$$A=\frac{[(1-f)p-w]\beta}{b} \tag{8}$$

(8)式表明，受许人的服务水平与受许人的单位销售毛利、品牌效应系数成正比，与服务成本系数成反比。最优化情形下，参与约束的等式成立，将参与约束和激励约束代入目标函数，最优化问题可以表述为：

$$\max_{f}(fp+w-c)\left\{1-\theta p+\frac{[(1-f)p-w]\beta^2}{b}\right\}+[(1-f)p-w]\left\{1-\theta p+\frac{[(1-f)p-w]\beta^2}{b}\right\}-\frac{1}{2}\frac{[(1-f)p-w]^2\beta^2}{b}-\hat{U} \tag{9}$$

根据其最优化的一阶条件，有：

$$f^*=\frac{c-w}{p}$$

可见，特许权使用费率的确定受零售价格 p、产品转移价格 w 和生产成本 c 的影响。

由于 $0\leqslant f\leqslant 1$，$p>0$，$w\geqslant c$，所以只有当 $w=c$ 时，f^* 有解：

$$f^*=\frac{c-w}{p}=0$$

此时，受许人的单位销售毛利达到最大，受许人的服务水平 $A^*=\dfrac{(P-C)\beta}{b}$。

当受许人的服务水平不可观察时，特许契约中特许人依然没有必要使用特许权使用费率来制约受许人的行为，通过固定费用的设置使受许人获取预期的保留效用；通过降低单位产品的转移价格，使其等于单位产品的生产成本，可以激励受许人付出帕累托最优的服务水平。受许人的服务水平与单位产品的毛利成正比，与服务成本系数成反比；同时，受许人的服务水平与品牌效应系数成正比，当品牌效应系数增大时，服务水平的促销作用增强，刺激受许人提高服务水平。

在特许人和受许人均为风险中性时，不对称信息情形下的最优契约设计等同于信息对称情形下的契约设计。此时，通过设置合理的特许契约，特许人可以激励受许人提供帕累托最优的质量服务水平，即特许契约可以实现特许人和受许人之间的高度合作。相关文献[145][146]的研究结论支持了这一观点。

在最简单的情形下，特许人为了维护品牌形象，必须保证帕累托最优情形下受许人的服务水平 A^* 达到最低标准 A_b。此时，有：

$$b\leqslant\frac{(p-c)\beta}{A_b}\tag{10}$$

(10)表明，特许人在选择加盟店时，必须对受许人提出最低的经验和能力要求，其服务成本系数必须满足以上要求。

（二）考虑受许人损失容忍度情形下的特许契约优化

在上述模型中，由于市场需求的不确定性，受许人有50%的可能性其获取的利润低于其预期的保留效用或机会成本。在现实中，绝大部分受许人对利润低于机会成本的容忍度低于50%，属于风险规避型。运用机会约束规划，可以建立考虑受许人损失容忍度的委托代理模型，分析这一因素对特许契约的影响。

机会约束规划是一种随机规划方法，讨论约束条件中含有随机变量时，在一定的概率意义下达到最优的问题，即机会约束规划允许所作决策在一定程度上不满足约束条件，但该决策使约束条件成立的概率不小于某一个足够小的置信水平。机会约束规划必须符合在观测到随机变量的实现之前作出决策的原则。在特许经营模式下，特许契约的谈判和确立是在市场需求的随机因素被观察测定以前，符合机会约束规划的这一要求。

假设受许人对不满足参与约束的损失容忍度为$\lambda(0<\lambda<0.5)$，即有如下的机会约束：

$$P\{[(1-f)p-w](1-\theta p+\beta A)\xi-F-\frac{1}{2}bA^2\leqslant\hat{U}\}\leqslant\lambda \tag{11}$$

当受许人的服务水平不可观察时，考虑以下最优化问题。

$$\max_{f,F}E\pi_0=\max_{f,F}(fp+w-c)(1-\theta p+\beta A)+F \tag{6}$$

$$\text{s.t. (IR)}P\{[(1-f)p-w](1-\theta p+\beta A)\xi-F-\frac{1}{2}bA^2\leqslant\hat{U}\}\leqslant\lambda \tag{11}$$

$$\text{(IC)}A=\frac{[(1-f)p-w]\beta}{b}=\frac{[p-(fp+w)]\beta}{b} \tag{8}$$

利用机会约束规划和交叉约束博弈理论[147][148]，上述优化问题可转换为：

$$\max_{f,F} E\pi_0 = \max_{f,F}(fp + w - c)(1 - \theta p + \beta A) + F \tag{6}$$

$$\text{s.t. (IR)}\gamma[(1-f)p - w](1 - \theta p + \beta A) - F - \frac{1}{2}bA^2 \geqslant \hat{U} \tag{12}$$

$$\text{(IC)}\quad A = \frac{[(1-f)p - w]\beta}{b} = \frac{[p - (fp + w)]\beta}{b} \tag{8}$$

其中，$0 \leqslant f \leqslant 1$，$F \geqslant 0$，$w \geqslant c$，$\gamma = \sigma\Phi^{-1}(\lambda) + 1$，$\gamma \leqslant 1$

参与约束取等式，将 F 和 A 代入目标函数，通过一阶导数求解，有：

$$f^* = \frac{(1-\theta p)(1-r)b}{(3-2r)\beta^2 p} + \frac{2(p-w)(1-r) - (w-c)}{(3-2r)p} \tag{13}$$

此时，对应的受许人的最优的服务水平为：

$$A^* = \frac{[p - (f^* p + w)]\beta}{b} = \frac{(p-c)\beta}{(3-2r)b} - \frac{(1-\theta p)(1-r)}{(3-2r)\beta} \tag{14}$$

如果零售需求是确定的(即 $\sigma = 0$，有 $\gamma = 1$)，则有 $f^* = \dfrac{c-w}{p} = 0$，与上述受许人服务水平不可观测时的简单情形结论相同。

进一步，可以分析品牌效应系数 β、受许人损失容忍度 λ、产品销售价格 p 和产品转移价格 w 对特许权使用费率 f 的影响。

$$\frac{\mathrm{d}f}{\mathrm{d}r} = -\frac{(1-\theta p)b}{(3-2r)^2\beta^2 p} - \frac{2(p-c)}{(3-2r)^2 p} < 0,$$

$$\text{且}\frac{\mathrm{d}\gamma}{\mathrm{d}\lambda} = \sqrt{2\pi}\sigma\exp\left\{\frac{[\phi^{-1}(\beta)]^2}{2}\right\} > 0$$

$$\frac{\mathrm{d}f}{\mathrm{d}\beta} = -\frac{2(1-\theta p)(1-r)b}{(3-2r)p\beta^3} \leqslant 0$$

$$\frac{\mathrm{d}f}{\mathrm{d}w}=-\frac{1}{p}<0$$

对品牌导向型公司而言，必须关注受许人的服务水平达到标准水平 A_b，需要分析影响 A^* 的相关因素。

$$\frac{\mathrm{d}A^*}{\mathrm{d}r}=\frac{2(p-c)\beta}{(3-2r)^2b}+\frac{1-\theta p}{\beta(3-2r)^2}>0$$

根据以上分析，本书有如下推论。

推论 1：在需求确定的情形下，或者在忽略受许人损失容忍度的情形下，不需设置特许权使用费率，特许人只需使用加盟费就可以有效激励受许人的行为。

推论 2：在需求不确定时，考虑受许人损失容忍度，此时有效的特许契约采取加盟费和特许权使用费率相结合的形式。受许人的损失容忍度的大小，会影响特许契约的设计。损失容忍度越低，则特许协议越宜采取较高的特许权使用费率和较低的加盟费，表明受许人越不愿意承担市场需求波动的风险时，特许人的风险分担增强。这一结论得到了 Brickley 和 Dark[149] 的经验研究的支持。

推论 3：在需求不确定和考虑受许人损失容忍度的情形下，品牌效应系数越大，特许协议越宜采用较低的特许权使用费率和较高的加盟费。因为高的品牌效应系数使受许人的服务水平能够更好地带动销售增长，通过制定较低的特许权使用费率，可以提升受许人的服务水平，从而增强渠道整体的利润。

推论 4：在需求不确定和考虑受许人损失容忍度的情形下，转移价格会影响特许权使用费率的设置。当提高转移价格时，最优的特许权使用费率会降低，两者之间的替代率为零售价格的倒数。结合考虑受许人损失容忍度的委托代理模型，本书发现，在特许契约设计过程中，产品的转移价格和特许权使用费率有完全的替代性，只要维持 $fp+w$ 的值稳定，就可以达到相同的契约效果。

推论 4 对特许契约设计有很强的现实指导意义。目前，特许经营契约中，特许人除了要求受许人从自己处以一定的价格采购产品外，还常常要求受许人从自己处采购原材料、设备等其他特许物资。推论 4 可以解释这种现象的动因，并对契约设计提供有价值的建议。在需求确定的情形下，或者在忽略受许人损失容忍度的情形下，即使受许人的服务水平不可观察，特许人也没有必要收取特许权使用费率，且此时 $w=c$，受许人向特许人采购还是向直接供应商采购并没有多大的区别；但是在需求不确定和考虑受许人损失容忍度的情形下，指定向特许人采购及采购价格就构成了特许契约的重要组成部分。由于产品的生产成本具有隐蔽性，因此产品转移价格中的利润往往不易察觉。在契约设计时，运用转移价格和特许权使用费率之间的完全替代性，可以提高转移价格而适当调低特许权使用费率，从而实现完全相同的契约效果，即不影响受许人愿意付出的服务水平以及双方各自的获利。

推论 5：当受许人的服务水平低于标准服务水平时，特许人可以通过以下途径来提升服务水平。一是在选择受许人时加强对其经验和能力的要求，通过降低服务成本系数来提升服务水平；二是选择损失容忍度较高的受许人；三是通过创建和提高品牌权益来提升品牌效应系数。

对品牌导向的特许人而言，必须通过一切努力来提升受许人的服务水平。推论 5 提供了品牌导向的特许人提升和管控受许人服务水平、维护品牌价值的途径。

（三）区域特许的委托代理关系分析

特许经营体系中存在两种制度设计：直接特许和区域特许。直接特许是指特许人将特许经营权直接授予特许经营申请者，获得特许经营权的受许人按照特许经营契约设立特许点，开展经营活动，不得再行转让特许权。区域特许情形下，特许者将在指定区域内的独家特许经营权授予受许人时，允许受许人开设多家特许点，或将特许经营权再授予其他申请者从事经营活动。区域特许又称为二级特许。

特许人必须在两种特许制度之间作出抉择。直接特许和区域特许的选择受到特许体系的复杂性、总特许人所在地和特许区域之间的距离及文化差异性等因素的影响。[150]区域受许人由于更加了解当地文化和当地市场，可以更有效地进行地方市场营销并对区域内加盟商实施更有效的监管。

区域特许涉及两种契约，一个是区域总特许契约，即品牌制造商（总特许人，master franchisor）与区域受许人（次特许人，中间特许人，sub franchisor）之间的契约；一个是再特许契约，即区域受许人（次特许人）区域内加盟商（次受许人，sub franchisee）之间的契约。总特许人、次特许人和次受许人“三级”间形成了较为稳定的“两层”契约关系。[151]区域特许可以被看作一个两层的等级体系的委托代理关系。第一级委托代理在总特许人和次特许人之间进行，第二级委托代理在次特许人和次受许人之间进行。总特许人将其部分权力和义务转移给次特许人，在被授权的区域，次特许人负责区域内加盟体系的发展和运转以及再特许契约的履行和监管，总受特许人和次受许人之间没有直接关系。总特许契约特许权使用费由加盟费、特许权使用费和其他费用构成，一般情况下，总特许人向次特许人收取的加盟费和特许权使用费应低于次特许人向次受许人收取的对应费用。[152]在此，我们建立区域特许的两级的委托代理模型，对区域特许的契约设计进行分析。

1. 模型假设

假设 1：考虑一个实施特许经营的品牌制造商（总特许人），授权某个次特许人负责某一市场区域内的区域内加盟体系的发展和运转以及再特许契约的履行和监管，该市场区域内拥有 n 个同质的次受许人（加盟店），各次受许人享受独立的销售区片，面临相同的需求函数且彼此之间不存在竞争。区域特许下，各销售区片有效需求的实现取决于总特许人的全国市场推广努力 $A_0(A_0 \geqslant 0$，如全国性的广告促销)、次特许人的区域市场推广努力 $A_c(A_C \geqslant 0$，如区域性的广告促销)以及次受许人的服务水平 $A_i(A_i \geqslant 0)$。此时，次受许人 $i(i=1, 2, \cdots, n)$ 所在的市场需求 $D_i=[1-\theta p+\beta(A_i+\beta_c A_c+\beta_0 A_0)]\xi$，其中，$\beta_c$、$\beta_0$ 分别为次特许人、总特许人的市场推广努力水平对单店需求的影响系数(β_c、$\beta_0>0$)；β 为品牌效应系数 $(\beta>0)$，反映了品牌权益对消费者价值感知的影响；θ、p 和 ξ 的含义不变，$p>w$，w 是单位产品的转移价格。

假设 2：总特许人、次特许人和次受许人均为风险中性，次受许人的保留效用均为 $\hat{U}$。为简化模型，令 $w=c$，即总特许人和次特许人均以成本价转让特许商品。总特许、次特许人市场推广努力的负效用和次受许人服务水平的负效用分别为 $C_0=\frac{1}{2}b_0A_0^2$、$C_c=\frac{1}{2}b_cA_c^2$ 和 $C_i=\frac{1}{2}bA_i^2$，b_0、b_c 和 $b(b_0$、b_c、$b>0)$ 分别为总特许人、次特许人和次受许人 $i(i=1, 2, \cdots, n)$ 的成本系数。

假设 3：定义区域总特许协议 $h_0=(f_0, F_0)$，再特许协议 $h_i=(f_i, F_i)$，其中，f_0、f_i 分别代表总特许协议和再特许协议中的特许权使用费率，F_0、F_i 分别代表总特许协议和再特许协议中的加盟费。

2. 区域特许的委托代理分析

设总特许人的期望利润、次特许人的期望利润、次受许人的期望利润分别为 $E\pi_0$、$E\pi_c$ 和 $E\pi_i$，构建区域特许的两级的委托代理模型如下：

$$\max_{f_0, F_0} E\pi_0=\max_{f_0, F_0} f_0 p\sum_i[1-\theta p+\beta(A_i+\beta_c A_c+\beta_0 A_0)]+F_0-\frac{1}{2}b_0A_0^2$$

$$=\max_{f_0, F_0} nf_0 p[1-\theta p+\beta(A_i+\beta_c A_c+\beta_0 A_0)]+F_0-\frac{1}{2}b_0A_0^2$$

$$\max_{f_i, F_i, A_0} E\pi_c = \max_{f_i, F_i, A_0} (f_i - f_0) p \sum_i [1 - \theta p + \beta(A_i + \beta_c A_c + \beta_0 A_0)] + \sum_i F_i - F_0 - \frac{1}{2} b_c A_c^2$$

$$= \max_{f_i, F_i, A_0} n(f_i - f_0) p [1 - \theta p + \beta(A_i + \beta_c A_c + \beta_0 A_0)] + nF_i - F_0 - \frac{1}{2} b_c A_c^2$$

$$\text{s.t. (IR)}: E\pi_i = [(1 - f_i)p - c][1 - \theta p + \beta(A_i + \beta_0 A_0)] - F_i - \frac{1}{2} b A_i^2 \geqslant \hat{U}$$

$$\text{(IC)}: \quad \max_{A_i} E\pi_i \tag{15}$$

式(15)中的 $E\pi_0$、$E\pi_c$、$E\pi_i$ 分别对 A_0、A_c 和 A_i 求一阶导数可得总特许人、次特许人最优努力水平和次受许人最优服务水平：

$$A_0^* = \frac{n f_0 p \beta \beta_0}{b_0}$$

$$A_c^* = \frac{n(f_i - f_0) p \beta \beta_C}{b_C} \tag{16}$$

$$A_i^* = \frac{[(1 - f_i)p - c]\beta}{b}$$

再特许的委托代理关系中，参与约束的等式成立，次受许人获得保留效益，次特许人的最优化问题等同于次特许人和 n 个次受许人的整体优化问题：

$$\max_{f_i, F_i} E\pi_c = \max_{f_i, F_i} n(f_i - f_0) p [1 - \theta p + \beta(A_i + \beta_c A_c + \beta_0 A_0)] + n[(1 - f_i)p - c][1 - \theta p + \beta(A_i + \beta_c A_c + \beta_0 A_0)] - \frac{n}{2} b A_i^2 - n\hat{U} - F_0 - \frac{1}{2} b_c A_c^2$$

即：

$$\max_{f_i, F_i} n[(1 - f_0)p - c][1 - \theta p + \beta(A_i + \beta_c A_c + \beta_0 A_0)] - \frac{n}{2} b A_i^2 - F_0 - \frac{1}{2} b_c A_c^2 - n\hat{U} \tag{17}$$

将式(16)代入式(17)，并对 f_i 求一阶倒数，可得再特许契约的最优特许权使用费率：

$$f_i^* = \frac{f_0}{1+\dfrac{nb\beta_C^2}{b_C}} + \frac{\dfrac{p-c}{p}}{1+\dfrac{b_C}{nb\beta_C^2}} \tag{18}$$

令 $\chi = \dfrac{\beta_C^2}{b_C}(\chi > 0)$，是再特许体系中次特许人对单店的影响系数平方与其成本系数的比值，本书定义为次特许人的贡献指数。β_c 越大，b_C 越小，次特许人的贡献度就越大。

(18)式可以进一步表示为：

$$f_i^* = \frac{f_0}{1+nb\chi} + \frac{\dfrac{p-c}{p}}{1+\dfrac{1}{nbx}} \tag{19}$$

在总特许的委托代理关系中，总特许人要综合考虑次特许人和次受许人的激励约束和再特许系统的参与约束，在再特许体系参与约束等式成立的情形下，总特许人的最优化问题相当于总特许人、次特许人和次受许人合作时总收益的最大化问题。

$$\begin{aligned}\max_{f_0,F_0} E\pi_0 + E\pi_C + nE\pi_i = \max_{f_0,F_0} n(p-c)[1-\theta p+\beta(A_i+\beta_C A_C+\beta_0 A_0)] \\ -\frac{1}{2}b_c A_C^2 - \frac{1}{2}b_0 A_0^2 - \frac{n}{2}bA_i^2\end{aligned} \tag{20}$$

将式(16)、式(18)代入式(20)，并对 f_0 求一阶导数可得：

$$f_0^* = \frac{p-c}{p} \times \frac{\dfrac{nb\beta_0^2}{b_0}\times\dfrac{nb\beta_c^2}{b_c}+\dfrac{nb\beta_0^2}{b_0}-\dfrac{nb\beta_c^2}{b_c}}{\dfrac{nb\beta_0^2}{b_0}\times\dfrac{nb\beta_c^2}{b_c}+\dfrac{nb\beta_0^2}{b_0}-\dfrac{nb\beta_c^2}{b_c}+\left(\dfrac{nb\beta_c^2}{b_c}\right)^2+1} \tag{21}$$

对应地，令 $\eta=\frac{\beta_0^2}{b_0}(\eta>0)$，是总特许体系中总特许人的贡献系数平方与其成本系数的比值，本书定义为总特许人的贡献指数。β_0 越大，b_0 越小，总特许人的贡献指数就越大。

因此，f_0^* 可以表示为：

$$f_0^*=\frac{nb(p-c)}{p}\times\frac{nb\chi\eta+\eta-\chi}{n^2b^2\chi\eta+nb\eta-nb\chi+n^2b^2\chi^2+1}\tag{22}$$

因为 $\frac{nb(p-c)}{p}>0$，$n^2b^2\chi\eta+nb\eta-nb\chi+n^2b^2\chi^2+1=n^2b^2\chi\eta+nb\eta+nb\chi+(nb\chi-1)^2>0$，所以 f_0^* 有正解的前提条件是 $nb\chi\eta+\eta-\chi>0$。

即总特许人收取总特许权使用费率的条件是：

$$\eta>\frac{\chi}{nb\chi+1}\tag{23}$$

因此总特许人的贡献指数足够大时，就可以收取总特许权使用费率。

又，因为 $\frac{nb(nb\chi\eta+\eta-\chi)}{nb(nb\chi\eta+\eta-\chi)+n^2b^2\chi^2+1}<1$，所以有 $f_0^*<\frac{p-c}{p}$。

由式(19)和式(22)可知，次特许人获取的差额使用费率为：

$$f_i^*=\frac{p-c}{p}\times\frac{nb}{1+nb\chi}\times\frac{n^2b^2\chi^2\eta+2nb\chi\eta+\eta-nb\chi^2+n^2b^2\chi^3}{n^2b^2\chi\eta+nb\eta-nb\chi+n^2b^2\chi^2+1}\tag{24}$$

其中：$\frac{nb}{1+nb\chi}\times\frac{n^2b^2\chi^2\eta+2nb\chi\eta+\eta-nb\chi^2+n^2b^2\chi^3}{n^2b^2\chi\eta+nb\eta-nb\chi+n^2b^2\chi^2+1}=\frac{n^3b^3\chi^2\eta+2n^2b^2\chi\eta+nb\eta-n^2b^2\chi^2+n^3b^3\chi^3}{n^3b^3\chi^2\eta+2n^2b^2\chi\eta+nb\eta+1+n^3b^3\chi^3}<1$

$$f_i^* - f_0^* = \frac{p-c}{p} \times \frac{nb\chi}{1+nb\chi} \times \frac{n^2b^2\chi^2+1}{n^2b^2\chi\eta+nb\eta-nb\chi+n^2b^2\chi^2+1} \tag{25}$$

进一步地，式(24)对 η、χ 求导，有：

$$\frac{\mathrm{d}f_i^*}{\mathrm{d}\eta} = \frac{nb(p-c)}{p} \times \frac{n^2b^2\chi^2+1}{(n^2b^2\chi\eta+nb\eta-nb\chi+n^2b^2\chi^2+1)^2} > 0$$

$$\frac{\mathrm{d}f_i^*}{\mathrm{d}\chi} = \frac{n^2b^2(p-c)}{p} \times \frac{n^3b^3\chi^4-2n^2b^2\chi^2\eta+3nb\chi^2+2\eta-2\chi}{(n^3b^3\chi^3+n^3b^3\chi^2\eta+2n^2b^2\chi\eta+nb\eta+1)^2}$$

式(22)对 η、χ 求导，有：

$$\frac{\mathrm{d}f_0^*}{\mathrm{d}\eta} = \frac{(nb\chi+1)(n^2b^2\chi^2+1)}{(n^2b^2\eta\chi+nb\eta-nb\chi+n^2b^2\chi^2+1)^2} \times \frac{nb(p-c)}{p} > 0$$

$$\frac{\mathrm{d}f_0^*}{\mathrm{d}\chi} = \frac{(1-n^2b^2\chi^2)(nb\eta-1)-2n^2b^2\chi\eta}{(n^2b^2\eta\chi+nb\eta-nb\chi+n^2b^2\chi^2+1)^2} \times \frac{nb(p-c)}{p}$$

式(25)对 η、χ 求导，有：

$$\frac{\mathrm{d}(f_i^*-f_0^*)}{\mathrm{d}\eta} = \frac{-n^2b^2\chi(n^2b^2\chi^2+1)}{(n^2b^2\eta\chi+nb\eta-nb\chi+n^2b^2\chi^2+1)^2} \times \frac{p-c}{p} < 0$$

$$\frac{\mathrm{d}(f_i^*-f_0^*)}{\mathrm{d}\chi} = \frac{nb(p-c)}{p}$$

$$\times \frac{n^5b^5\chi^4\eta+4n^4b^4\chi^3\eta+2n^3b^3\chi^2\eta+nb\eta-2n^3b^3\chi^3+3n^2b^2\chi^2+1}{(n^3b^3\chi^3+n^3b^3\chi^2\eta+2n^2b^2\chi\eta+nb\eta+1)^2}$$

$$= \frac{nb(p-c)}{p}$$

$$\times \frac{n^5b^5\chi^4\eta+2n^4b^4\chi^3\eta+2n^3b^3\chi^2(nb\chi\eta+\eta-\chi)+3n^2b^2\chi^2+nb\eta+1}{(n^3b^3\chi^3+n^3b^3\chi^2\eta+2n^2b^2\chi\eta+nb\eta+1)^2}$$

因为 f_0^* 有正解时 $nb\chi\eta+\eta-\chi>0$

所以有：$\dfrac{\mathrm{d}(f_i^*-f_0^*)}{\mathrm{d}\chi} > 0$

通过上述分析，本书得出以下推论。

推论 1：总特许权使用费率 f_0^*、再特许权使用费率 f_i^* 是产品毛利润率 $\left(\frac{p-c}{p}\right)$ 的一部分。产品毛利润率对总特许权使用费率、再特许权使用费率有正向影响，随着毛利润率的增大，总特许权使用费率、再特许权使用费率会提高。

推论 2：总特许人的贡献指数 η 对总特许权使用费率 f_0^*、再特许权使用费率 f_i^* 有正向影响。随着总特许人的贡献指数 η 的提高，总特许权使用费率、再特许权使用费率会增大，但两者的差额 $f_i^*-f_0^*$ 在缩小，次特许人的利润空间下降。随着次特许人的贡献指数 χ 的提高，再特许权使用费率、总特许权使用费率间的差额 $f_i^*-f_0^*$ 会增大，次特许人的利润空间增加。

推论 3：品牌效应系数的提高有利于提升各方的努力水平，促进区域特许利润水平的提高，但品牌效应系数不影响再特许权使用费率、总特许权使用费率的决策。这主要是因为品牌效应系数可以同等程度地提升总特许人、次特许人的市场推广努力以及次受许人服务水平对产品销售的影响，对区域特许体系中各方的市场地位没有影响。

3. 区域代理的特许契约机制的算例分析

在由总特许人、次特许人和 n 个次受许人组成的区域代理体系中，分析总特许人努力的贡献指数 η、次特许人努力的贡献指数 χ 对特许契约的影响。

（1）总特许人努力的贡献指数 η 对特许契约的影响

设产品毛利润率 $\frac{p}{p-c}=60\%$，$nb=10$，次特许人努力的贡献指数 $\chi=0.2$，当总特许人努力的贡献指数 η 逐步增加时，总特许契约和再特许契约中的特许权使用费率 f_0、f_i 的变化情况如

图 5-4 所示。

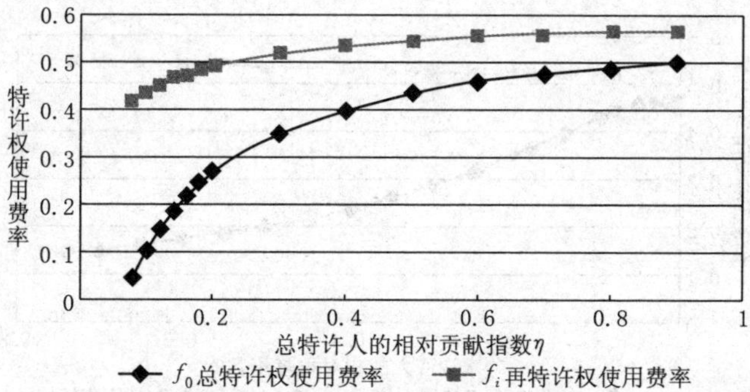

图 5-4　特许权使用费率随 η 的变化曲线

当总特许人的贡献指数 η 由 0.08 增加到 0.9 时，总特许权使用费率 f_0 由 0.044 增加到 0.5，再特许权使用费率 f_i 由 0.415 增加到 0.567，两条曲线逐步趋近，次特许人从中获得的差额使用费率越来越低。总特许人的贡献指数对总特许权使用费率和再特许权使用费率有正向影响、对次特许人获取的差额使用费率有反向影响的结论得到支持。

(2) 次特许人努力的贡献指数 χ 对特许契约的影响

设产品毛利润率 $\frac{p}{p-c}=60\%$，$nb=10$，总特许人努力的贡献指数 $\eta=0.3$，当次特许人努力的贡献指数 χ 逐步增加时，次特许人获取的差额使用费率 f_i-f_0 的变化情况如图 5-5 所示。

当次特许人努力的贡献指数 χ 由 0.01 增加到 0.03 时，总特许权使用费率 f_0 由 0.456 增加到 0.461，再特许权使用费率 f_i 由 0.469 增加到 0.493；当次特许人努力的贡献指数 χ 由 0.05 增加到 0.75 时，总特许权使用费率 f_0 由 0.457 下降到 0.144，再特许权使用费率 f_i 由 0.505 增加到 0.546。两条曲线逐步远离，次特许人从中获得的差额使用费率越来越高。次特许人贡献指数对次特许人获取的差额使用费率有正向影响的结论得到支持。

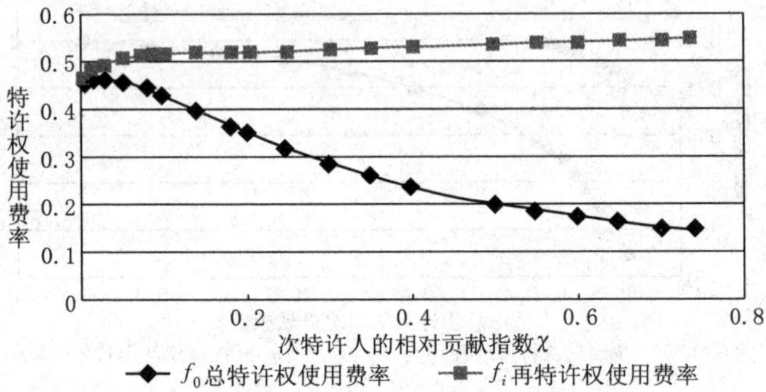

图 5-5　特许权使用费率随 χ 的变化曲线

第四节　品牌运营商与制造服务商的委托代理机制

针对外包活动所面对的复杂背景,外包方必须考虑重要的影响因素,开发适当的混合激励机制来提升外包绩效。[153]根据激励机制作用方式的不同,激励机制可分为显性机制和隐性机制。显性激励是代理合同所确定的内部激励,即公司根据标准和预先的约定给予的补偿以及工作本身带来的满足。隐性激励是通过市场的作用把具有不确定性的隐性事实还原给当事人,由当事人自己作出理性选择的激励,产生于公司外部的竞争。[154]显性激励和隐性激励机制产生于不同的委托代理情形,显性激励条款是在不完全信息静态博弈情况下发生的,而隐性激励机制则产生于不完全信息动态博弈过程。在多次重复性代理关系下,代理方的声誉作为一种隐性激励机制,可以对显性激励机制构成有效补充。

虚拟经营的品牌运营商将多种制造和服务任务外包,同时采取动态联盟方式对制造服务商实施关系管理，这种情形下，外包契约的设计必须考虑多任务的特点，并同时考虑显性和隐性激励机制。同时，对品牌导向的品牌运营商而言，还必须关注品牌权益对外包关系的影响。因此，在考虑品牌溢价的基础上，本书将利用"隐性"声誉模型和多任务委托代理模型，构建贴牌生产的动态混合激励模型，探讨品牌溢价对混合激励机制的影响。

一、考虑品牌溢价的动态混合激励模型

制造服务商需要按照品牌运营商的要求提供产品开发设计和加工制造服务，基于多任务委托代理模型[155]，本书将制造服务商的投入分为开发设计、加工制造两个维度，两者共同决定制造服务商的产出。

同时考虑品牌溢价对品牌运营商和制造服务商的影响。品牌溢价最初反映的是消费者对品牌产品的价值认知，近来，随着对供应链关系的重视以及工业品品牌的发展，品牌对交易伙伴的溢价作用也开始得到关注。李桂华、卢宏亮[156]认为，品牌溢价是品牌价值的非自愿扩散，是一种外在经济性的体现；并进一步研究了供应商品牌对采购商的品牌溢价及其对品牌关系质量和采购商重复购买意愿的影响。

在制造和服务外包环节中，品牌运营商的品牌溢价体现在两方面：一是品牌在终端市场上对消费者的溢价作用，将影响品牌运营商的收益；二是品牌对制造服务商的溢价作用，具体来源于品牌运营商的知识溢出以及品牌背书作用，将影响制造服务商的长期收益。

（一）模型假设

假设某自主品牌运营商是委托方，制造服务商是代理方，他们建立两阶段的贴牌生产合作。委托方为风险中性，代理方风险规避，绝对风险规避度为 ρ，贴现率为 δ。且 $\rho > 0$，$\delta > 0$。

各阶段的贴牌生产产出为 $x_{0i}=\theta+e_i+hE_i+\xi_i(i=1,2)$，$e_i$ 为代理方第 i 期开发设计努力水平，E_i 为第 i 期加工制造努力水平，h 为加工制造对贴牌产出的影响系数，θ 为代理方的制造服务能力(与时间无关)，ξ_i 为反映外界环境影响的随机变量。假设 θ 和 ξ_i 服从正态分布，$\theta\sim N(0,\tau\sigma^2)$，$\xi_i\sim N[0,(1-\tau)\sigma^2]$，$\xi_i$ 之间相互独立，θ 与 ξ_i 不相关，有 $var(x_{0i})=\sigma^2$。引入品牌在终端市场的溢价系数 k，将贴牌后的产出表示为 $x_i=kx_{0i}$，$k>1$。当 $k=1$ 时，表明品牌在终端市场没有形成溢价。

代理方的收益由两部分构成，一是委托方给予代理方的报酬，可表示为 $s_i=\alpha_i+\beta_i x_{0i}$。依据 Holmstrom(1982)[157]的声誉模型，委托方通过对第一期贴牌生产产出的观察来判断制造服务商的贴牌生产能力，并以此断定第二期的报酬，其中，$E(\theta\mid x_{01})=\tau(x_{01}-\hat{e}_1-h\hat{E}_1)$，$E(x_{02}\mid x_{01})=\hat{e}_2+h\hat{E}_2+\tau(x_{01}-\hat{e}_1-h\hat{E}_1)$，$\hat{e}_i$、$\hat{E}_i$ 表示委托方对代理方第 t 期努力水平的推测值，在理性预期的假设下，反映了均衡时代理方选择的努力水平。二是委托方品牌对代理方形成的品牌溢价 $\gamma x_i(\gamma k x_{0i})$，$\gamma$ 为运营商品牌对制造服务商的品牌溢价系数，$\gamma>0$。品牌在终端市场的溢价系数 k 会增强品牌对制造服务商的溢价。当 $\gamma=0$ 时，表明品牌没有对制造服务商形成品牌溢价。品牌溢价系数 k 体现品牌在终端市场的溢价强度，溢价系数 γk 体现品牌对制造服务商的溢价强度。

代理方的成本为 $c(e_i,E_i)=\dfrac{1}{2}be_i^2+\dfrac{1}{2}BE_i^2+\varphi\sqrt{bB}e_iE_i$，$b$、$B$ 分别为开发设计和加工制造两种努力的成本系数，φ 为两种努力成本间的关联系数，$\varphi\in[-1,1]$。

假设代理方第一期的保留收入为 U_1，第二期的保留收入为 U_2，并且有：$U_2=U_1+lE(\theta\mid x_{01})$，表明随着委托方对代理方制造服务能力认知的增强，代理方的讨价还价能力增强，会相应提高其保留效用，l 为讨价还价能力系数。

品牌运营商与贴牌生产商之间的博弈顺序：(1)品牌运营商提供第一期的契约，决定 α_1、β_1。(2)贴牌生产商决定是否接受契约，如果不接受，博弈结束；如果接受，则选择 e_1、E_1。(3)观察到 x_{01} 后，品牌运营商推测贴牌生产商的制造服务能力，并决定第二期的契约 α_2、β_2。(4)贴牌生产商如果接受契约，则选择 e_2、E_2。

（二）模型构建

首先，建立第二期的委托代理模型。因为第二期是最后一期，该期的业绩对双方以后的收益没有影响，委托方的问题是选择 α_2、β_2 实现其当期期望效用最大化，同时满足代理方当期的激励约束和参与约束。

$$\max_{\alpha_2\beta_2} E(x_2 - s_2 \mid x_{01}) \tag{1}$$

$$\text{s.t.(IC)} \max_{e_2,\,E_2} CE_{A2} = \max_{e_2,\,E_2} E(s_2 \mid x_{01}) + E(\gamma x_2 \mid x_{01}) - c(e_2,\,E_2) - \frac{1}{2}\rho var(s_2 \mid x_{01}) \tag{2}$$

$$\text{(IR)}\ CE_{A2} = E(s_2 \mid x_{01}) + E(\gamma x_2 \mid x_{01}) - c(\hat{e}_2,\,\hat{E}_2) - \frac{1}{2}\rho var(s_2 \mid x_{01}) \geqslant U_2 \tag{3}$$

其中，

$$var(x_{02} \mid x_{01}) = (1-\tau^2)\sigma^2 \quad var(s_2 \mid x_{01}) = \beta_2^2(1-\tau^2)\sigma^2$$

公式(2)可进一步表示为：

$$\max_{e_2,\,E_2} E(\alpha_2 + \beta_2 x_{02} + \gamma k x_{02} \mid x_{01}) - \frac{1}{2}be_2^2 - \frac{1}{2}BE_2^2 - \varphi\sqrt{bB}e_2E_2 - \frac{1}{2}\rho\beta_2^2(1-\tau^2)\sigma^2 \tag{4}$$

其一阶条件为：

$$\frac{\partial CE_{A2}}{\partial e_2}=(\beta_2+\gamma k)-be_2-\varphi\sqrt{bB}E_2=0$$

$$\frac{\partial CE_{A2}}{\partial E_2}=(\beta_2+\gamma k)h-BE_2-\varphi\sqrt{bB}e_2=0$$

联立求解得：

$$e_2=\frac{(\beta_2+\gamma k)(B-h\varphi\sqrt{bB})}{bB(1-\varphi^2)}=\frac{\beta_2+\gamma k}{Y_e},\text{其中},Y_e=\frac{bB(1-\varphi^2)}{B-h\varphi\sqrt{bB}} \tag{5}$$

$$E_2=\frac{(\beta_2+\gamma k)(bh-\varphi\sqrt{bB})}{bB(1-\varphi^2)}=\frac{\beta_2+\gamma k}{Y_E},\text{其中},Y_E=\frac{bB(1-\varphi^2)}{hb-\varphi\sqrt{bB}} \tag{6}$$

公式(5)、(6)表明，由于是最后一期，第二期努力水平 e_2、E_2 不受声誉这一隐性激励机制的影响，与相关文献的结论一致。[158]

最优时，代理方第二期参与约束(3)的等式成立，有：

$$E(s_2\mid x_{01})=U_1+lE(\theta\mid x_{01})-E(\gamma x_2\mid x_{01})+c(\hat{e}_2,\hat{E}_2)+\frac{1}{2}\rho\beta_2^2(1-\tau^2)\sigma^2 \tag{7}$$

此时，第二期委托方的问题(1)转化为：

$$\begin{aligned}\max_{\alpha_2\beta_2}&E(x_2\mid x_{01})+E(\gamma x_2\mid x_{01})-c(e_2,E_2)-\frac{1}{2}\rho var(s_2\mid x_{01})\\&-U_1-lE(\theta\mid x_{01})=k[e_2+hE_2+\tau(x_{01}-\hat{e}_1-h\hat{E}_1)]\\&+\gamma k[e_2+hE_2+\tau(x_{01}-\hat{e}_1-h\hat{E}_1)]-\frac{1}{2}be_2^2-\frac{1}{2}BE_2^2\\&-\varphi\sqrt{bB}e_2E_2-\frac{1}{2}\rho\beta_2^2(1-\tau^2)\sigma^2-U_1-lE(\theta\mid x_{01})\end{aligned} \tag{8}$$

将(5)、(6)代入(8)，对 β_2 求偏导得：

$$\beta_2 = \frac{k[(B + bh^2 - 2\varphi h\sqrt{bB})]}{B + bh^2 - 2\varphi h\sqrt{bB} + \rho bB\sigma^2(1-\tau^2)(1-\varphi^2)}$$
$$= \frac{K}{1 + M(1-\tau^2)\sigma^2} \tag{9}$$

其中，$M = \dfrac{\rho bB(1-\varphi^2)}{B + bh^2 - 2\varphi h\sqrt{bB}}$ 最优时，第二期参与约束取等式，将式(9)代入式(7)，可得 α_2。

$$\alpha_2 = U_1 + (l - \beta_2 - \gamma k)\tau(x_{01} - \hat{e}_1 - h\hat{E}_1) - (\beta_2 + \gamma k)(\hat{e}_2 + h\hat{E}_2)$$
$$+ \frac{1}{2}b\hat{e}_2^2 + \frac{1}{2}B\hat{E}_2^2 + \varphi\sqrt{bB}\,\hat{e}_2\hat{E}_2 + \frac{1}{2}\rho\beta_2^2(1-\tau^2)\sigma^2 \tag{10}$$

所以有：

$$s_2 = N + (l - \beta_2 - \gamma k)\tau(x_{01} - \hat{e}_1 - h\hat{E}_1) + \beta_2 x_2 \tag{11}$$

其中，$N = U_1 - (\beta_2 + \gamma k)(\hat{e}_2 + h\hat{E}_2) + \frac{1}{2}b\hat{e}_2^2 + \frac{1}{2}B\hat{E}_2^2 + \varphi\sqrt{bB}\,\hat{e}_2\hat{E}_2 + \frac{1}{2}\rho\beta_2^2(1-\tau^2)\sigma^2$，独立于所有的产出。

接下来，建立第一期的委托代理模型，该期的业绩会影响双方第二期的收益，因此委托方的问题是选择 α_1、β_1 实现合作期期望效用最大化，同时满足合作期代理方的激励约束和参与约束。

$$\max_{\alpha_1,\ \beta_1} E(x_1) - E(s_1) + \delta[E(x_2) - E(s_2 \mid x_{01})] \tag{12}$$

$$\text{s.t.(IC)} \max_{e_1 E_1} CE_A = E(s_1) + \gamma k x_{01} - c(e_1, E_1) + [E(s_2 \mid x_{01}) + \gamma k x_{02}$$
$$- c(e_2, E_2)]\delta - \frac{1}{2}\rho var(s_1 + s_2\delta) \tag{13}$$

$$\text{(IR)}\ CE_{A1} = E(s_1 + \gamma x_1) - c(e_1, E_1) - \frac{1}{2}\rho var(s_1) \geqslant U_1 \tag{14}$$

$$CE_{A2}=E(s_2\mid x_{01})+\gamma E(x_2)-c(e_2,E_2)-\frac{1}{2}\rho var(s_2\mid x_{01})\geqslant U_2 \tag{3}$$

公式(13)可进一步表示为：

$$\begin{aligned}\max_{e_1E_1} CE_A=&\alpha_1+\beta_1(e_1+hE_1)+\gamma k(e_1+hE_1)-\frac{1}{2}be_1{}^2\\&-\frac{1}{2}BE_1^2-\varphi\sqrt{bB}e_1E_1+\delta[s_2+\gamma k(e_2+hE_2)\\&-\frac{1}{2}be_2^2-\frac{1}{2}BE_2^2-\varphi\sqrt{bB}e_2E_2]-\frac{1}{2}\rho[\beta_1{}^2\sigma^2\\&+\beta_2^2(1-\tau^2)\sigma^2\delta^2+2\delta\beta_1\beta_2\tau\sigma^2]\end{aligned} \tag{15}$$

将第二阶段的优化值(5)(6)(9)(11)代入(15)，并分别对 e_1 和 E_1 求偏导，有：

$$e_1=\frac{\beta_1+\gamma k+(l-\gamma k-\beta_2)\tau\delta-\varphi E_1\sqrt{bB}}{b} \tag{16}$$

$$E_1=\frac{h(\beta_1+\gamma k)+(l-\gamma k-\beta_2)h\tau\delta-\varphi e_1\sqrt{bB}}{B} \tag{17}$$

联立(16)、(17)两式求解，得：

$$\begin{aligned}e_1&=\frac{(B-h\varphi\sqrt{bB})[\beta_1+\gamma k+(l-\gamma k-\beta_2)\tau\delta]}{bB(1-\varphi^2)}\\&=\frac{\beta_1+\gamma k+(l-\gamma k-\beta_2)\tau\delta}{Y_e}\end{aligned} \tag{18}$$

$$\begin{aligned}E_1&=\frac{(bh-\varphi\sqrt{bB})[\beta_1+\gamma k+(l-\gamma k-\beta_2)\tau\delta]}{bB(1-\varphi^2)}\\&=\frac{\beta_1+\gamma k+(l-\gamma k-\beta_2)\tau\delta}{Y_E}\end{aligned} \tag{19}$$

考虑代理方第一期、第二期的参与约束，委托方的目标函数(12)可转化为：

$$\max_{\alpha_1,\beta_1} E(x_1)-E(s_1)+\delta[E(x_2)-E(s_2\mid x_{01})]=E(x_1)+E(\gamma x_1)$$
$$-c(e_1,E_1)-U_1+[E(x_2)+E(\gamma x_2)-c(e_2,E_2)-U_1-lE(\theta\mid x_{01})]\delta \tag{20}$$

其中：$\mathrm{var}(s_1)=\beta_1^2\sigma^2$

将(9)、(17)、(18)代入公式(19)，对 β_1 求偏导，有：

$$\beta_1=\frac{k-\delta\tau(2l-k\gamma-\beta_2)}{1+M\sigma^2} \tag{21}$$

二、模型分析

(一) 品牌溢价对努力水平 e_i、E_i 的影响

结合公式(5)、(6)、(9)，分析品牌溢价对第二期努力水平的影响。除取决于成本系数、产出系数和分成比例 β_2 外，e_2、E_2 还受到系数 γk 的正向影响。

γk 的内涵是品牌对制造服务商的溢价占贴牌前产出的比例，γk 体现的是溢价系数 γ 的影响，溢价系数 k 在其中起增强作用。当不存在市场终端品牌溢价时 ($k=1$)，$\gamma k=\gamma$；当不存在对制造服务商的品牌溢价时 ($\gamma=0$)，$\gamma k=0$，溢价系数 k 对第二期努力水平无独立影响。

分析表明，品牌在终端市场的溢价系数 k 与品牌对制造服务商的溢价系数 γ 对第二期努力水平起着不同的影响作用。溢价系数 γk(k 在其中起增强作用)可直接刺激代理方提升努力水平；品牌溢价系数 k 增强显性激励系数 β_2 间接提升第二期努力水平。

接下来，结合公式(18)、(19)，分析品牌溢价对第一期努力水平的影响。与第二期相同的是，溢价系数 γk(k 在其中起增强作用)可直接刺激代理方提升第一期努力水平，溢价系数 k 通过增强显性激

励系数 β_1 间接提升第一期努力水平，两者的影响强度也与第二期相同。不同的是，第一期努力水平还受到 $(l-\gamma k-\beta_2)\tau\delta$ 的正向影响，其中，$l\tau\delta$ 度量声誉效应，起强化激励的作用，$(\gamma k+\beta_2)\tau\delta$ 度量棘轮效应，起弱化激励的作用；品牌溢价系数 γk（k 在其中起增强作用）直接增强了棘轮效应，品牌溢价系数 k 通过增强显性激励系数 β_2 间接增强了棘轮效应，最终降低了第一期的努力水平。要实现声誉这一隐性机制的有效激励，必须满足 $l>\gamma k+\beta_2$，这里，γk 相当于一种额外的提成，增加了声誉机制发挥效用的难度。当把 $\gamma k+\beta_2$ 看作第二期的实际分成比例时，这一结论进一步验证了刘惠萍等人[159]的研究成果。此时，$\beta_1<\beta<\beta_2$，最优的分成比例具有递进的特点。

综上，可得到以下结论。

结论 1：第一期努力水平受到声誉这一隐形激励机制的影响，第二期努力水平不受声誉机制的影响。当不存在声誉机制时，溢价系数 γk（k 在其中起增强作用）可直接刺激代理方提升努力水平；溢价系数 k 通过增强显性激励系数 β_i 间接提升第 i 期努力水平。当存在声誉机制时，品牌溢价系数还通过增强棘轮效应降低第一期努力水平；溢价系数 γk（k 在其中起增强作用）直接增强棘轮效应，品牌溢价系数 k 通过增强显性激励系数 β_2 间接增强棘轮效应。

结论 1 说明了两种品牌溢价影响混合激励机制的不同机理，虽然路径不同，但两种品牌溢价的影响效果具有一致性。品牌溢价的整体影响表现为在增强显性激励机制效应的同时，削弱了声誉机制的效应。

（二）品牌溢价对激励契约的影响

(9)、(10)式表明，品牌溢价系数 k、γ 对第二期激励契约发挥着不同的影响作用。品牌溢价系数 k 对第二期分成比例系数 β_2 有正向影响，起增强显性激励系数的作用；品牌溢价系数 γ 对 β_2 无影响。同时，公式(10)表明，$\gamma k+\beta_2$ 会减少第二期的固定支付 α_2（由此引发棘轮效应)，其中，溢价系数 γk(k 在其中起增强作用)直接减少第二期的固定支付 α_2，品牌溢价系数 k 通过增强第二期分成比例系数 β_2 减少第二期的固定支付 α_2。

进一步地，(9)式表明品牌溢价系数 k 正向影响第二期显性激励系数的作用强度取决于系数 M 和第二期产出的方差。当 M 减小、产出的不确定性 σ^2 减弱、反映代理方制造服务能力不确定性的 τ 增大时，$M(1-\tau^2)\sigma^2$ 减小，则会导致品牌溢价系数 k 对显性激励系数 β_2 的正向影响强度增大。

结合公式(21)和(9)，探讨品牌溢价对第一期分成比例 β_1 的影响。品牌溢价通过两种路径影响 β_1，路径一与第二期相同，即品牌溢价系数 k 对分成比例 β_1 的正向影响，影响强度取决于系数 M 和第二期产出的方差，当 M 减小、产出的不确定性 σ^2 减弱时，品牌溢价系数 k 对 β_1 的正向影响强度增大。路径二在声誉机制的基础上产生作用。如前所述，要实现声誉这一隐性机制的有效激励，必须满足 $l>\gamma k+\beta_2$，此时，$2l-\gamma k-\beta_2>0$，声誉效应起到了降低分成比例 β_1 的作用；其中，$(\gamma k+\beta_2)\tau\delta$ 当量棘轮效应，品牌溢价系数 k 和 γ 均还通过增强棘轮效应增强显性激励 β_1。当贴现率 δ、反映代理方制造服务能力不确定性的 τ 增大，M 和产出的不确定性 σ^2 减少时，路径二的强化作用增强。

综上，可归纳出以下两点结论。

结论 2：品牌在终端市场的溢价系数 k 会增强第二期的显性激励系数 β_2，其影响强度随产出的不确定性 σ^2 的减弱、代理方制造服务能力的不确定性 τ 的增大而增强；品牌对制造服务商的溢价系数 γ 对 β_2 无影响，但会减少第二期的固定支付 α_2。

结论 3：品牌溢价通过两种路径影响 β_1，路径一与第二期相同，即品牌溢价系数 k 对分成比例 β_1 的正向影响，影响强度取决于系数 M 和第二期产出的方差，当 M 减小、产出的不确定性 σ^2 减弱时，品

牌溢价系数 k 对 β_1 的正向影响强度增大。路径二在声誉机制的基础上产生作用，品牌溢价系数 k 和 γ 还通过增强棘轮效应、弱化声誉效应来增强显性激励 β_1。

结论 2、结论 3 说明了两种品牌溢价对激励契约的不同影响。其中，品牌在终端市场的溢价系数 k 会增加品牌运营商的收益，激励品牌运营商提高分成比例，增加激励强度；品牌对制造服务商的溢价系数 γ 会增加制造服务商的收益，溢价系数 γk 相当于额外增加的分成比例，起到与提高契约分成比例同样的激励效应，溢价系数 γk 增加，一方面会导致固定支付的减少，另一方面则会增强棘轮效应。总的说来，品牌溢价对激励契约的影响表现为增强分成比例和减少固定支付，增强了显性激励机制。

（三）品牌溢价对两种努力的边际利润的影响

基于产出函数 $x_{0i}=\theta+e_i+hE_i+\xi_i$，有：

$$MR_{e_i}=\frac{\partial x_{0i}}{\partial e_i}=1 \quad MR_{E_i}=\frac{\partial x_{0i}}{\partial E_i}=h \tag{22}$$

基于成本函数 $c(e_i, E_i)=\frac{1}{2}be_i^2+\frac{1}{2}BE_i^2+\varphi\sqrt{bB}e_iE$，有

$$MC_{e_i}=\frac{\partial c(e_i, E_i)}{\partial e_i}=be_i+\varphi\sqrt{bB}E_i$$

$$MC_{E_i}=\frac{\partial c(e_i, E_i)}{\partial E_i}=BE_i+\varphi\sqrt{bB}e_i$$

考虑两期努力水平的优化解，分别将(5)、(6)和(18)、(19)式代入，有：

$$MC_{e_2}-MC_{E_2}=(\beta_2+\gamma k)(1-h) \tag{23}$$

$$MC_{e_1}-MC_{E_1}=[\beta_1+\gamma k+(l-\gamma k-\beta_2)\tau\delta](1-h) \tag{24}$$

结合(22)、(23)、(24)，有：

$$(MR_{e_2}-MC_{e_2})-(MR_{E_2}-MC_{E_2})=(1-h)(1-\beta_2-\gamma k) \tag{25}$$

$$\begin{aligned}&(MR_{e_1}-MC_{e_1})-(MR_{E_1}-MC_{E_1})\\&=(1-h)[1-\beta_2-\gamma k-(l-\gamma k-\beta_2)\tau\delta]\end{aligned} \tag{26}$$

(25)、(26)式表明，在两种努力水平的产出系数不同时，达到最佳努力水平时，两种努力水平的边际利润不同。由于开发设计位于“微笑曲线”的左端，加工制造位于“微笑曲线”的底部，开发设计具有更高的增值能力。所以，一般情形下，$1>h$，即单位开发设计努力对产出的贡献大于单位加工制造努力的贡献。当不存在声誉效应以及品牌对制造服务商的溢价时（$\gamma k=0$，$(l-\gamma k-\beta_2)\tau\delta=0$），由于分成比例$\beta_2$通常小于1，故有$(MR_{e_i}-MC_{e_i})-(MR_{E_i}-MC_{E_i})>0$，开发设计的边际利润大于加工制造的边际利润，公司存在着加强开发设计，从OEM向OBM转型的冲动。当存在声誉效应以及品牌对制造服务商的溢价时，公司加强开发设计的动力会减弱，在品牌对制造服务商的溢价足够大时，会出现$(MR_{e_i}-MC_{e_i})-(MR_{E_i}-MC_{E_i})<0$，公司会强化其加工制造能力，降低从OEM向OBM转型的冲动。

结论4：当不存在声誉效应和品牌对制造服务商的溢价时，制造服务商存在着加强开发设计，从OEM向OBM转型的冲动。当存在品牌对制造服务商的溢价以及声誉效应时，制造服务商加强开发设计的动力会减弱，在品牌对制造服务商的溢价足够大时，公司会强化其加工制造能力，缺少从OEM向OBM转型的动力。

三、模型的实践意义

考虑品牌溢价的动态混合激励模型表明：品牌溢价对显性激励机制和隐性激励机制有不同的影响，在增强显性激励机制和显性激励效应的同时，削弱了声誉这一隐性激励机制的效应。这一结论客观上要求品牌权益不同的品牌运营商在从事制造服务外包时应针对性地设计不同的混合激励契约。为激励制造服务商作出更多的努力、拥有更高质量的产出，高品牌权益的品牌运营商应趋向于增强分成比例、减少固定支付。对低品牌权益的品牌运营商而言，运用声誉这一隐性激励机制会获得好的效应，品牌运营商应与制造服务商连续合作，提升制造服务商当期努力的积极性。

模型分析同时揭示了服务制造商与知名品牌运营商合作的动力机制。随着品牌运营商终端品牌溢价的增强，品牌运营商会倾向于提高分成比例，增强激励强度。品牌对制造服务商的溢价对契约中的分成比例没有直接影响，作为额外的收益，其作用相当于提高了实际的分成比例，与契约分成比例起到同样的促进努力水平的作用。

模型分析还揭示了品牌溢价对 OEM 转型的影响。由于制造服务公司在开发设计上的努力会获得比加工制造更多的收益，公司普遍存在着从 OEM 向 OBM 转型的动力。但在存在品牌对制造服务商的溢价以及声誉效应时，受边际成本曲线的影响，均衡时开发设计相对于加工制造的边际利润增量会减少，公司转型的动力减弱；当品牌对制造服务商的溢价足够大时，公司转型的动力会消失。这在一定程度上解释了一些公司坚持贴牌业务的战略定位。

第五节　案例研读：恒源祥——“双向虚拟”模式下的品牌导向实践

恒源祥（集团）有限公司是一家专注于品牌经营的轻资产公司，拥有“恒源祥”“彩羊（Fazeya）”“小囡”等纺织品牌，品类涉及服饰、家纺、内衣、服饰配件类等。恒源祥作为品牌运营商主要负责无形资产的运营，以品牌资产为纽带，通过特许经营的形式整合制造商、经销商和零售商，构建庞大的品牌联合体。

据恒源祥官网资料，恒源祥联合体目前拥有100余家加盟工厂，500多家加盟经销商以及7 000多个加盟销售网点。中国省级市场销售网点覆盖率为100%，地、市级市场网点覆盖率超过94%，县级市市场网点覆盖率超过60%。恒源祥电商在天猫、京东等平台授权店铺数量达130多家。在阿里研究院发布的"2016年度中华老字号电商百强排行榜"中，恒源祥以超过20亿元的年销量排名第一。

《商界评论》记者王方剑对恒源祥公司的采访揭示了恒源祥2007年的营收状况。2007年恒源祥集团的营收额是3亿元人民币，其中从上游加盟工厂收取的商标使用费是2.66亿元，约为总营收额的89%。恒源祥联合体当年的销售量为3 600多万件，因此每件商品的商标使用费平均为7.4元/件。同时，从下游经销商或经销网点收取加盟费，也是这家公司的盈利来源之一。此外，每家加盟工厂为进入恒源祥联合体而一次性交纳的总额达100万元的保证金，为公司提供了1亿元的长期"现金池"。

加盟工厂自行研发和生产，使用恒源祥商标，在自身的销售渠道外还可以共享恒源祥下游的庞大渠道；恒源祥集团主要通过品牌价值链的相关活动创建品牌资产，同时，对联合体在产品检验、新产品研发等方面进行统筹与协调管理。在恒源祥董事长刘瑞旗看来，恒源祥模式的优越性是显而易见的。随着市场上商品和品牌的日益丰富，品牌的创建和维护成本日益高涨，这令中小企业望而却步。恒源祥每年花几千万甚至上亿元的投入来维护品牌，但是分摊到成百上千名联合体成员，使每个成员低成本地获得了大品牌显著的推广效应。

恒源祥是典型的品牌导向型企业，创建品牌资产是其核心战略。品牌战略导向的资源和组织决策要求围绕公司品牌资产的创建和利用来决定资源的交易和组织方式，构建高效的价值链。恒源祥的运营模式体现了其特有的交易和组织方式，在促进恒源祥的快速发展的同时，也产生了一些亟须关注的问题。

第一，恒源祥的发展历程与运营模式。

恒源祥成立于1927年，曾经是上海滩知名的经销绒线的商号。“恒源祥”三个字，是由恒源祥创始人沈莱舟先生取自春联“恒罗百货，源发千祥”，蕴含着“恒古长久（恒）、源远流长（源）、吉祥如意（祥）”的寓意。1956年公私合营后，只留下南京东路100多平方米的恒源祥绒线商店。1987年，刘瑞旗出任恒源祥绒线公司总经理。1989年，恒源祥被注册为商标，同年，恒源祥被命名为上海市名特商店。1991年恒源祥启动虚拟经营的品牌战略，寻求合作工厂生产“恒源祥”绒线。在这期间，得益于虚拟经营的柔性生产体系和成功的品牌推广，恒源祥的市场影响和知名度迅速提升。绒线产销量从1991年的75吨到1997年的突破1万吨，恒源祥一举成为全国最大的绒线产销企业。

1998年，恒源祥从单品类走向多品类，经营涉及绒线、毛针织、家纺、织布、袜业、日化、服饰等领域。1999年，恒源祥品牌获得“中国驰名商标”称号。同年，恒源祥启动特许经营模式，通过招商宣传，将全国二十多个省市的经销商纳入其特许经营体系，加盟经销商需缴纳加盟费和保证金。恒源祥制定了特许经营的CIS系统，其组织从最初的松散型合作体系转型成为加盟型合作体系。

2001年，恒源祥转制为民营企业。刘瑞旗占股61%，4家合作工厂老板占股39%。2002年恒源祥成立集团公司，2004年恒源祥牵头与全国的加盟厂、经销商和零售商组建了恒源祥联合体，制定了《恒源祥联合体共同纲领》。自此，联合体代表大会成为最高权力机构。同时，各省设立联合体区域分会，实行一定程度的区域自治。联合体还设置了绒线、针织、服饰和家纺四个产业委员会，广告、打假、传播、培训、网络、调研六个专业委员会。由此，恒源祥的组织进一步由特许方管理转型为联合体共同管理。

2005年2月，恒源祥正式发布了集团战略、组织能力及定位。恒源祥的战略是"全国化""差异化"；恒源祥的组织能力是"协同""放大""传播""变现"；恒源祥的业务定位是"一家拥有市场消费品牌的战略、咨询、管理顾问公司"；恒源祥的产业定位是"做与羊和羊毛相关联的在纺织大类当中的终端产品"。此后，恒源祥明确了从品牌经营策略到文化战略转型的方向，着手启动"文化战略导入"工作。

恒源祥从一家传统的零售商店，利用其品牌优势以及市场推广能力，通过虚拟经营实现向价值链上游的延伸和管控，实现了第一轮成长。为谋求进一步的成长空间，恒源祥通过经销商特许经营，实现了渠道的快速扩张和市场占有率的提升；通过成立品牌联合体，加强品牌导向的价值链的协调能力。恒源祥每一阶段的成长，都提高了品牌资产的利用和变现能力。同时，恒源祥集成联合体的经济实力，通过大规模的品牌推广增强了品牌知名度。

恒源祥的核心能力是品牌运营，恒源祥的上述运营模式使恒源祥在专注于自身的核心能力的同时，增强其与上游制造商和下游经销商的关系，通过更好地集成上下游的资源和能力，提升了整条价值链的运营绩效。

第二，恒源祥的品牌推广。

恒源祥的快速发展，很大程度上依赖于恒源祥及其董事长刘瑞旗的品牌运作和资源整合能力。恒源祥的广告投放和活动推广引起了较大的市场反响，大大提升了恒源祥的全国知名度。

(1) 恒源祥"羊羊羊"系列广告。

自1991年起，恒源祥的5秒广告先后在上海电视台、中央电视台热播，以低成本的方式为恒源祥赢得了全国知名度。1993年，恒源祥开始在中央电视台为其“小囡”品牌做广告。画面是恒源祥及其“小囡”品牌标识，画外音在5秒内诵读两遍“恒源祥，发羊财”，后又变更为“恒源祥，羊羊羊”。由于中央电视台最短的广告时间是15秒，该广告会反复播放3次，恒源祥由此给观众留下了深刻的印象。1997年春节期间，万羊奔腾的“恒源祥，羊羊羊”新广告在中央电视台播出，该广告片以澳大利亚草原为背景，用数量多达14 000只的美利奴羊在大草原当中走出“恒源祥”三个字。广告时长45秒，系恒源祥重金打造。恒源祥作为一家经营羊毛纺织品类的企业，和羊渊源深厚，恒源祥“羊羊羊”的上述广告帮助观众建立起了恒源祥和羊之间的品牌联想。

但恒源祥“羊羊羊”的创意延伸并没有就此止步。2005年年底，恒源祥在成为奥运赞助商后，为了表现其成为行业内唯一奥运赞助商的实力，将其经典的广告语变成了“恒源祥——牛牛牛”。此事引发了媒体的报道与讨论，播出数轮后即停播。2008年，恒源祥在春节期间进一步推出12生肖广告。在长达一分钟的电视广告中，由北京奥运会会徽和恒源祥商标组成的画面一直静止不动，画外音则从“恒源祥，北京奥运赞助商，鼠鼠鼠”，一直念到“恒源祥，北京奥运赞助商，猪猪猪”，将中国12个生肖轮番念过，简单的语调重复了12次。这则广告引起了观众和媒体更大的争议，被冠以“恶俗”之名，也使观众记住了恒源祥奥运赞助商的身份。

2010年后，随着互联网的兴起和主流媒体的衰落，恒源祥基本上停止了硬广告的投放，主要通过体育与文艺活动打造品牌的文化内涵。

(2) 体育与国际项目赞助。

1989年恒源祥赞助上海花样轮滑队，启动体育赞助之旅。自1994年中国足球恢复联赛制以来，恒源祥一路相伴，成为唯一一家连续十年赞助中国足球甲A职业联赛的企业。1997年和2001年，恒源祥连续两届赞助中国足球队冲击世界杯。2003 年，恒源祥成为中国足球协会超级联赛首家赞助商。随着实力的增强，恒源祥具备了赞助国际重大赛事的能力。恒源祥有浓厚的奥运情结，2005 年，恒源祥正式成为北京 2008 年奥运会赞助商；2008 年，恒源祥成为 2009—2012 年中国奥委会首家合作伙伴；2012 年，恒源祥继续成为 2013—2016 年中国奥委会赞助商。

恒源祥赞助的体育项目和活动还包括：全国击剑冠军总决赛、篮球职业联赛、世界乒乓球锦标赛、体操世界杯、国际武联赛事、北京国际马拉松赛、世界车王争霸赛等赛事，以及 2009 年最具影响力的新中国体育人物评选、中国体育新闻工作者协会成立 30 周年庆典颁奖晚会、2015 劳伦斯世界体育奖颁奖典礼等系列活动。

(3) 文化艺术与公益慈善。

恒源祥香山画院、恒源祥香山美术馆分别在 2009 年和 2010 年成立，当代国画大师陈佩秋担任名誉院长及名誉馆长。2013 年，北京恒源祥香山画院、北京恒源祥艺术展览馆正式揭牌。2010 年，恒源祥成为上海世博会特许生产、零售商。

2012 年，恒源祥拍摄了首部微纪录片《天乡》，以草原与羊为主题，展现了乌拉圭的历史及自然态生活方式。2013 年恒源祥成立恒源祥戏剧发展有限公司，涉足戏剧领域，先后创作上演了《永远的尹雪艳》《他和她的一儿一女》《大商海》等话剧，其大型原创音乐剧《微光·犹太人在上海》2015 年在上海首映，2016 年在纽约百老汇爱迪生剧场举办展演，2017 年 3 月在以色列上演。

恒源祥热心公益慈善事业，成立了专门的社团组织，其中，“好小囡”四大团队(好小囡幼儿园、好小囡少儿合唱团、好小囡万能双手俱乐部和好小囡少儿京剧团)、上海市民办明珠中学以及恒源祥桥牌俱乐部已经成为各领域颇具影响力的组织。

恒源祥还发起了一系列的公益项目。2003 年，恒源祥捐资在青海可可西里自然保护区建设了世界上海拔最高的野生动物救护基地“恒源祥·可可西里藏羚羊救护中心”。2005年,恒源祥与中国儿童少年基金会联合发起“恒爱行动”,发动志愿者用恒源祥提供的毛线为孤残儿童编织爱心毛衣;该项目连续两次获得“中华慈善奖——最具影响力慈善项目”称号。恒源祥2005年起协办的“恒源祥文学之星”中国中学生作文大赛是全国教育界高规格、大规模、影响广泛的作文大赛。恒源祥集团从2008年起,连续五届冠名“蓝天下的至爱”慈善义拍活动,旨在帮助贫困的老年白内障患者复明以及小儿先心病患者的手术治疗和失聪聋儿的康复训练。

在强势推广下,恒源祥的品牌知名度不断提升,加盟商和加盟工厂的加盟意愿随之增强。然而,恒源祥在发展过程中也面临运作误区和品牌提升的阻碍。

第三,恒源祥的忧困。

对于恒源祥这种以品牌为纽带的双向虚拟模式而言,除品牌运作能力外,价值链管控也是恒源祥实施品牌导向战略的关键能力。为了快速扩展,恒源祥力图吸引更多的加盟商和加盟工厂,这些合作伙伴良莠不齐,存在为了追逐个体利益而损害品牌长期发展的动机。恒源祥在发展过程中面临着深度困扰,其困扰源于品牌导向作用在另一层面的缺失,即品牌的核心价值导向没有得到有效发挥。恒源祥中高端的品牌定位和品牌核心价值缺乏可靠的产品和服务支持。

(1) 恒源祥品牌空心化之忧。

恒源祥品牌有很高的知名度,然而美誉度缺乏;恒源祥品牌内涵模糊,品牌与产品之间缺乏良性的互动关系。这些都是典型的品牌空心化的表现。恒源祥品牌空心化的根源在于恒源祥主导的品牌价值链与加盟方管控的品牌支持系统之间出现一定程度的脱离,恒源祥中高端的品牌定位难以获得有效的价值支持。

恒源祥"羊羊羊"系列广告被称作"三无"系列，广告内容不涉及地域、领域和产品信息，只希望通过单调、机械的重复播放，让观众记住恒源祥及其奥运赞助商的身份。广告提升了恒源祥品牌的知名度，但无法激发大众对恒源祥及其产品的美好情感。恒源祥对文艺、体育项目的赞助及其慈善捐赠，增加了恒源祥品牌在公众面前的曝光率，有助于恒源祥建立起富于社会责任的企业形象，但项目与恒源祥品牌及其产品之间的关联有待增强。

恒源祥系列广告的"三无"属性，一方面源于经济性考量，另一方面是因为恒源祥品牌自身的核心价值难以得到有效识别。恒源祥作为公司名称和品牌名称，拥有服饰、家纺、商超（保暖内衣、袜业、日化等品类）、羊绒和绒线多个业务线，同时，加盟的上游和下游企业素质、观念和价值创造能力参差不齐，造成恒源祥品牌外延广、品牌内涵和专业声誉却相对不足。

Kevin Lane Keller 认为，"品牌就是产品，但它是加上其他各种特性的产品，以便使其以某种方式区别于其他用来满足同样需求的产品"。品牌作为符号，离不开它所表征的产品或服务，恒源祥品牌增值作用的发挥依赖于加盟方为顾客所创造的价值，品牌的推广只是有助于增强这种价值认知。如果加盟方为顾客所创造的价值与恒源祥的自我表达相脱离，则品牌的信誉难以维系，品牌的空心化难以避免。

恒源祥在大力运营品牌的同时，对产品的管控以产品质量检验为主，加盟工厂自行负责研发、设计和生产，这种运营方式导致品牌对品牌支持系统的导向作用难以有效发挥，最终造成了品牌与产品一定程度的分离。同时，恒源祥的虚拟经营模式决定了恒源祥无法取得完全的产品定价权，产品的终端价格由加盟工厂、恒源祥和经销商共同决定，价格的偏离也会导致品牌的形象难以得到有效维护。

以恒源祥服饰为例，恒源祥致力于提供中高端服饰，满足35岁以上、中等收入以上、对于生活品质要求比较高的城市中产阶层。然而，恒源祥服饰的加盟工厂在自主设计能力方面的不足，使品牌的中高档定位难以被市场认可，品牌的空心化难以避免。恒源祥连续三届获得为奥运会中国体育代表团打造礼仪服饰的机会，但其加盟工厂为中国奥运代表团定制的礼服在设计上保守、缺乏美感，在民意上饱受诟病，这使恒源祥展开的系列奥运营销很难在终端市场上转化为对恒源祥服饰的美誉度。

（2）虚拟经营的管控之忧。

恒源祥从贸易公司起家，擅长外部资源运作，拙于产品研发和生产运营。将生产环节和营销网络虚拟化，恒源祥通过构建品牌主导的双向虚拟模式实现了快速的低成本扩张，但联合体的管理素质和能力难以实现同步提升。快速成长的背后，联合体的低质化行为制约了恒源祥的品牌提升。

虚拟经营同时增加了恒源祥的风险管控难度。恒源祥规模庞大的联合体成员是独立的法人，恒源祥不能干预其具体的经营过程；联合体成员与恒源祥之间以及联合体成员之间，既有共同利益也存在利益分歧。一些成员出于短期利益考量而加盟恒源祥，一些成员在加盟恒源祥的同时还在经营自有品牌或竞争对手品牌，一些成员之间则存在着同质化竞争。恒源祥对加盟方只能通过加盟资质的审核、合同条款、产品质量检验、联合体制度和章程加以约束。

2011年，上海康强股份公司董事长刘正康等人涉嫌非法传销被逮捕。刘正康以上海康强即将赴美上市出售原始股为幌子，在半年内募集资金高达7亿元人民币。在这起事件中上海康强一直运用恒源祥加盟工厂的身份来吸引资金。虽然，案发后恒源祥终止了与上海康强的合作协议，但这起事件不可避免地已对恒源祥品牌造成伤害。

2006年，上海康强获得恒源祥集团授权，成为恒源祥“彩羊(Fazeya)”品牌休闲服饰独家生产经营企业，负责开发、设计、生产和销售恒源祥该品牌休闲服饰。自此，上海康强快速发展，构建了自身的销售渠道，在全国设有多家分公司、办事处、直营店和加盟专卖店；并计划在2010年底前完成开设2 000家专卖店的目标。快速扩展导致的资金短缺，最终使得刘正康铤而走险。

贴牌产品因检测不合格被主管部门或相关协会曝光，几乎每年都会发生。这是削弱恒源祥的品牌形象的重要事件。纤维含量不合格、色牢度以及水洗尺寸变化率不达标是质量抽查中经常会发现的问题，加盟工厂由于成本或技术的原因会无意或故意为之。虽然恒源祥加大了惩戒力度，但也难以避免。

第四，恒源祥的价值链管控。

加强价值链管控是恒源祥减轻上述困扰的主要方法。除了恒源祥一向重视的质量管控外，对产品技术、研发设计的支持和价格管理将增强恒源祥品牌的核心价值导向。

质量管控是恒源祥价值链管控的重点。恒源祥自1997年始，每年开展质量月活动。恒源祥发展过程中出现的一系列质量问题，促使恒源祥不断加强质量制度建设。联合体成立后，恒源祥每年召开联合体加盟工厂代表大会，对重大质量问题进行决策。2013年，恒源祥联合体加盟工厂第四届四次代表大会通过了《恒源祥(集团)有限公司关于品牌产品质量“无意”“有意”“恶意”违规行为的定性及处罚规定》和《恒源祥(集团)有限公司品牌产品质量抽查规定》。

恒源祥对加盟工厂的管控采取“三关”式(进入关、过程关、退出关)管理。首先，恒源祥建立了产业公司初审、集团产业中心复审的管理认证制度，重点对加盟工厂的资产和规模、信誉状况、运营和市场拓展能力、新材料应用和新产品研发能力、质量控制能力进行审查与评估。其次，对加盟工厂日常的管理和运营，确立了三级质量管理架构,即产业公司经营者对产品质量管理负全部领导和管理责任,加盟工厂确立一把手负责制下的质量管理机制,集团职能部门负责对各产业公司的质量管理进行监督、指导,以四个指标(原辅材料采购质量合格率、成品出厂合格率、消费者投诉处理满意率、市场抽查产品合格率)100%为产品质量管理目标,出现质量问题将依例对保证金进行抵扣。最后,恒源祥建立了联合体的等级评估制度和退出机制。每年定期开展加盟工厂复审工作,评选样板工厂,进行等级认定和调整,淘汰违规和绩效低下的工厂。2006 年至 2008 年,恒源祥共淘汰加盟工厂 25 家。

恒源祥对经销商实施“分级管理”,通过年度综合考评,评比“十佳经销商”“星级经销商”等奖项,同时淘汰落后经销商。对销售终端实施“矩阵式管理”,任一销售网点在接受集团职能部门、产业公司和专业委员会管理的同时,还接受所属省份的联合体分会的领导。

恒源祥一直通过变革和创新来增强其价值链管控绩效。推行多品牌策略并赋予子品牌更鲜明的品牌内涵、增强技术和新产品研发支持是恒源祥增强品牌特色的有效举措。以恒源祥家纺为例,恒源祥家纺早期的口号是“治理睡眠污染”,旨在引导加盟工厂将产品方向侧重于绿色、健康、天然的产品;2008 年左右,恒源祥家纺提出以“和气至祥”作为公司的文化定位;2012 年初恒源祥家纺确立了以“感官睡眠”为核心的品牌诉求,实施恒源祥、悠诗澜、SenSleep(感官睡眠)多品牌策略。至此,恒源祥家纺确立了以“感官睡眠”为核心的全新发展思路,致力于感官睡眠概念的研究与推广,逐步引导消费者建立感官睡眠生活方式的生活理念。进一步地,恒源祥对加盟工厂的产品研发在概念引导的基础上,开始增加更多的技术支持。2008 年,恒源祥投入 1 亿元进行“品牌的综合交叉五感研究”;2013 年,恒源祥家纺建立了一套完整的被芯感官功能指标体系,并在此基础上推出几款拥有国家实用专利技术的羊毛被、音乐枕、SenSleep、沉香香精等系列产品。

2004年，恒源祥承担的“基于人体测量的男装板型技术与标准研究”项目正式通过上海市经委验收。其收集全国不同地区、不同年龄段、不同身高的男子人体体型样本，采用无接触式三维人体测量仪进行体型数据采集，测量结果使男子人体板型由四个增加到七个，建立了全新的人体测量标准。该项目为加盟工厂实现企业量身定制系统(MTM)打下了基础。

对恒源祥品牌来讲，其未来发展的道路是机遇和挑战并存的。作为典型的品牌导向型企业，恒源祥在实施品牌战略导向的资源和组织决策方面卓有成效，在实行品牌核心价值导向的价值活动优化环节亟待增强。明确品牌的核心价值，围绕品牌的核心价值构建产品、服务以及营销项目的价值系统，将决定恒源祥今后发展的步伐。

——该案例根据恒源祥集团官网、相关新闻报道和企业调研编写

第六章　品牌导向、价值链整合对公司绩效的影响机制

在前几章理论分析的基础上，本章运用实证方法对品牌导向的价值链整合进行进一步的研究。在提出品牌导向、价值链整合、品牌权益和公司绩效之间的关系模型后，采用来自华东地区的多行业的样本数据，运用结构方程模型进行实证分析，验证了品牌导向和价值链整合对公司绩效的影响，并进一步说明了品牌导向、价值链整合对公司绩效的影响机制，揭示品牌权益作为战略资源在其间发挥的中介作用。

第一节　研究框架与研究假设

一、研究框架

资源优势理论（Hunt and Morgan, 1995）[160]、资源基础观点（Barney 1991[161], Wernerfelt[162]）和核心能力理论（C.K.Prahalad et al., 1990[163]）为探讨公司如何实现竞争优势和卓越绩效提供了分析框架。公司要实现卓越的绩效必须拥有诸如资产、知识、流程等重要资源，并将这些资源成功地运用于开发和实施有效的战略。

Barney(1991)认为,一个公司要想获得并维持竞争优势,其内部所拥有的异质性的资源和能力必须具备如下四个特性:(1)有价值性;(2)稀缺性;(3)不完全可模仿性;(4)不完全可替代性。C.K. Prahalad et al.(1990)将这种独特性资源称作核心能力。如何才能拥有这些独特性的资源?首先,战略架构的制定非常重要。战略架构是未来的路线图,可以确定打造核心竞争力的目标,指明需要培养哪些核心竞争力以及这些核心竞争力是由哪些相关技术组成的,并进一步明确资源分配的优先次序。其次,正如C.K. Prahalad et al.(1990)和Day(1994)[164]所描绘的,公司必须使用一系列技能以相互依存的方式共同创建这类独特资源。因此,公司的竞争优势及最后的绩效与公司创建这类高价值的、稀缺的、难以模仿的资源的能力密切相关。

品牌导向型公司将品牌视为公司最核心的资产,是公司独有的异质性资源。品牌导向是一种战略导向,发挥着公司战略架构的作用。不同的战略导向决定了公司对竞争优势的不同理解以及对核心能力和资源的不同的选择。公司导向和资源影响公司绩效。目前,关于品牌权益(品牌资产)与公司绩效的关系的研究,有着较为一致的结论,即高水平的品牌权益对公司绩效尤其是市场绩效有积极的影响。关于品牌导向与公司绩效的关系的实证研究相对较少,彼此间缺少印证。Carsten Baumgarth(2010)的研究表明,在B2B业务中,品牌导向对市场绩效和经济绩效有着正向的影响;Aron O'Cass和Liem Ngo对澳大利亚公司的调查表明,品牌导向对顾客满意有积极的影响。而Noble et al.的实证研究表明:从短期看,聚焦于不同类型品牌的品牌导向对绩效有不同的影响;对零售商自有品牌而言,其品牌导向对公司短期绩效有反向的影响;对全国性品牌而言,其品牌导向对公司短期绩效有正向的影响。此外,Deborah A.Colton et al.[165]的研究表明,导向对绩效的影响并非直接的,而是由导向所引导创建的资源发挥中介作用。

Noble et al.主张，在考虑战略导向与绩效的关系时应有更广阔的视角。品牌导向要求公司的所有价值环节致力于品牌创建过程，交易基础的品牌权益进一步表明：品牌导向的范畴已超越整合营销和公司内部的一体化，公司的价值链整合能力是影响品牌导向实施成效的一项关键能力，因此同时需要关注公司的价值链整合能力对品牌权益及公司绩效的影响。本章提出检验品牌导向、价值链整合能力对品牌权益和公司绩效的影响，并进一步验证品牌权益的中介作用，说明品牌导向这一战略架构是如何通过培育品牌权益来影响公司绩效的。下文，首先对品牌导向、价值链整合与品牌权益、公司绩效之间的具体关系提出假设，构建品牌导向影响公司绩效的概念模型，然后通过结构方程对该模型进行验证。

二、研究假设

（一）品牌导向、价值链整合对品牌权益的影响

品牌导向是一种方法，该方法要求公司的程序围绕品牌形象的创造、开发和保护，与目标顾客进行互动以实现可持续的竞争优势(Urde，1999)。品牌导向作为一个战略概念提出，重点关注公司应如何工作以创建强大的、可持续的品牌。品牌导向的本质是一种竞争战略导向，将公司的资源聚焦于品牌资产的创建。因此，公司的品牌导向程度越高，公司就越能将资源和工作程序聚焦于品牌资产的创建。

一些文献对品牌导向的影响进行了实证研究。Wong 和 Merrilees[166]对澳大利亚 400 多家公司的调查表明，品牌导向与品牌权益之间有非常强的正向关系。Hankinson 通过对慈善组织高管的深度访谈揭示了品牌导向导致的三方面结果：开发强大的品牌、成功地实现公司目标以及更易融入的雇员文化。

在现今复杂的商务环境下，价值来源于协同创造。要增强顾客对公司品牌的主观评价，客观上要求价值链成员作为一个整体付出同等的努力与关注；单个成员孤立的努力意味着向顾客传递的是不一致的、不协调的价值，只能产生有限的增量利益。创建品牌权益，要求对顾客需求的变化能够作出快速响应，集成的供应链能够有效地监管顾客需求的变化，并能实现信息的及时传递。

已有的实证研究证实了供应链（纵向）整合对品牌权益的影响。Steven H. Seggie et al.的实证研究表明，IT 联盟以及公司间的系统整合对品牌权益有积极的影响。Daekwan Kim et al.[167]的经验研究证实了公司间的系统整合与供应链反应对品牌权益的积极影响，但公司间活动整合对品牌权益的影响没有得到样本数据的有效支持。

多种形式的价值链整合从不同方面增强了公司服务顾客的能力，可以使顾客从不同环节获得对品牌的一致性的认知。本书在上述实证研究的基础上，将价值链整合的范畴由纵向整合扩展至内部和横向整合，验证顾客整合、供应商整合、产品工艺技术整合、公司战略整合对品牌权益的积极影响。

故我们提出以下假设：

假设 H1a：品牌导向对品牌权益具有正向影响。

假设 H1b：价值链整合对品牌权益具有正向影响。

（二）品牌权益对公司绩效的影响

本书第二章详细论述了品牌在公司价值链中的多种增值作用。强大的品牌有助于增强产品和服务的价值与利益相关者之间的有效沟通，提升顾客的期望价值，密切供应链伙伴关系，提升价值链整合绩效。由于其价值性、稀缺性和不可模仿性，品牌被公认为公司的独特性资源。

品牌权益涉及公司顾客对品牌超出产品所提供的效用作出的

主观评价，这种附加价值经常导致溢价以及重复购买行为。[168] Sloot et al.的调查发现，当某产品与高的品牌权益相联系时，一旦缺货，顾客倾向于延迟购买或者转换零售商。[169]相关研究表明，品牌权益可以增加销售量、扩大市场份额，并且有利于公司开拓新市场。[170]

因此，本书建立以下假设：

假设 H2：品牌权益对公司绩效有正向影响。

(三) 品牌权益在品牌导向、价值链整合与公司绩效关系中的中介作用

至此，我们已经建立了品牌导向、价值链整合与品牌权益以及品牌权益与公司绩效之间的正向关系。综合假设 1 和假设 2，可以认为，品牌权益在品牌导向、价值链整合与公司绩效之间起着中介作用。我们发现有两方面的理由支持这一观点。

品牌导向是公司创建品牌的方法体系。品牌导向引导价值链活动参与者在价值观、态度和行为上作出一系列改变，这种改变的有效程度取决于其在创建品牌权益上的有效性。因此，品牌导向背离了创建品牌权益的目标，也就失去了其存在的意义。

另一方面，价值链整合使价值链成员在组织目标、顾客价值上有了更一致的认识，可以更有效的方式为顾客创造价值。价值链整合带来的增值部分，经过顾客感知才能转变为公司绩效。作为关系资产的品牌权益，可以影响顾客感知，从而在价值链整合转换为公司绩效的过程中起到中介作用。

基于上述的理论和检验证据，本书建立以下假设：

假设 H3a：品牌权益在品牌导向与公司绩效之间的正向关系中起中介作用。

假设 H3b：品牌权益在价值链整合与公司绩效之间的正向关系中起中介作用。

基于以上分析和假设，本书提出如图 6-1 所示的概念模型。

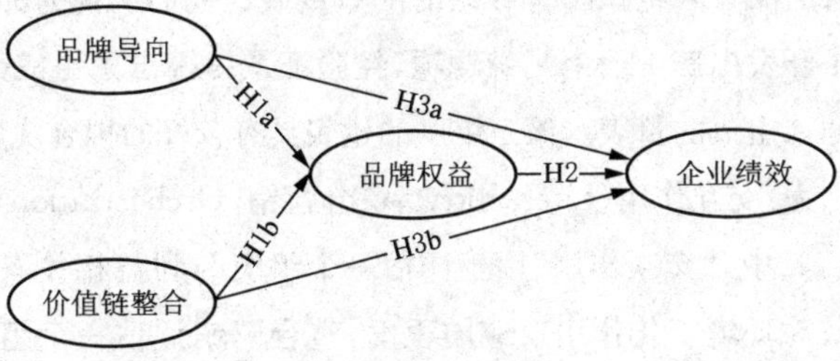

图 6-1　品牌导向、价值链整合与品牌权益、企业绩效的关系模型

第二节　变量的操作性定义与测评

一、品牌导向

21 世纪以来，很多文献聚焦于品牌导向的操作性定义，并开发具体的量表来反映组织品牌导向的程度。目前，根据调查对象的不同，相关文献关于品牌导向的实证量表可分为两类：一类是面向高管的调查量表，主要通过高管的认知与组织的活动和行为特点来评估品牌化在公司战略中的重要性；另一类是面向顾客的调查量表，主要评估顾客对公司品牌导向的行为和活动的感知。

最初，品牌量表的开发主要是基于非营利组织。Hankinson (2001)首次以非营利组织为背景，开发了面向高管的品牌导向的测量量表。围绕品牌导向的四项关键内容（品牌理解、品牌沟通、品牌的战略使用、积极而有意识地管理品牌），Hankinson 开发出二十六个题项，经探索性因子分析，抽取了一个起主导作用的因子和六个弱因子，涉及其中的二十三个题项。起主导作用的因子是一个综合性因子，涉及上述四项关键内容。由于其余六个因子项较弱，这一量表还有待完善。

Ewing 和 Napoli(2005)[171]从 Keller 的品牌报告卡出发,开发了面向高管的非营利组织品牌导向的测量量表。他们从优秀品牌公司的特性中开发出三十七个测量题项,经验证最终提出了由三个因子、十二个题项组成的量表。该三维度的量表具有较好的拟合优度,三个因子分别为:交互作用(Interaction)、整合营销(Orchestration)和影响(Affect),其中,"交互作用"用于评估一个组织与利益相关者建立对话机制及对环境变化作出反应的程度,整合营销评估一个组织品牌组合及相关的营销活动的适当性及其与内外利益相关者沟通的有效性,"影响"评估一个组织了解他们被利益相关者喜欢(或不喜欢)的程度,具体涉及各利益相关者喜欢(不喜欢)哪些方面以及为什么被喜欢(不喜欢)。其量表如表 6-1 所示。

表 6-1 Ewing 和 Napoli 开发的品牌导向量表

交互作用 ——聚焦于为利益相关者创造积极的产品/服务体验。 ——有获取利益相关者对市场变化的评论的适当系统。 ——在产品和服务提升方面投资足够的资源以为利益相关者提供更好的价值。 ——与利益相关者的需要保持接触。 ——与当前的市场情况保持接触。
整合营销 ——设计一体化的营销活动直接鼓励顾客使用我们的产品/服务。 ——设计一体化的营销活动鼓励我们的供应商、分销商和其他的利益相关者增进我们对顾客的产品/服务。 ——确保组织的管理者知晓所有与品牌相关的营销活动。 ——开发营销活动给利益相关者发送关于品牌的一致的信息。 ——通过慎重考虑,开发被全体职员理解的品牌/子品牌结构。
影响 ——开发利益相关者不喜欢品牌的哪些方面的详细知识。 ——开发利益相关者喜欢品牌的哪些方面的详细知识。

Ewing 和 Napoli 开发的品牌导向的量表源自 Keller 的品牌报告卡,由于营利组织与非营利组织的品牌管理具有较强的共性,一些

学者也将该量表用于营利性组织品牌导向的测量，并证明了其有效性。

Bridson et al.(2004)将品牌导向定义为一个组织重视品牌的程度以及实践中致力于品牌能力建设的程度。在此基础上，以时尚品零售商为背景，品牌导向的测量量表围绕品牌能力的四个维度展开。该量表在应用上有一定的局限性，难以推广到零售商以外的其他营利组织，同时，仅仅基于能力要素的测量不免过于单一。

Gromark et al.(2011)基于营利性组织系统地开发了品牌导向的测量量表。他们从六个方面（商标保护与品牌危机管理政策、品牌战略及品牌识别与定位、品牌战略的组织与实施、高管的责任与作用、品牌目标管理、方法）对品牌导向进行系统的操作性定义，并围绕这六个方面设计了五十个题项，最终抽取出八个因子，涉及其中的三十五个题项。

Mulyancgara(2010)首次开发了面向顾客的非营利组织品牌导向的测量量表。[172]他将品牌导向定义为“顾客关于组织致力于品牌导向的活动和行为的程度的看法”。该量表抽取出一个综合性因子，共计六个题项，涉及品牌独特性、声誉和整合三方面的主题。

本书认为，品牌导向是一种竞争战略导向，其实施程度通过公司的运营特点得到体现，因此面向管理层设计品牌导向的调查问卷更具合理性。在上述面向管理层的量表中，Gromark et al.设计的量表最为系统而全面，问卷题项涉及态度、行为、能力和利益相关者之间的相互作用。然而，这也导致问卷题项多达三十五项，在调查对象回答问题时，会导致厌烦从而影响回答精度。在本研究中，品牌导向量表采用了Ewing和Napoli开发的十二题项的量表，因为其更为简洁，且已被证明可以适应不同的文化背景。

二、价值链整合

迈克尔·波特的价值链理论为价值链整合的维度的识别提供

了最初的理论基础。他从两个主要的维度探讨了增值活动之间的联接。一是垂直(或纵向)联接,他认为公司价值链与供应商价值链、渠道价值链以及顾客价值链共同构成价值链系统,垂直联接涉及由供应商、渠道成员和顾客实施的相关供应链活动;二是水平(或横向)联接,涉及公司内部及公司间具有竞争性的业务单元之间的联接。在此基础上,许多学者对价值链整合进行了更深入的研究。

一部分研究围绕垂直的供应链整合展开。一些学者以一维的结构对供应链整合展开调查,早期的如1993年Armistead C.G.和Mapes J.[173]开发了一个单一维度的量表,从生产计划的分享、计划的遵守、跨职能的岗位设置、信息系统的集成以及信息传播的可见性五个方面衡量公司的供应链整合程度。随着研究的深入,一些学者将供应链整合划分为内部整合和外部整合两个维度[174][175],内部整合测试公司内不同价值链环节之间的整合,外部整合涉及不同组织界面之间的整合。在上述研究的基础上,Flynn et al[176]将供应链整合扩展为内部整合、供应商整合和顾客整合三个维度,其中,供应商整合和顾客整合属于外部整合的范畴,并基于这三个维度开发了一个包含三十三个题项的供应链整合的集成量表。

以上供应链整合维度的划分主要基于整合范畴,一些学者则从整合内容角度划分供应链整合的维度。物流、信息流和资金流是供应链运作的三大主要因素。从这三大要素出发,Arun Rai et al.[177]将供应链整合定义为核心公司与其供应链伙伴整合其物流、信息流和资金流的程度,并由此认为供应链整合是由信息整合、物流整合和资金流整合三个维度构成,并基于这三个维度开发了由十一个题项构成的测量量表。

与供应链整合关注公司的垂直整合不同,一些学者对公司内部和横向的整合活动予以了关注。Swink和Calantone(2004)[178]将设计制造整合定义为制造过程知识被整合进新产品设计过程的程度，并开发了一个单维度的、由五个题项构成的测量量表。M. Hernández-Espallardo(2006)[179]研究了零售商之间的战略整合，并开发了一个包括四个题项的单维度量表，对零售商与零售商联合采购团之间关系的战略整合程度进行了测量。类似的研究相对较少且较为孤立。

表 6-2　价值链整合量表(Morgan Swink et al.，经适应性修改)

战略性的顾客整合
与顾客保持密切的联系。 要求所有员工都知晓“顾客满意度”调查的结果。 积极创造机会，让员工与顾客多接触。 有正式的“顾客满意”计划。
战略性的供应商整合
和主要的供应商分享我们的成本信息。 要求供应商与我们分享他们的成本信息。 要求主要的供应商对我们成本和质量水平的提高有所贡献。 与供应商分享实时的生产计划信息。 强调供应商参与产品设计。 举办与供应商的商讨会议。
产品工艺技术整合
我们有协调解决设计和制造环节的问题的方法。 我们采用“可制造性设计”方法(产品设计、工艺与制造综合考虑)。 要求多方参与新产品开发。 设计和制造环节的人员实行工作轮换。 产品设计遵循一定的规则和指南，使设计方案更易于制造。 新产品开发项目中设计和制造人员拥有同等的地位。
公司战略整合
制造战略与公司品牌战略能够很好地匹配。 清晰地制定战略层面的制造目标。 公司的战略对公司的能力有杠杆作用。 公司品牌战略驱动制造环节的决策。 所有的雇员知晓制造战略和目标。 经常回顾和修正制造战略。

相比较而言，Morgan Swink et al.在2006年开发的价值链整合的量表更为系统而全面。该量表由四个维度、二十二个题项构成，四个维度分别为：战略性的顾客整合、战略性的供应商整合、产品工艺技术整合、公司战略整合。本书采用了Morgan Swink et al.的价值链整合量表，并根据中国公司的特点作了些许适应性修改。该量表对价值链整合的测量涉及公司内部整合、供应链（纵向）整合和水平（横向）整合，与其他量表相比，不仅更为全面，且相关题项设计与一些供应链整合量表偏重于运营层面不同，该量表更注重战略层面的整合，聚焦于公司战略性的信息与知识的分享，经过适应性修改后的量表如表6-2所示。

三、品牌权益

对品牌权益的操作化定义和测量大体上可分为三种体系。一类是财务方法。将品牌权益定义为品牌导致的对卖方的增加值，建议通过统计增加的现金流来衡量品牌权益。[180]另一类是顾客视角的品牌权益测量法。Aaker(1991)将品牌权益定义为与品牌相关的一系列资产和负债，品牌的名称和符号能增强或削弱产品或服务提供给公司或公司顾客的价值。Aaker建议从五个维度对品牌权益进行测量，分别为品牌忠诚、品牌知晓、质量感知、品牌联想和其他的所有权资产。在此基础上，Keller(1993)提出了消费者基础的品牌权益的概念，将品牌权益定义为“品牌知识对消费者市场营销反应的差异化的影响”。最后，一些学者基于顾客视角开发了品牌权益的测量量表，Yoo B and Donthu N.(2001)对顾客视角的品牌权益的量表的开发较为系统，该量表涉及品牌忠诚、感知质量和品牌联想三个维度，共计十个题项，并验证了该量表对不同文化的适应性。

第三类测量体系主要是基于利益相关者的视角，反映了对品牌权益研究的新进展。Levitt(1980)[181]可能是最早关注品牌在组织间交易中的作用的学者，在研究实施差异化营销战略的工业品生产公司过程中，他发现当产品差异较少时，销售力会从产品的一般属性转向产品提供的无形属性，并由此建议公司在工业品营销中引入品牌管理。Donna F.Davis(2003)较早地关注到供应链中的品牌权益，认为消费者视角的品牌权益只提供了品牌权益的部分解释。他认为品牌权益由消费者基础的品牌权益和交易基础的品牌权益构成，并将交易基础的品牌权益定义为品牌知识所引起的贸易伙伴对公司营销活动的差异化反应。Donna F.Davis 开发了一个由消费者基础的品牌权益、交易基础的品牌权益两个维度构成的、包括七个题项的品牌权益的量表(如表 6-3 所示)。

表 6-3　品牌权益量表

消费者基础的品牌权益
顾客为购买我们公司的品牌产品愿意支付更多。 顾客因偏好经常购买我们公司的品牌产品。 顾客会因为渠道不经销我们公司的品牌而失望。
交易基础的品牌权益
我们公司因相当关照贸易伙伴而在业界享有声誉。 贸易伙伴为了和我们做生意愿意支付更多。 贸易伙伴可以准确地预测我们的工作绩效。 贸易伙伴能确切地预期从我们这里可以获得什么。

资料来源：Donna F.Davis，2003

四、公司绩效

公司绩效是公司达成特定目标的程度，是一个多维复杂的构念。主要财务性指标(如公司获利率、营业额成长率、投资报酬率或资产报酬率等)被认为是衡量公司绩效的一般方法。同时，影响组织运作的非财务性指标，例如品牌知名度、公司形象、声誉、顾客满意度等因素，也是公司绩效衡量指标的另一个来源。因此，本书参考 Eve D.Rosenzweig et al.(2003)[182]的研究，以平衡计分卡为基础，选择具有代表性的四个指标，即资产回报率、新产品销售收入占总销售收入的比例、客户满意度以及业务单位在目标市场的销售增长。其中,资产回报率和新产品销售收入占总销售收入的比例是公司的财务性指标,顾客满意度的测量主要是体现顾客视角,而业务单位在目标市场的销售增长则反映了平衡计分卡的学习和成长部分。此外,本书采用主管自评的方式来衡量公司绩效。这种方式在很长一段时间以来为较多的学者所采用,其测量结果已被证明与公司的客观绩效密切相关。[183]为克服自我评价可能带来的问题,一般将过去三年的业绩水平作为衡量依据,以减少数据随机波动和异常;同时采取与行业内规模接近的竞争对手比较,消除公司规模因素、行业因素的影响。

表 6-4　公司绩效量表

公　司　绩　效
相对于主要竞争对手资产回报情况(税前)。
相对于主要竞争对手,新产品销售收入占公司总销售收入比例。
全面的客户满意度。
相对于主要竞争对手业务单位在目标市场的销售增长。

资料来源:Eve D.Rosenzweig et al., 2003

第三节　资料收集与分析

一、资料收集

本研究样本取自华东地区的 200 多家制造公司,问卷由东华大学、复旦大学和上海财经大学的具有高管资历的 EMBA 学员填写。调查问卷指标的测量采用 Likert 5 级量表,本研究采用的是国外研究者使用过的成熟量表,为了使国内被调查者便于理解作了少量改动。在正式发送问卷前,笔者首先与部分制造公司高管进行了访谈,最终确定问卷设置与本模型有关的问题 45 项。

此次调查共发放问卷280份，收回221份，有效问卷163份，回收率为78.9%，有效率为73.8%。有效问卷调查对象的成立时间、市场地位、从业人数以及行业分布见表6-5。

表6-5　样本基本统计资料

公司特性	分类标准	样本	
		数量	占总体%
成立时间	0—3年	7	4.3
	3—5年	14	8.6
	5—10年	39	23.9
	10—20年	41	25.2
	20年以上	62	38.0
市场地位	市场领导者	59	36.2
	市场领先者(第三、第四位)	73	44.8
	第二梯队	29	17.8
	低端追随者	2	1.2
主导产品	消费品	54	33.1
	工业用品	109	66.9
从业人数	100人以下	16	9.8
	100—500人	49	30.1
	500—1 000人	34	20.9
	1 000—5 000人	25	15.3
	5 000人以上	39	23.9
主导业务所在行业	软件、电子及通信设备制造	32	19.6
	生物制药	9	5.5
	机械制造	52	31.9
	化工	14	8.6
	日用消费品	7	4.3
	其他	49	30.1

二、样本的信度与效度

虽然采用的是成熟量表，但考虑到中外情境的不同，本书采用两阶段的 LISREL 分析：第一阶段先针对每个变量及其题项进行 Cronbach's a 系数和验证性因素分析，以了解各变量的信度和效度；第二阶段运用 LISREL 结构方程进行分析，以验证上述假设。

本书以 Cronbach's a 系数来检验变量的信度(见表 6-6)。各因素及各变量的 Cronbach's a 值都在可接受的范围(小样本调查，要求 Cronbach's a 值大于 0.7)，量表具有较好的信度。

表 6-6　Cronbach's a 系数

<table>
<tr><th colspan="2">因素或变量</th><th colspan="2">Cronbach's a 系数</th></tr>
<tr><td rowspan="3">品牌导向</td><td>交互作用</td><td rowspan="3">0.927</td><td>0.829</td></tr>
<tr><td>整合营销</td><td>0.779</td></tr>
<tr><td>影　响</td><td>0.888</td></tr>
<tr><td rowspan="2">品牌权益</td><td>消费者基础品牌权益</td><td rowspan="2">0.909</td><td>0.814</td></tr>
<tr><td>交易基础品牌权益</td><td>0.882</td></tr>
<tr><td rowspan="4">价值链整合</td><td>顾客整合</td><td rowspan="4">0.945</td><td>0.804</td></tr>
<tr><td>供应商整合</td><td>0.839</td></tr>
<tr><td>工艺技术整合</td><td>0.843</td></tr>
<tr><td>战略整合</td><td>0.903</td></tr>
<tr><td colspan="2">公司绩效</td><td colspan="2">0.850</td></tr>
</table>

在效度检验方面，由于本研究所使用的问卷项目全部来自过去的文献，本研究在最终确认问卷以前，咨询过相关领域的专家，进行预试并修正了问卷的部分提法、内容，因此问卷具有相当的内容效度。考虑到跨文化因素的影响，本研究仍以验证性因素分析来验证各潜变量研究量表的建构效度。最终将价值链整合量表修改为 19 个有效测量题项(剔除问题第 18、第 23 和第 26)，其余量表不变。本研究验证性因素分析的各项指标如表 6-7 所示，剔除上述 3 个问题项后，各指标均达到可接受的水平。

表 6-7　验证性因素分析拟合指数

拟合指数	衡量标准	品牌导向	价值链整合	品牌权益	公司绩效
NNFI	>0.9	0.97	0.98	0.95	0.97
CFI		0.98	0.98	0.97	0.98
RMSEA	<1	0.072	0.064	0.11	0.081
卡方：X^2	$0<X^2/df<3$	77.79	215.25	24.71	5.31
自由度 df		51	146	13	2

三、全模型假设检验

本书利用 LISREL 8.70 进行结构方程模型分析。为了验证品牌权益的中介作用，这里遵循 Baron 和 Kenny(1986)[184]的建议，分两阶段来进行论证。品牌权益在品牌导向、价值链整合和公司绩效关系中起中介作用必须满足四个条件：(1)品牌导向、价值链整合与品牌权益必须显著相关；(2)品牌权益与公司绩效必须显著相关；(3)品牌导向、价值链整合与公司绩效必须显著相关；(4)当品牌权益进入品牌导向、价值链整合与公司绩效的关系分析中时，若品牌导向、价值链整合与公司绩效的关系消失，则品牌权益在两者之间起完全中介作用；若品牌导向、价值链整合与公司绩效之间的关系仍然显著，但强度减弱，则品牌权益在两者之间起部分中介作用。

第一阶段，先检验模型 M1(图 6-2)，评估品牌导向、价值链整合对公司绩效的直接影响。图 6-2 中的 r 值为标准化的参数估计值(路径系数)。一般认为 t 值大于 1.96 时，该估计值显著不等于 0，该路径关系存在，相应的假设成立。按照侯杰泰等人的研究成果[185]，本书选取表 6-8 所示的拟合指标对模型拟合度进行检验。本模型拟合较好，X^2 取值 1 065.89，df 为 560，$X^2/df=1.90$，$RMSEA=0.082<1$，*NNFI* 值为 0.95、*CFI* 值为 0.95，均在 0.9 以上。由此可知，品牌导向 ($r=0.35\quad t=2.17$) 和价值链整合 ($r=0.60\quad t=3.68$) 均对公司绩效有显著的正向影响。

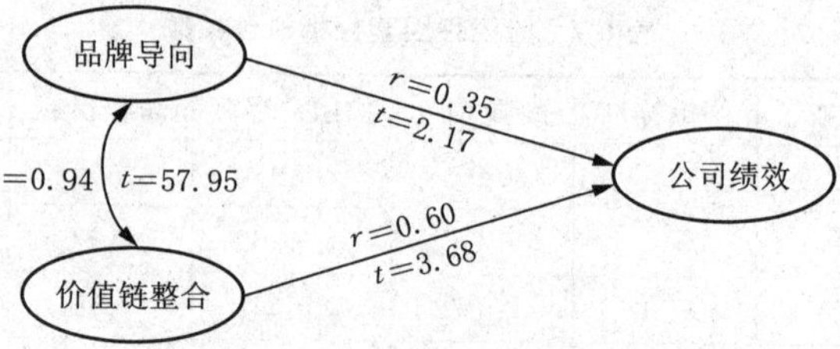

图 6-2　品牌导向、价值链整合对公司绩效的直接影响(M1)

第二阶段，将品牌权益作为中间变量引进模型(如图 6-3 所示)。该模型(M2)的拟合结果表明，品牌导向与公司绩效间的关系不显著 ($\gamma = 0.20 \quad t = 1.01$)，在去除两者之间的路径后，模型的拟合指标如表 6-8 所示，x^2 值为 1 479.8，df 为 814，$x^2/df = 1.82$，$RMSEA = 0.081 < 1$，$NNFI$ 为 0.96、CFI 为 0.96、均在 0.9 以上，可以认为，模型具有好的拟合度。

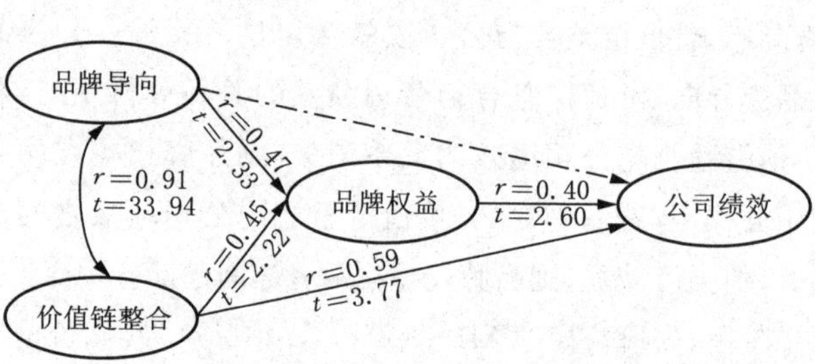

图 6-3　品牌导向、价值链整合与品牌权益、公司绩效的中介模型(M2)

如图 6-3 所示，品牌导向对品牌权益 ($\gamma = 0.47 \quad t = 2.33$) 以及价值链整合对品牌权益 ($\gamma = 0.45 \quad t = 2.22$) 均有显著而正向的影响，假设 H1a 和 H1b 得到支持；品牌权益对公司绩效 ($\gamma = 0.40 \quad t = 2.60$) 的影响正向且显著，假设 H2 得到支持。

比较图 6-2 和图 6-3，在引入品牌权益后，品牌导向对公司绩效的影响变得不再显著，路径系数由 0.35 降到 0.20，因此，品牌权益在品牌导向与公司绩效关系中起完全中介作用；引入品牌权益后，价值链整合对公司绩效的影响依然显著，但路径系数由0.60降到0.59，因此品牌权益在价值链整合与公司绩效关系中起部分中介作用。假设H3a、H3b得到数据的有效支持，但H3b得到的支持相对较弱。目前我国制造业不同行业中品牌权益的水平差异较大，除品牌权益外，还存在着影响公司绩效的其他途径，如谢洪明和韩子天[186]基于创新视角发现提高公司的管理创新和技术创新能力有利于提高公司绩效；本书的研究结果表明，品牌导向和价值链整合在组织的品牌权益的提升过程中所起的作用存在差异，品牌导向主要通过形成品牌权益影响公司绩效；而价值链整合，除有利于形成品牌权益外，还可以通过多种途径改善公司绩效。

表6-8　模型M1、M2的拟合度分析

拟合指数	衡量标准	模型M1的拟合度	模型M2的拟合度
NNFI	＞0.9	0.95	0.96
CFI	＞0.9	0.95	0.96
RMSEA	＜1	0.082	0.081
X^2/df	$0 < X^2/df < 3$	1.90	1.82

第四节　案例研读：莱卡主导的价值链纵向整合策略

莱卡(Lycra)原本是美国杜邦公司氨纶纤维的著名品牌，2004年，莱卡被科克工业集团公司收购，为英威达公司所持有。莱卡是工业品品牌，同时也为众多消费者所熟悉和喜爱，是杜邦所有品牌中最为知名的品牌。莱卡从1995年进入中国市场，品牌运作非常成功，其著名的合作伙伴计划成为价值链纵向整合的典范，其他著名的纤维企业(奥地利兰精集团、日本帝人集团等)在纤维品牌运作上也纷纷向其学习和借鉴。

莱卡在中国得到了持续快速的发展，其销售业绩连续多年保持增长，2015 年也获得超过百分之十的增长。1998 年，其在上海青浦投资工厂最初的生产量为每年 2 500 吨，以后逐年递增，2006 年在佛山建立的工厂具有 12 000 吨的生产能力，此厂建成后又增加投资使其产能增加了一倍。2013 年又在青浦加大投入，启动最新的莱卡纤维生产线。

莱卡在中国拓展业务的策略与其全球策略相一致，分为产品、品牌、技术服务和买家与下游服务四个部分。莱卡的定位，是能够赋予服饰生命力的原料品牌。莱卡品牌倡导塑身、舒适、性感、健康和时尚的着装体验。莱卡以品牌为纽带，与上下游企业在纤维制造、面料研发、产品设计、市场拓展和市场推广等各个价值链环节实施深度的整合策略，持续地提升产品性能、创新顾客需求，使莱卡品牌在终端市场的影响力不断增强。成功的市场拉动策略使其中国市场的业务持续增长。

第一，莱卡在中国的业务拓展过程。

莱卡在中国的业务拓展分为市场导入阶段、市场启动阶段、品牌导向的价值链纵向整合阶段和市场成熟阶段四个时期。

市场导入阶段主要通过市场教育完成在中国的价值链构建。由于国内厂家和消费者对杜邦公司和莱卡纤维都不甚了解，1995—1996 年莱卡在中国的业务拓展相对艰难。这一阶段，莱卡一方面启动了与中国华源集团的合资建厂计划，另一方面加强对面料生产企业的品牌宣传和技术服务，初步构建起相对健全的价值链。

1997 年后，莱卡对国内合作厂商的培育成效显现，莱卡进入市场启动阶段。凭借领先的产品、品牌、技术和服务优势，其在中国市场的销售开始呈现上升趋势并不断加速。莱卡的面料技术产品“棉十莱卡”主导了 1999 年中国的内衣市场，给价值链上的合作企业带来了丰厚利润，莱卡市场呈现供不应求的局面。

2000年起，杜邦公司开始在全球推广“莱卡最佳伙伴计划”，由此进入品牌导向的价值链纵向整合阶段，进一步拉动了市场增长。该计划帮助莱卡的下游企业（面料生产商、设计师、服装生产商、零售商）和终端消费者享受到莱卡纤维及其制品所带来的利益和好处，使其对莱卡的采购更加高效，加快莱卡创新科技到市场的速度，协同创造新的发展机会。同期，为了增强品牌在终端市场的影响力，莱卡开始为中国市场含有莱卡的弹性纤维织物推出莱卡吊牌，构建莱卡推荐认证厂商网络。只有达到杜邦优质标准的莱卡面料制造商才能获得莱卡吊牌，莱卡吊牌体现了杜邦公司对莱卡面料严格的质量检测、高标准的生产管理监控体系。产品带给消费者的舒适、时尚等体验提升了莱卡品牌在终端市场的美誉度。在此基础上，莱卡在终端市场开展了声势浩大的一系列品牌宣传和推广活动。自2001年连续四年举办莱卡“风尚大典”；2004年起连续两年冠名东方卫视推出的莱卡“我型我秀”歌唱类真人秀节目；2006年与东方卫视及新娱乐一起，推出莱卡“加油！好男儿”的男性选秀节目。一系列面向消费者的市场推广计划使莱卡品牌家喻户晓，成为极富时尚魅力、引领时尚潮流的前卫品牌。

2007年后，莱卡中国逐步进入市场成熟期。随着中国氨纶企业的发展壮大，市场竞争加剧，莱卡开始调整其市场增长目标，把“做最大”的目标调整为“做最好”，实施差异化的市场战略，通过产品和技术创新，在重点细分市场不断深耕，持续提高品牌附加价值和市场业绩。

第二，莱卡的价值链纵向整合策略。

在莱卡品牌构建的价值链中，莱卡在日常服装面料中的添加量并不高，只占3%—15%的比重。但莱卡的技术优势、品牌实力及其在价值链中的增值能力，使莱卡具备了成为价值链中的核心企业和价值链整合者的资质。通过实施价值链纵向整合策略，莱卡深度参与面料及其终端产品的开发和推广过程，获得了终端市场的影响力，品牌也得到了进一步成长。

莱卡的品牌声誉首先来源于其卓越的产品性能。莱卡纤维在延伸性能和高弹性方面优于一般氨纶；同时，莱卡拥有特殊的化学结构，在湿水后处于湿热密封的空间里也不会长霉。因此莱卡几乎成为氨纶纤维的代名词。但纤维的卓越性能必须在面料和服装层面上得到充分体现，才能被消费者感知并增强终端市场的品牌形象，并最终决定莱卡中国市场的业务拓展绩效。于是，与面料制造商联盟加强面料的研发设计和质量管控变得非常重要。这也是莱卡实施价值链纵向整合策略的动因。在与下游厂商合作的基础上，莱卡几乎每年都会推出新技术和新产品，引导服饰潮流，满足消费者不断发展的着装需求。

莱卡实施价值链纵向整合策略的主要方法是实施“莱卡最佳伙伴计划”。该计划第一阶段工作是在面料生产商中寻找莱卡推荐认证厂商，第二阶段则向服装制造企业颁发“莱卡推荐服装供应商”证书。莱卡与推荐认证工厂进行新技术与销售的全面合作，共享莱卡的全球资源与品牌优势。具体包括：(1)杜邦为莱卡推荐认证厂商提供全面技术支援，确保以一贯的高制造标准和品质管理标准来生产含莱卡的纺织品。(2)莱卡推荐认证厂商可优先使用最新纤维产品，最新布料概念以及杜邦其他新发明。(3)莱卡推荐认证厂商保证所制造的含莱卡面料和服饰都符合杜邦的品质标准，其顾客可直接取得并使用吊牌和其他市场营销辅助物，也就是可以充分运用莱卡品牌力量增加吸引消费者的魅力。(4)全球范围内的品牌厂商和零售采购人员可经由莱卡最佳伙伴计划专有的资料库取得有关推介认证工厂及相关产品的咨询，在买家和生产厂之间架起沟通的桥梁。通过以上一系列的措施，莱卡与推介认证工厂之间，在产品、市场营销与销售方面形成了新层次的合作，使双方致力于创新及品质的共同承诺。

同时，莱卡还努力与终端顾客建立直接的品牌联系。莱卡吊牌是莱卡纤维与终端顾客之间的联系纽带。终端顾客的品牌偏好对价值链上游产生拉力，进一步给上游的面料与服饰制造商带来合作利益。一方面，莱卡实施价值链整合策略，使终端产品更加鲜明有效地体现莱卡的品牌诉求。另一方面，莱卡除了通过广告、公关、参展、研讨会、发布流行趋势等方式对面料需求方进行品牌推广，还在终端市场展开了一系列的品牌宣传攻势，奠定了莱卡在中国时尚产业的地位。在莱卡“风尚大典”、莱卡“我型我秀”和莱卡“加油！好男儿”等一系列品牌推广活动中，莱卡的品牌内涵与活动性质高度契合，极大地提高了莱卡在目标顾客群中的影响力。

莱卡品牌具有很强的品牌溢价能力，可以为价值链各个环节的企业带来价值增值，赋予了莱卡对上下游企业的管控能力。原杜邦纤维（中国）有限公司主席路久成先生认为，莱卡所赋予服装品牌的附加价值远远大于它给服装带来的功能性提高，通过给客户提供包括品牌、技术、产品创新、买家服务多方位全方面的服务，将顾客直接引入价值创造过程实施价值共创，莱卡对其所有合作伙伴产生了极大的诱惑力。

在莱卡实施价值链整合策略的初期，将国际上最新和最流行的面料生产技术和概念带给国内生产厂家，提升了国产面料的科技含量和产品附加值，彰显了莱卡品牌的独特属性。在价值链整合策略的中后期，面料和服装厂商的市场反馈变得越来越重要，莱卡基于下游厂商对市场的理解成功地开发了一系列新产品，使品牌价值得到了延伸和发展，在中国市场取得了超出其他国际市场的业务绩效。

第三，莱卡与三枪集团的合作范例。

鉴于莱卡在国际市场上高端品牌定位，莱卡在中国选择合作伙伴时也秉持高标准，将质量和品牌视为两个最关键的因素。一方面满足莱卡严格的技术和质量要求，另一方面，通过品牌的强强联合，可以快速确立莱卡在中国市场的品牌形象，加快莱卡在中国市场的拓展进程。

三枪是莱卡在针织内衣行业的第一家战略伙伴，也是莱卡的“最佳合作伙伴”之一。三枪从1995年开始与莱卡合作，随后投资4 000万元人民币更新设备，引进30套专业设备以适应生产莱卡面料的需要。三枪集团前任总经理苏寿南这样评价与杜邦莱卡的合作，“三枪与莱卡的合作极大地促进了三枪整个企业的内部改造，使三枪在产品的市场适应性上进步了一个档次……莱卡在市场上具有较高的接受度，在消费者中也有较高的满意度，这对三枪成衣的销售带来了很多促进”。

莱卡和三枪的合作建立在广泛的信息分享基础上。莱卡利用其全球整合的数据库向三枪提供有关莱卡纤维的最新应用方向、莱卡混纺面料的技术情报、世界内衣服饰市场趋势、新的地理细分市场状况等信息，三枪则向莱卡反馈中国内衣市场消费动向、莱卡纤维采购和消费方向、新产品开发设想、莱卡添加比例、面料加工技术等信息。

三枪与莱卡通过技术合作共同开发了一系列具有国际水平的弹性面料，提升了三枪在莱卡“最佳合作伙伴计划”中的市场地位，获得了莱卡更多的利益倾斜。三枪集团新产品产值率达到了50%。1999年，三枪最先推出“棉＋莱卡”的内衣产品，产品畅销的同时也进一步提升了“三枪”的品牌知名度。此后，双丝光莱卡、莫代尔莱卡、竹纤维莱卡等系列新品相继推出。2003年，三枪舒绒莱卡内衣获得上海市“高新技术产品证书”。2005年，具有蓄热升温、绿色环保养肤特性的三枪舒绒莱卡面料内衣再次荣获“国家级新品”称号。2008年，三枪与莱卡又在业内强势推出真丝莱卡、珍珠绒莱卡两大系列产品，成为内衣的新亮点。莱卡不仅派出工程师参与三枪莱卡混纺面料的研发，还共同开拓市场、共同拟定和实施商业计划、共同承担市场风险，也从市场的快速成长中共同收获了利润。三枪集团每年有25％、大约2亿元人民币的销量是通过莱卡来实现的。从1998年到2005年，三枪内衣连续8年在中国内衣市场名列市场占有率第一位。

莱卡和三枪集团的合作，推动了三枪集团莱卡面料产品成功的市场拓展，也成就了莱卡品牌的市场地位。莱卡作为工业品品牌，不局限于与下游企业的整合营销，而是通过与下游企业在价值链上的协同创新，成就了品牌在整条价值链中的领导力。

——该案例根据相关新闻报道和公开发表的研究报告等资料编写

结　语

本书以品牌导向型公司为研究对象，将研究内容聚焦于品牌导向的一体化管理模式，即品牌导向的价值链整合模式。从品牌导向型公司的内涵和演化、品牌导向的作用机理、品牌导向的价值链整合模式和品牌导向型公司的绩效四个层面展开递进研究。作为一个新的研究视角，本书取得了一系列有价值的结论。

(1) 品牌具有重要的战略价值，它不仅是价值链的一个增值环节，而且是价值链的一个中心环节，贯穿于整个价值链，在价值链的构建和价值活动优化过程中发挥导向作用。基于符号学思想建立的品牌的符号系统与公司价值系统的一体化模型，以及对品牌在价值链中的增值作用的系统阐述，说明了品牌具有重要的战略价值，公司可以将品牌作为战略核心，驱动公司的整体运营。这一结论，为品牌导向的价值链整合模式提供了理论支持。

(2) 品牌导向的本质是一种竞争战略导向。品牌导向是一种更为具体的市场导向，公司通过创建顾客关系资产将内部的资源能力和外部市场联系在一起，使公司获得长期影响市场的力量。品牌导向是市场导向下的竞争战略选择，品牌导向必须坚持顾客导向和市场导向。品牌导向在坚持顾客导向、追求顾客价值的同时，还实施积极的顾客引导。品牌导向将公司的核心能力聚焦于公司的品牌资产，给公司指明明确的战略方向，可以缩小市场导向与公司绩效之间的不确定性，有利于公司绩效的改善，并能使公司获得可持续发展的能力。

(3) 现阶段，品牌导向的整合范围已经超越了公司边界，不再局限于职能部门之间。成功地创建品牌离不开供应链伙伴的支持。品牌的价值支持系统由四个层级构成，分别为：产品/服务、营销、公司内部管理和供应链管理。现阶段的竞争是供应链层面的竞争，产品、服务价值来自供应链成员的协同创造。同样，基于顾客感知而建立起来的品牌资产，也需要通过供应链成员的协同努力来加以创造。该研究结论说明，品牌导向的价值链整合应在“端到端”的价值链系统范畴内加以实施。

(4) 品牌在价值链中的导向作用体现在战略和过程两个层面：一是品牌战略导向的资源和组织决策，即围绕公司品牌资产的创建和利用来决定资源的交易和组织方式，通过构建高效的价值链来实施品牌战略；二是品牌核心价值导向的价值活动的优化，即品牌核心价值作为价值信号引导资源在价值活动中的配置，保证创造的差异化价值符合品牌的诉求。

(5) 质量功能展开(QFD)是实施品牌核心价值导向的价值活动优化的有效方法。QFD是实施顾客需求导向的产品生产和服务提供的一种有效方法。对QFD方法进行扩展性应用，可将品牌价值信号有效地传递到产品、服务和营销项目所涉及的各项活动，通过品牌核心价值来引导资源配置，实施价值活动优化。为了反映品牌核心价值在价值活动优化过程中的导向作用，在对顾客需求的多个指标进行重要性评价时，本书引入了“品牌价值吻合度权重”，作为与品牌核心价值吻合度高的指标，其重要性较强，在资源配置时将具有优先性，其对应的价值活动将成为资源配置的重点。

(6) 通过构建委托代理模型，探讨了品牌企业与上下游企业的合作契约中品牌权益的具体影响。自有品牌零售商与代工厂商的双边委托代理模型表明,虽然代工厂商的薪酬是基于贴牌前的产出价值,但当品牌溢价系数提高时,委托方愿意支付代工厂商更高比例的分成,双方的努力水平也会进一步提升。

品牌制造商与加盟经销商的特许经营契约中,加盟经销商的风险偏好和品牌效应系数,会影响特许契约中加盟费和特许权使用费率的制定。当加盟经销商风险偏好增强(损失容忍度提高)、品牌效应增强(品牌效应系数增大)时,特许协议宜采用较低的特许权使用费率和较高的加盟费。此外,产品转移价格和特许权使用费率具有完全的替代性,特许人提高向受许人供应的产品价格时,可以降低特许权使用费率,此时,特许人的盈利更具隐蔽性。

(7) 考虑品牌溢价和声誉效应的品牌运营商与制造服务商的多任务动态契约模型表明,品牌溢价对显性激励机制和隐性激励机制有不同的影响,在增强显性激励机制和显性激励效应的同时,会削弱声誉这一隐性激励机制的效应;两种品牌溢价(品牌在终端市场的溢价和品牌对制造服务商的溢价)对激励机制的影响机理不同。进一步的分析表明,品牌对制造服务商的溢价以及声誉效应会削弱企业加强开发设计的动力,在品牌对制造服务商的溢价足够大时,企业从 OEM 向 OBM 转型的动力会消失。

(8) 品牌导向和价值链整合对品牌权益和公司绩效有正向影响,品牌权益在品牌导向、价值链整合与公司绩效的关系之间充当中介作用,来自华东地区制造公司的调查数据支持了这一结论。

根据本书的研究思路和结论,该领域的进一步研究如下。

(1) 国内对品牌导向型公司的研究文献较少,缺少对品牌导向实施方面状况及相关数据的分析。在对品牌导向对公司绩效的影响进行实证研究时,问卷调查的样本来自华东地区。由于我国不同地区经济发展的差异,该取样难以反映我国品牌导向对公司绩效的影响的整体状况，因而有一定的局限性。

对我国品牌导向型公司的运营和发展状况，通过调查进行更加全面的分析，并选择成功的品牌导向型企业进行更深入的调研，为理论研究和分析提供更可靠的基础，是今后研究的一个方向。

(2) 本书通过建立委托代理模型，对三种典型的纵向价值链整合模式的合作关系进行了量化分析。通过放松假设条件可以对上述模型进行扩展研究。由于篇幅限制，本书没有对其他价值链整合模式的协作关系进行量化探讨，这有待今后的延伸研究。品牌导向的价值链由品牌价值链和公司价值链两部分构成，除了对单一品牌的价值系统进行研究，还涉及多品牌之间的价值链整合问题。因此，结合品牌导向的价值链整合的特点，对品牌导向的价值链整合模式的深入研究将是一个复杂的课题。

参考文献

［1］刘爱东，梁洁.1995 年～2009 年国外对华反倾销案件统计分析［J］.中南大学学报(社会科学版)，2010 年第 8 期.

［2］Cereffi G. and Korzeniewicz M.Commodity Chains and Global Capitalism［M］. London：Praeger，1994：94—98.

［3］Gereffi G. A Commodity Chains Framework for Analyzing Global Industries［R］. Working Paper for IDS，1999.

［4］中华人民共和国商务部.中国品牌发展报告(2008—2009)［R］.北京大学出版社，2011.

［5］陈柳钦：有关全球价值链理论的研究综述，重庆工商大学学报(社会科学版)，2009 年第 12 期.

［6］工丽华.品牌形象长期管理的相关问题探讨［J］.商业时代，2010 年第 13 期.

［7］Mats Urde. Brand Orientation：A Strategy for Survival［J］. Journal of Consumer Marketing，1994，11(3)：18—32.

［8］Lynn B.Upshaw.塑造品牌特征——市场竞争中通向成功的策略［M］.清华大学出版社，1999，p.7.

［9］Kevin Lane Keller.战略品牌管理［M］.中国人民大学出版社，2006，p.3.

[10] Kapferer, Jean-Noel. Strategic Brand Management[M]. Great Britain, Kogan Page, 1997.

[11] Kotler, Philip. Marketing Management[M]. The Millennium Edition, Upper Saddle River, Prentice Hall, 2000, p.404.

[12] 斯科特·戴维斯,麦克尔·邓,品牌驱动力[M],中国财政经济出版社,2007.

[13] 大卫·A.艾克,爱里克·乔,曾晶译,品牌领导——管理品牌资产[M].新华出版社,2001.

[14] 唐·舒尔茨,海蒂·舒尔茨著.高增安,赵红译.论品牌[M].北京:人民邮电出版社,2005.

[15] Scott M.Davis.品牌资产管理[M].中国财政经济出版社,2006.

[16] Baldinger A. & Rubinson, J.Brand Loyalty: The Link between Attitude and Behavior[J]. Journal of Advertising Research, 1996, 36(6).

[17] 张曙临.品牌价值的实质与来源[J].湖南师范大学社会科学学报,2000, 29(2).

[18] Alexander L.Biel. How Brand Image Drives Brand Equity[J]. Journal of Advertising Research, 1993(6).

[19] 张峰.基于顾客的品牌资产构成研究述评与模型重构[J].管理学报,Vol.8, No.4,2011 年 4 月.

[20] Brasco T.C. How Brand Name are Valued for Acquisitions, In: L.Leuthesser(Ed.), Report Cambridge, MA:Marketing Science Institute, 1998:88—104.

[21] Keller, Kevin Lane. Conceptualizing, Measuring, and Managing Customer-Based Brand Equity[J]. Journal of Marketing, 1993 (January).

[22] Donna F. Davis. The Effect of Brand Equity in Supply Chain

Relationships[D]. A Dissertation Presented for the Doctor of Philosophy Degree, 2003.

[23] 王海忠,于春玲,赵平.品牌资产的消费者模式与产品市场产出模式的关系[J].管理世界,2006(1).

[24] Aaker, D.A. The Value of Brand Equity[J]. Journal of Business Strategy. 1992, 13(4).

[25] Aaker D. A. Measuring Brand Equity Across Products and Markets[J]. California Management Review, 1996, 38:102—120.

[26] Susan Fournier. Consumer and Their Brands: Developing Relationship Theory in Consumer Research [J]. Journal of Consumer Research, 1998, (24)3.

[27] David A.Aaker.创建强势品牌[M].中国劳动出版社,2004.

[28] David A. Aaker, Erich Joachimsthale. Brand Portfolio Strategy [M]. 原书出版于 2004 年,中文版翻译为《品牌组合战略》,于 2005 年由中国劳动社会保障出版社出版.

[29] 汤姆·邓肯和桑德拉·莫里业蒂.品牌至尊——利用整合营销创造终极价值[M].北京:华夏出版社,2000.

[30] 安格尼斯嘉·温克勒.快速建立品牌:新经济时代的品牌策略[M].机械工业出版社,2000.

[31] 张燚,张锐著.品牌生态学[M].北京:经济日报出版社,2004.

[32] 唐·E.舒尔茨和菲利普·J.凯奇,全球整合营销传播[M].北京:中国财政经济出版社,2004.

[33] Mats Urde. Brand Orientation: A Mindset for Building Brands into Strategic Resources[J]. Journal of Marketing Management, 1999, 15.

[34] Mats Urde. Core Value-Based Corporate Brand Building[J].

European Journal of Marketing, 2003, 37(7/8).

[35] Gregor Harter et al. Managing Brands for Value Creation[R]. Booz Allen Hamilton Inc Publications, 2005. www.boozallen.com.

[36] Mosmans A. Brand Strategy: Creating Concepts that Drive the Business[J]. Journal of Brand Management, 1996, 3(3).

[37] Mosmans A. and van der Vorst R. Brand Based Strategic Management[J]. Journal of Brand Management, 1998, 6(2).

[38] Johan Gromark and Frans Melin. The Underlying Dimensions of Brand Orientation and Its Impact on Financial Performance[J]. Journal of Brand Management, 2011, Vol.18, 6.

[39] Carsten Baumgarth. Living the brand: brand orientation in the business-to-business sector[J], European Journal of Marketing, 2010, Vol.44, No.5.

[40] Aron O'Cass and Liem Ngo. Achieving Customer Satisfaction via Market Orientation, Brand Orientation, and Customer Empowerment: Evidence from Australia[C]. ANZMAC 2009.

[41] Speak, Karl D. Brand Stewardship [J]. Design Management Journal, 1998, Winter.

[42] Doyle Peter. Shareholder-Value-Based Brand Strategies [J]. Brand Management, 2001, 9(1).

[43] 杨继福.品牌领导战略与传统品牌管理战略的比较[J].企业经济,2010 年第 7 期(总第 359 期).

[44] Davis Scott M. Brand Asset Management: Driving Profitable Growth through Your Brands[M]. San Francisco, Josey Bass, 2002.

[45] Peirce Charles Sanders. Collected Papers [M]. Cambridge:

Harvard University Press, 1931, p.346.

[46] 片平秀贵,林燕燕译.超级品牌本质[M].台湾:东方出版社 2007.

[47] 迈克尔·波特.竞争优势[M].北京:华夏出版社,1997,p.143.

[48] Gardner Burleigh B. and Sidney J. Levy, The Product and the Brand[J]. Harvard Business Review, 1955, 33(March—April).

[49] S.Fournier Meaning-based Framework for the Study of Consumer/Object Relations[J]. Advances in Consumer Research 1991(18).

[50] S.Fournier. Consumers and Their Brands: Developing Relationship Theory in Consumer Research[J]. Journal of Consumer Research 1998, (24)4.

[51] Stan Glaser. The Role of Branding in the Value Chain[J]. International Journal of Physical Distribution & Logistics Management, 2008, Vol.38, No.9.

[52] Doyle P. & Saunders J.Market Segmentation and Positioning in Specialized Industrial Markets[J]. Journal of Marketing, 1985, 49(2).

[53] Webster Jr. Frederick E.Understanding the Relationships among Brands, Consumers, and Retailers[J]. Journal of the Academy of Marketing Science, 2000(Winter).

[54] Mark S. Glynn. The Role of Brands in Manufacturer-Reseller Relationship[D]. A Dissertation Presented for the Doctor of Philosophy Degree, 2004.

[55] Mark S. Glynn. The Moderating Effect of Brand Strength in Manufacturer—Reseller Relationships[J]. Industrial Marketing Management, 2010(2).

[56] Baldinger A. & Rubinson J.Brand Loyalty: The Link between Attitude and Behavior[J]. Journal of Advertising Research,

1996，36(6).

[57] 瞿艳平.基于品牌管理的企业竞争力研究[D].西北农林科技大学,2006.

[58] Charles H.Noble, Rajiv K.Sinha & Ajith Kumar. Market Orientation and Alternative Strategic Orientations: A Longitudinal Assessment of Performance Implications[J]. Journal of Marketing, Vol. 66, 2002(October).

[59] 范秀成.西方跨国企业品牌管理的战略性调整[J].外国经济与管理,2000(10).

[60] Bridson Kerrie and Jodie Evans. The Secret to a Fashion Advantage Is Brand Orientation[J], National Journal of Retail and Distribution Management, 2004, 32(8).

[61] Hankinson P. Brand Orientation in the Charity Sector: A Framework for Discussion and Research[J]. International Journal of Nonprofit and Voluntary Sector Marketing, 2001, Vol.6, No.3.

[62] McNamara C. P. The present status of the marketing concept [J]. Journal of Marketing 1972(January).

[63] Deshpande Rohit and Webster Frederick E. Jr. Organizational Culture and Marketing: Defining the Research Agenda[J], Journal of Marketing Vol.53 1989(January).

[64] Kohli A. K. and B. J. Jaworski. Market Orientation: The Construct, Research Proposition, and Managerial Implications [J]. Journal of Marketing 1990, 54(2).

[65] Narver J.C. and Slater S.F. The Effect of a Market Orientation on Business Profitability[J]. Journal of Marketing, 1990, Vol.54, October.

[66] Ruekert R.W. Developing a Market Orientation: An Organizational

Strategy Perspective [J]. International Journal of Research in Marketing 1992, 9(3).

[67] Homburg C. and C. Pflesser. A Multiple-Layer Model of Market-Oriented Organizational Culture: Measurement Tssues and Performance Outcomes[J]. Journal of Marketing Research, 2000, 37(4).

[68] Kolter, P., & Armstrong, G., 1991. Principles of Marketing (5th Ed.)[M], Englewood cliffs, NJ: Prentice-Hall.

[69] G.卡朋特,L.格拉泽,K.铃木.市场驱动策略:竞争优势的新理念[C].道恩·亚科布齐.凯洛格论市场营销[M].海口:海南出版社,2003; pp.92—106.

[70] Luxton, Sandra, The relationship between Integrated Marketing Communication, market orientation, and brand orientation [J]. Journal of Advertising, December 22, 2005.

[71] Lynn B. Upshaw. Building Brand Identity[M]. John Wiley & Sons Inc, 1995—06.

[72] Oakley, J. L (2002), Market Orientation: Bridging the Gap Between Employes and Consumers[D]. Graduate School, North Western, University.

[73] Homburg C. & Pflesser C.(2000). A Multiple-Layer of Market-Oriented Organizational Culture: Measurement Issues and Performance Outcomes[J]. Journal of Marketing Research, 37 (November), 449—462.

[74] Carsten Baumgarth, Living the Brand: Brand Orientation in the Business-to-Business Sector[J], European Journal of Marketing, Vol.44, No.5, 2010, pp.673—671.

[75] 芮明杰,余光胜.产业致胜:产业视角的企业战略[M].杭州:浙江

出版社,1999.

[76] 杰恩·巴尼.王俊杰等译.获得与保持竞争优势[M].北京:清华大学出版社,2003.

[77] C.K.Prahalad and Gary Hamel. The Core Competence of the Corporation[J]. Harvard Business Review, May—June, 1990, pp.79—91.

[78] 詹姆斯.弗.穆尔著.梁俊等译.竞争的衰亡[M].北京:北京出版社,1999.

[79] Brandenburger Adam M. & Nalebuff Barry. Co-opetition: A Revolution Mindset That Combines Competition and Cooperation, The Game Theory Strategy That's Changing the Game of Business [M]. Currency, December, 1996.

[80] Mosad Amin Zineldin, Towards an ecological collaborative relationship management A "co-opetive" perspective [J]. European Journal of Marketing, 1998, Vol.32, Iss: 11/12.

[81] 卢泰宏,周志民.基于品牌关系的品牌理论:研究模型及展望[J].商业经济与管理,2003年2月.

[82] 荣剑英.品牌——另一种制造[M].经济管理出版社,2006.3.

[83] 姜文杰.中小型外贸企业的品牌策略[J].企业科技与发展,2008年第6期.

[84] 阿尔温·托夫勒.未来的冲击[M].北京:中国对外翻译出版公司,1985.

[85] Bernd H. Schmitt. Experiential Marketing[J]. Journal of Marketing Management, 1999, 15(1—3).

[86] Carol J. Simon and Mary W. Sullivan. The Measurement and Determinants of Brand Equity: A Financial Approach [J], Marketing Science, Winter 1993, Vol.12(1).

[87] Yoo Boonghee and Naveen Donthu. Developing and Validating a Multidimensional Consumer-Based Brand Equity Scale [J]. Journal of Business Research, 2001, 52(1).

[88] Artur Baldauf et al. The Impact of Product-Country Image and Marketing Efforts on Retailer-Perceived Brand Equity: An Empirical Analysis[J]. Journal of Retailing, 2009, (85)4.

[89] 于坤章,沈度,刘畅.促销方式对品牌权益的影响研究[J].企业活力,2006(7).

[90] Steven H.Seggie, Daekwan Kim, S.Tamer Cavusgil. Do Supply Chain IT Alignment and Supply Chain Interfirm System Integration Impact upon Brand Equity and Firm Performance? [J]. Journal of Business Research 59(2006).

[91] 陈文峰.从价值链角度成功打造品牌[J].市场研究,2006(1).

[92] Lassar W., Banwari Mittal & Arun Sharma. Measuring Customer-base Brand Equity[J]. Journal of Consumer Marketing, 1995, Vol.12, No.4.

[93] Jeffrey F.Rayport & John J.Sviokla.开发虚拟价值链,企业成长战略[M].中国人民大学出版社、哈佛商学院出版社,2000, p.186.

[94] 沃尔沃汽车公司官网.沃尔沃公司介绍:瑞典沃尔沃汽车公司[OL]. http://www.volvocars.com/zh-CN.

[95] Normann R. and Ramirez R. From Value Chain to Value Constellation: Designing Interactive Strategy [M], Harvard Business Review. 1993, July/August.

[96] Coase. Ronald H. The Nature of the Firm [J]. Economica, 1937(4).

[97] 威廉姆森.资本主义经济制度——论企业签约与市场签约[M].北京:商务印书馆,2002.

[98] Langlois Richaed N. and Robertson Paul. Firms, Markets and Economic Change: A Dynamic Theory of Business Institutions [M]. Routledge, 1995.

[99] 喻卫斌.资源跨组织流动和企业边界的变化[J].经济学家，2007(2).

[100] 刘凤军.特许经营的实质是品牌连锁[J].连锁与特许，2003(10).

[101] de Chernatony Leslie. Categorizing brands: evolutionary processes underpinned by two key dimensions. Journal of Marketing Management, 1993, 9.

[102] 邵家俊.质量功能展开[M].北京:机械工业出版社,2004.

[103] Fung et al. Product Design Resources Optimization Using a Non-linear Fuzzy Quality Function Deployment Model [J]. International Journal of Production Research, 2002, 40, 3:585—599.

[104] 陈以增等.基于质量屋的优化模型[J].中国机械工程,2003,14(11).

[105] David Waiters, Geoff Lancaster. Implementing Value Strategy Through the Value Chain [J]. Management Decision 2000, 38/3.

[106] J.H.Dobbs. Competition's New Battleground: The Integrated Value Chain, Cambridge Technology Partners [J]. 1998. http://www.ctp.com.

[107] 朱瑞博.价值模块的虚拟再整合:以IC产业为例[J].中国工业经济,2004(1).

[108] 厉无畏,王玉梅.价值链的分解与整合——提升企业竞争力的战略措施[J].经济管理,2001(5).

[109] Prabakar Kathandaraman，David T. Wilson. The Future of Competition：Value-Creating Networks[J]. Industrial Marketing Management 2001(30).

[110] 朱瑞博.价值模块整合与产业融合[J].中国工业经济，2003(8).

[111] 余东华，苗明杰.模块化、企业价值网络与企业边界变动[J].中国工业经济，2005(10).

[112] Peters T.J.，Waterman R.H. In Search of Excellence：Lessons from America's Best-run Companies[M]. New York：Harper & Row，1982.

[113] 严文华，石文典，宋继文编.跨文化企业管理心理学[M].大连：东北财经大学出版社，2000.

[114] Michael P. Papazoglou Piet Ribbers Aphrodite Tsalgatidou. Integrated value chains and their implications from a business and technology standpoint[J]. Decision Support Systems 2000，29.

[115] 詹姆斯·钱匹.企业X再造[M].中信出版社，2002，8.

[116] 王能元，霍国庆.企业信息流重组模型研究[J].南开管理评论，2004(7).

[117] Elliot Bendoly，Ashok Soni. Value Chain Resource Planning：Adding Value with Systems Beyond the Enterprise[J]. Busjness Horlzons 47/2 March-APril 2004(79—86).

[118] Áurea Helena Puga Ribeiro，Thomas G. Brashear，Plinio Rafael Reis Monteiro，Luciana Faluba Damázio. Marketing Relationships in Brazil：Trends in Value Strategies and Capabilities[J]. Journal of Business & Industrial Marketing 2009，24.

[119] Normann R. and Ramirez R. From Value Chain to Value Constellation：Designing Interactive Strategy[J]. Harvard

Business Review, 1993, July/August.

[120] Slywotzky A.J. and Morrison D.J. The Profit Zone[M]. Wiley, New York, 1997.

[121] 汪建成,毛蕴诗,邱楠.由 OEM 到 ODM 再到 OBM 的自主创新与国际化路径[J].管理世界,2008, 6.

[122] 董焕忠.类生产函数企业价值链管理研究[D].哈尔滨工业大学,2007, p.23.

[123] 张书军.结盟企业价值链的整合及其评价研究[D].哈尔滨工业大学,2008, 10.

[124] AC Nielsen. "The power of private label. A review of growth trends around the world. available at: www2. acnielsen. com/reports/documents/2005.

[125] Reynolds Jonathan, Cuthbertson Christine.王慧敏译.制胜零售业:世界 20 个大零售商的战略实施纪实[M].电子工业出版社, 2005.

[126] Berndt Hauptkorn, Joe Manget, Stefan Rasch.通过纵向整合进行品牌管理[J].销售与管理,2008, 4.

[127] 刘观志.赢在特许——对特许连锁的理论认知[C].第二届中部商业经济论坛论文,中部崛起与现代服务业——第二届中部商业经济论坛论文集,2008.

[128] Principal Investigators: Roger N. Nagal, Rick Dove. Authers: Industry Team and Facilitators. Editors: Steven Goldman and Kenneth Preiss. 21st Century Manufacturing Enterprise Strategy. An Industry Led View[M]. Iacocca Institute, Lehigh University, 1991:154—168.

[129] 姜旺,魏晓平.基于虚拟经营的企业运作模式研究[J].科技管理研究,2008, 1.

[130] Lafferty B.A. and Goldsmith R.E. Cause-Brand Alliances: Does the Cause Help the Brand or Does the Brand Help the Cause? [J]. Journal of Business Research, 2005, Vol.58, No.4.

[131] Logan, M. S. Using Agency Theory to Design Successful Outsourcing Relationship[J]. International Journal of Logistics Management, 2000, Vol.11, No.2.

[132] 高俊山,韦静,李晓非,谷东元.业务外包委托代理模型中的风险补偿安排[J].中国管理科学,2008, 10.

[133] 田厚平,刘长贤,刘书款.制造业务外包中的质量与交货期联合决策问题研究[J].管理工程学报,2010, 4.

[134] 谭云清,李元旭.考虑声誉效应的外包中服务商激励机制[J].上海管理科学,2010, 6.

[135] Al-Najjar N.I.Incentive Contracts in Two-Sided Moral Hazards with Multiple Agents[J]. J.Econ. Theory, 1997, Vol.74.

[136] Aaker David A.Measuring Brand Equity Across Products and Markets[J]. California Management Review 1996, 38(3).

[137] Kim Son Ku and Wang Susheng. Linear Contracts and the Double Moral-Hazard [J]. Journal of Economic Theory, 1998, 10.

[138] 王卓,吕本富,董纪昌.供应链内部的折扣博弈[J].中国管理科学,2005, 10.

[139] Combs J.G. and Ketchen D.J. Can Capital Scarcity Help Ageny Theory Explain Franchising? Revisiting the Capital Scarcity Hypothesis [J]. Academy of Management Journal, 1999, 42(2).

[140] Oxenfeldt A. R. and Kelly A. O. Will Successful Franchise Systems Ultimately Become Wholly-Owned Chains? [J].

Journal of Retailing, 1969, 44(4).

[141] Lafontaine Francine. Agency Theory and Franchising: Some Empirical Results[J]. Rand Journal of Economics, 23(2).

[142] McGuire. et al. An Industry Equilibrium Analysis of Downstream Vertical Integration [J]. Marketing Science, 1983, 2(spring).

[143] W.B.Dodds. et al. Effects of Price, Brand, and Store Information on Buyers' Product Evaluations [J]. Journal of Marketing Research 1991, 8.

[144] George S.Day and Terry Deutscher. Attitudinal Predictions of Choices of Major Appliance Brands[J]. Journal of Marketing Research 1982, 5.

[145] Moorthy K. S. Managing Channel Profits: Comment [J]. Marketing Science, 1987, Vol.6, No.4.

[146] Lal R. Improving Channel Coordination Through Franchising [J]. Marketing Science, 1990, 9.

[147] Charnes A.Z.M. et al. Cone Extremal Solutions of Multi-pay off Games with Cross-Constrained Strategy Sets[J]. Optimization, 1990, 21.

[148] Charnes A. et al. Vector Extremal Systems in Cross-Constrained Games of Regulatory Policy Analysis and Synthesis[J]. Journal of Economic Behavior and Organization, 1993, 21.

[149] J.A.Brickley and F. H. Dark. The Choice of Organizational Form: The Case of Franchising [J]. Journal of Financial Economics, 1987, 8.

[150] 林秋敏.国际加盟——论台湾企业全球经营方式之法律管理[D].逢甲大学,1995:pp.29—36.

[151] 何易.特许经营法律问题研究[M].中国方正出版社，2004.

[152] 詹宏海编.知识产权贸易[M].上海大学出版社，2009.

[153] Marvel Mary K. Marvel Howard P. Shaping the Provision of Outsourced Public Services：Incentive Efficacy and Service Delivery[J]. Public Performance and Management Review, No.2, Vol.33(2009).

[154] 李垣，孙恺.企业家激励机制对分配性行为的治理分析[J].管理科学学报，2000，9.

[155] Holmstrom B.，Milgrom P. Multi-task principal-agent analyses：Incentive contracts，asset ownership，and job design[J]. Journal of law，economic，and organizations，1991，7(1).

[156] 李桂华，卢宏亮，供应商品牌溢出价值、品牌关系质量与采购商重复购买意向：基于采购商视角[J].南开管理评论，2010，Vol.13，No.4.

[157] Holmstrom B. Managerial Incentive Problem-A Dynamic Perspective[C]. In Essays in Economics and Management in Honour of Lars Wahlbeck. Helsinki：Swedish School of Economics，1982.

[158] Meyer M. and Vickers J.，Performance Comparisons and Dynamic Incentives[J]. Journal of Political Economy，1997，105(3).

[159] 刘惠萍，张世英.基于声誉理论的我国经理人动态激励模型研究[J].中国管理科学，2005，8.

[160] Hunt Shelby D. and Robert M. Morgan. The Comparative Advantage Theory of Competition[J]. Journal of Marketing，1995，59(April)，1—15.

[161] Barney Jay. Firm Resources and Sustained Competitive Advantage

[J]. Journal of Management, 1991, 17(1), 99—120.

[162] Wernerfelt Birger. A Resource-Based View of the Firm[J]. Strategic Management Journal, 1984, 5(2), 171—80.

[163] Prahalad C. K., Hamel Gary. The Core Competence of the Corporation. Harvard Business Review[J]. May/Jun, 1990, Vol.68, Issue 3.

[164] Day George S. The Capabilities of Market-Driven Organizations [J]. Journal of Marketing, 1994, 58(October), 37—52.

[165] Deborah A. Colton et al. Drivers of International E-Tail Performance: The Complexities of Orientations and Resources, Journal of International Marketing, 2010, American Marketing Association. Vol.18, No.1, 2010, pp.1—22.

[166] Wong H. Y. and Merrilees B. The Performance Benefits of Being Brand Oriented[J]. Journal of Product and Brand Management, 2008, 17(6):372—383.

[167] Daekwan Kim. The Impact of Supply Chain Integration on Brand Equity[J]. Journal of Business & Industrial Marketing 24/7, 2009, 496—505.

[168] Beverland M.Napoli J. and Yakimova R. Branding the Business Marketing Offer: Exploring Brand Attributes in Business Markets[J]. Journal of Business & Industrial Marketing, 2007, Vol.22, No.6.

[169] Sloot L.M.Verhoef P.C. and Franses P.H. The Impact of Brand Equity and the Hedonic Level of Products on Consumer Stock-out Reactions[J]. Journal of Retailing, 2005, Vol.81, No.1.

[170] Leone R.P. et al. Linking Brand Equity to Customer Equity[J]. Journal of Service Research, 2006, Vol.9, No.2.

[171] Michael T.Ewing and Julie Napoli. Developing and validating a Multidimensional Nonprofit Brand Orientation Scale [J]. Journal of Business Research，2005，Vol.58，Issue 6.

[172] Riza Casidy Mulyancgara. Market Orientation and Brand Orientation from Customer Perspective an Empirical Examination in the Non-profit Sector[J]. International Journal of Business and Management，2010，7.

[173] Armistead C. G. Mapes J. The Impact of Supply Chain Integration on Operating Performance [J]. Logistics Information Management 1993，6(4)，9—14.

[174] Campbell J. Sankaranl J. An Inductive Framework for Enhancing Supply Chain Integration[J]. International Journal of Production Research 2005，43(16)，3321—3351.

[175] Pagell M. Understanding the Factors that Enable and Inhibit the Integration of Operations，Purchasing and Logistics[J]. Journal of Operations Management 2004，22(5)，459—487.

[176] Flynn B. et al. The impact of supply chain integration on performance：a contingency and configuration approach[J]. Journal of Operations Management 2010，28(1)，58—71.

[177] Arun Rai et al. Firm Performance Impacts of Digitally Enabled Supply Chain Integration Capabilities [J]. MIS Quarterly，Vol.30，No.2，June 2006.

[178] Swink M.Calantone R. Design-manufacturing Integration as a Mediator of Antecedents to New Product Design Quality[J]. IEEE Transactions on Engineering Management，2004，51(4)，472—482.

[179] M.Hernández-Espallardo. Interfirm Strategic Integration in

Retailer Buying Groups: Antecedents and Consequences on the Retailer's Economic Satisfaction. The International Review of Retail[J]. Distribution and Consumer Research, 62(2006), pp.69—91.

[180] de Chernatony et al. Creating Powerful Brands in Consumer, Service and Industrial Markets[M]. Oxford: Butterworth Heinema, 1998.

[181] Levitt Theodore. Marketing Success through Differentiation-of Anything[J]. Harvard Business Review, 1980(January—February), 83—91.

[182] Eve D. Rosenzweig et al. The Influence of an Integration Strategy on Competitive Capabilities and Business Performance [J]. Journal of Operations Management, 2003, Vol. 21, pp.437—456.

[183] Dawes John The Relationship between Subjective and Objective Company Performance Measures in Market Orientation Research: Farther Empirical Evidence[J]. Marketing Bulletin, 1999, Vol.10, No.2, pp.65—75.

[184] Baron R. M. Kenny D. A. The Moderator-Mediator Variable Distinction in Social Psychological Research: Conceptual, Strategic, and Statistical Considerations[J]. Journal of Personality and Social Psychology, 1986, Vol.51, No.6, pp.1173—1182.

[185] 侯杰泰,温忠麟,成子娟.结构方程模型及其应用[M].教育科学出版社,2004.

[186] 谢洪明,韩子天.组织学习与绩效的关系:创新是中介变量吗?——珠三角地区企业的实证研究及其启示[J].科研管理,2005,26(5).

附录一 调查问卷

调 查 问 卷

本问卷是东华大学管理学院进行的一项研究，旨在调查品牌导向对公司绩效的影响。答案没有对与错，若有某个问题未能完全表达您的意见时，请勾选最接近您看法的答案。烦请花几分钟填写问卷，非常感谢您的热情帮助！本问卷纯属学术研究，内容不会涉及贵公司的商业机密问题，所获信息也不会用于任何商业目的，请放心并尽可能客观回答，且勿遗漏任何题。

为表谢意，如果您对本研究的结论感兴趣，请在问卷最后注明，届时会发 e-mail 给您。

东华大学企业战略研究中心

1. 你是否是公司的高级主管或部门负责人？是（　　）　否（　　）

2. 公司性质：（　　）

（1）国有　（2）民营　（3）中外合资　（4）外商独资　（5）股份公司　（6）其他

3. 公司产业属性（　　）

(1) 制造业　(2) 服务业

4. 贵公司所在地理位置(　　)

(1) 华东地区　(2) 华南地区　(3) 华北地区　(4) 华中地区　(5) 西部

5. 贵公司的雇员人数(　　)

(1) 100 人以下　(2) 100—500 人　(3) 501—1 000 人　(4) 1 001—5 000 人　(5) 5 000 人以上

6. 公司主导产品属于(　　)

(1) 消费品　(2) 工业用品

7. 公司主导业务所在行业领域(若为其他,请在后面写明)(　　)

(1) 软件和电子及通信设备制造业　(2) 生物制药　(3) 机械制造　(4) 化工　(5) 日用消费品　(6) 其他(　　)

8. 贵公司主导产品的市场地位(　　)

(1) 市场领导者　(2) 市场领先者(第三、第四位)　(3) 第二梯队　(4) 市场低端

9. 贵公司的成立时间(　　)

(1) 0—3 年　(2) 3—5 年　(3) 5—10 年　(4) 10—20 年　(5) 20 年以上

10. 贵公司品牌管理状况(一):

	很差	较差	中等	较好	很好
聚焦于为利益相关者创造积极的产品或服务体验	□	□	□	□	□
建立适当的系统,随时获取利益相关者对市场变化的评论	□	□	□	□	□
投资足够的资源提升产品和服务,为利益相关者提供更好的价值	□	□	□	□	□
与利益相关者保持接触,随时了解其需要	□	□	□	□	□

与当前的市场保持密切接触，随时了解市场动态

□ □ □ □ □

设计一体化的营销活动，鼓励顾客使用我们的产品或服务

□ □ □ □ □

设计一体化的营销活动，鼓励供应商、分销商等利益相关者促进我们产品和服务的销售

□ □ □ □ □

11. 贵公司品牌管理状况(二)： 很差 较差 中等 较好 很好

要求组织的管理者知晓所有与品牌相关的营销活动

□ □ □ □ □

通过营销活动给利益相关者传送关于品牌的一致的信息

□ □ □ □ □

慎重考虑品牌/子品牌结构，并使全体职员都能够理解

□ □ □ □ □

对“利益相关者在哪些方面喜欢品牌”，知道得很详细

□ □ □ □ □

对“利益相关者在哪些方面不喜欢品牌”，知道得很详细

□ □ □ □ □

12. 贵公司的客户管理情况 很差 较差 中等 较好 很好

与顾客保持密切的联系

□ □ □ □ □

要求所有员工都知晓“顾客满意度”调查的结果

□ □ □ □ □

积极创造机会，让雇员与顾客多接触

□ □ □ □ □

有正式的“顾客满意”计划

□ □ □ □ □

13. 贵公司的供应商管理情况	很差	较差	中等	较好	很好
和主要的供应商分享我们的成本信息	□	□	□	□	□
要求供应商与我们分享他们的成本信息	□	□	□	□	□
要求主要的供应商对我们成本和质量水平的提高有所贡献	□	□	□	□	□
与供应商分享实时的生产计划信息	□	□	□	□	□
强调供应商参与产品设计	□	□	□	□	□
举办与供应商的商讨会议	□	□	□	□	□

14. 贵公司产品/服务开发情况	很差	较差	中等	较好	很好
我们有协调解决设计和制造环节的问题的方法	□	□	□	□	□
我们采用“可制造性设计”方法(产品设计、工艺与制造综合考虑)	□	□	□	□	□
要求多方参与新产品开发	□	□	□	□	□
设计和制造环节的人员实行工作轮换	□	□	□	□	□
产品设计遵循一定的规则和指南,使设计方案更易于制造	□	□	□	□	□
新产品开发项目中设计和制造人员拥有同等的地位	□	□	□	□	□

15. 贵公司战略实施情况	很差	较差	中等	较好	很好
制造战略与公司品牌战略能够很好地匹配	□	□	□	□	□
清晰地制定战略层面的制造目标	□	□	□	□	□
公司的战略对公司的能力有杠杆作用	□	□	□	□	□
公司品牌战略驱动制造环节的决策	□	□	□	□	□
所有的雇员知晓制造战略和目标	□	□	□	□	□
经常回顾和修正制造战略	□	□	□	□	□

16. 贵公司品牌的市场表现	很差	较差	中等	较好	很好
顾客很少寻求购买我们公司的产品	□	□	□	□	□
顾客认可我们的产品具有高价值	□	□	□	□	□
顾客希望拥有该品牌	□	□	□	□	□
顾客为购买我们公司的品牌产品愿意支付更多	□	□	□	□	□
顾客因偏好经常购买我们公司的品牌产品	□	□	□	□	□
顾客会因为渠道不经销我们公司的品牌而失望	□	□	□	□	□

17. 贵公司与贸易伙伴的关系：　　很差　较差　中等　较好　很好

我们公司的名称可以提升贸易伙伴的优势

□　□　□　□　□

我们公司因相当关照贸易伙伴而在业界享有盛誉

□　□　□　□　□

贸易伙伴为了和我们做生意愿意支付更多

□　□　□　□　□

贸易伙伴信赖我们会坚守承诺

□　□　□　□　□

贸易伙伴可以准确地预测我们的工作绩效

□　□　□　□　□

贸易伙伴能确切地预期从我们这里可以获得什么

□　□　□　□　□

18. 过去的3年里，贵公司组织绩效

很差　较差　中等　较好　很好

相对于主要竞争对手资产回报情况(税前)

□　□　□　□　□

相对于主要竞争对手，新产品销售收入占公司总销售收入比例

□　□　□　□　□

全面的客户满意度

□　□　□　□　□

相对于主要竞争对手业务单位在目标市场的销售增长

□　□　□　□　□

如您方便，请填写下列栏目，以便联系(也可不填)。

1. 姓名　　　　2. 联系电话(或 e-mail)

3. 通信地址

附录二　全模型(M1) LISREL 程序

```
DA NI = 35 NO = 163 MA = KM
KM SY
1.00
0.72 1.00
0.55 0.55 1.00
0.48 0.61 0.61 1.00
0.50 0.40 0.59 0.51 1.00
0.51 0.50 0.53 0.40 0.53 1.00
0.38 0.45 0.53 0.48 0.62 0.69 1.00
0.50 0.44 0.54 0.48 0.40 0.35 0.31 1.00
0.41 0.40 0.46 0.38 0.43 0.40 0.34 0.49 1.00
0.39 0.33 0.34 0.42 0.35 0.45 0.26 0.27 0.31 1.00
0.39 0.43 0.41 0.54 0.35 0.36 0.35 0.36 0.28 0.46
1.00
0.41 0.43 0.44 0.50 0.54 0.47 0.48 0.42 0.40 0.39
0.41 1.00
0.54 0.52 0.64 0.55 0.50 0.47 0.38 0.44 0.60 0.52
0.46 0.51 1.00
```

0.45 0.28 0.39 0.42 0.44 0.41 0.37 0.40 0.36 0.49
0.36 0.60 0.53 1.00

0.43 0.44 0.48 0.39 0.37 0.50 0.33 0.41 0.35 0.32
0.36 0.43 0.53 0.36 1.00

0.52 0.47 0.56 0.41 0.43 0.51 0.33 0.38 0.34 0.38
0.39 0.41 0.56 0.42 0.83 1.00

0.51 0.35 0.52 0.36 0.44 0.31 0.31 0.41 0.35 0.28
0.32 0.40 0.53 0.31 0.38 0.50 1.00

0.30 0.31 0.43 0.29 0.25 0.19 0.36 0.28 0.23 0.12
0.25 0.20 0.39 0.19 0.30 0.39 0.35 1.00

0.41 0.38 0.49 0.32 0.37 0.41 0.43 0.47 0.33 0.24
0.37 0.38 0.43 0.40 0.48 0.50 0.43 0.58 1.00

0.59 0.64 0.66 0.62 0.55 0.53 0.53 0.48 0.38 0.41
0.45 0.49 0.68 0.37 0.54 0.57 0.52 0.48 0.66 1.00

0.28 0.25 0.37 0.32 0.25 0.23 0.20 0.31 0.08 0.18
0.33 0.17 0.34 0.46 0.29 0.39 0.20 0.41 0.38 0.41
1.00

0.51 0.41 0.51 0.45 0.46 0.37 0.41 0.51 0.40 0.33
0.29 0.25 0.39 0.39 0.31 0.38 0.24 0.31 0.37 0.51
0.33 1.00

0.57 0.48 0.47 0.45 0.40 0.40 0.30 0.42 0.27 0.33
0.28 0.25 0.37 0.39 0.24 0.38 0.23 0.25 0.29 0.43
0.45 0.64 1.00

0.42 0.33 0.38 0.28 0.28 0.26 0.27 0.26 0.32 0.16
0.19 0.20 0.20 0.34 0.05 0.18 0.12 0.20 0.18 0.21
0.32 0.52 0.63 1.00

0.51 0.44 0.51 0.54 0.52 0.49 0.47 0.39 0.34 0.35

0.44 0.39 0.49 0.34 0.46 0.50 0.31 0.36 0.41 0.60
0.41 0.63 0.54 0.49 1.00

0.50 0.49 0.52 0.45 0.56 0.54 0.55 0.40 0.38 0.38
0.34 0.41 0.52 0.48 0.45 0.54 0.44 0.42 0.41 0.58
0.36 0.64 0.52 0.39 0.64 1.00

0.58 0.39 0.45 0.49 0.47 0.50 0.38 0.41 0.29 0.48
0.38 0.41 0.45 0.49 0.41 0.51 0.37 0.18 0.32 0.50
0.40 0.61 0.54 0.48 0.65 0.65 1.00

0.49 0.49 0.43 0.53 0.42 0.41 0.32 0.51 0.43 0.44
0.38 0.38 0.52 0.43 0.29 0.36 0.36 0.34 0.38 0.52
0.31 0.51 0.43 0.35 0.47 0.65 0.61 1.00

0.44 0.47 0.48 0.38 0.45 0.35 0.42 0.31 0.23 0.31
0.26 0.42 0.36 0.53 0.14 0.28 0.27 0.32 0.41 0.44
0.39 0.37 0.40 0.28 0.35 0.45 0.35 0.44 1.00

0.50 0.54 0.67 0.53 0.55 0.55 0.59 0.44 0.46 0.37
0.51 0.45 0.65 0.37 0.38 0.45 0.39 0.25 0.51 0.62
0.35 0.45 0.46 0.29 0.52 0.56 0.47 0.40 0.48 1.00

0.55 0.58 0.58 0.58 0.59 0.47 0.61 0.42 0.44 0.44
0.52 0.47 0.64 0.43 0.48 0.55 0.44 0.33 0.39 0.64
0.33 0.48 0.49 0.38 0.61 0.64 0.53 0.45 0.43 0.75
1.00

0.61 0.63 0.67 0.65 0.58 0.50 0.55 0.44 0.52 0.41
0.47 0.44 0.66 0.43 0.44 0.52 0.42 0.43 0.49 0.64
0.42 0.52 0.52 0.43 0.66 0.61 0.53 0.50 0.55 0.71
0.75 1.00

0.61 0.51 0.58 0.56 0.59 0.55 0.54 0.48 0.46 0.41
0.50 0.44 0.51 0.44 0.46 0.45 0.34 0.29 0.45 0.56

```
0.35 0.52 0.53 0.35 0.64 0.52 0.53 0.50 0.47 0.63
0.64 0.73 1.00
  0.52 0.35 0.51 0.39 0.45 0.36 0.34 0.43 0.41 0.28
0.39 0.36 0.42 0.34 0.35 0.43 0.44 0.50 0.60 0.59
0.42 0.39 0.37 0.30 0.51 0.43 0.38 0.49 0.42 0.49
0.45 0.53 0.56 1.00
  0.55 0.54 0.62 0.52 0.43 0.37 0.36 0.48 0.35 0.38
0.38 0.36 0.42 0.34 0.43 0.44 0.34 0.38 0.49 0.62
0.36 0.45 0.49 0.36 0.61 0.49 0.42 0.43 0.62 0.51
0.59 0.64 0.63 0.58 1.00
  MO NY = 4 NE = 1 NX = 31 NK = 2 PH = SY，FR PS =
SY，FI TD = DI，FR TE = DI，FR BE = FU，FI
  FI PH 1 1 PH 2 2
  VA 1 PH 1 1 PH 2 2
  PA LY
  4 (1)
  PA LX
  12 (1 0)
  19 (0 1)
  FI LY 1 1 LX 1 1 LX 13 2
  VA 1 LY 1 1 LX 1 1 LX 13 2
  PA GA
  1 1
  OU SS SC MI ND = 3
```

附录三　全模型(M2) LISREL 程序

DA NI = 42 NO = 163 MA = KM

KM SY

1.00

0.62　1.00

0.57　0.59　1.00

0.62　0.58　0.57　1.00

0.66　0.56　0.59　0.70　1.00

0.46　0.48　0.61　0.64　0.58　1.00

0.49　0.48　0.54　0.63　0.61　0.75　1.00

0.49　0.60　0.45　0.55　0.55　0.53　0.53　1.00

0.54　0.59　0.50　0.61　0.64　0.55　0.54　0.72　1.00

0.49　0.62　0.54　0.56　0.55　0.59　0.57　0.55　0.55
1.00

0.45　0.53　0.50　0.51　0.43　0.59　0.43　0.48　0.61
0.61　1.00

0.39　0.50　0.39　0.43　0.46　0.51　0.57　0.50　0.40
0.59　0.51　1.00

0.39　0.40　0.38　0.54　0.50　0.49　0.44　0.51　0.50

0.53　0.40　0.53　1.00

0.41　0.43　0.43　0.56　0.44　0.55　0.53　0.38　0.45
0.53　0.48　0.62　0.69　1.00

0.41　0.45　0.27　0.43　0.42　0.40　0.42　0.50　0.44
0.54　0.48　0.40　0.35　0.31　1.00

0.36　0.45　0.29　0.40　0.45　0.36　0.35　0.41　0.40
0.46　0.38　0.43　0.40　0.34　0.49　1.00

0.41　0.40　0.35　0.51　0.27　0.44　0.41　0.39　0.33
0.34　0.42　0.35　0.45　0.26　0.27　0.31　1.00

0.56　0.44　0.46　0.38　0.37　0.47　0.34　0.39　0.43
0.41　0.54　0.35　0.36　0.35　0.36　0.28　0.46　1.00

0.46　0.53　0.32　0.48　0.39　0.46　0.49　0.41　0.43
0.44　0.50　0.54　0.47　0.48　0.42　0.40　0.39　0.41　1.00

0.46　0.59　0.43　0.50　0.43　0.55　0.51　0.54　0.52
0.64　0.55　0.50　0.47　0.38　0.44　0.60　0.52　0.46　0.51
1.00

0.32　0.46　0.35　0.49　0.36　0.47　0.45　0.45　0.28
0.39　0.42　0.44　0.41　0.37　0.40　0.36　0.49　0.36　0.60
0.53　1.00

0.46　0.36　0.46　0.46　0.47　0.45　0.52　0.43　0.44
0.48　0.39　0.37　0.50　0.33　0.41　0.35　0.32　0.36　0.43
0.53　0.36　1.00

0.44　0.41　0.45　0.52　0.44　0.55　0.54　0.52　0.47
0.56　0.41　0.43　0.51　0.33　0.38　0.34　0.38　0.39　0.41
0.56　0.42　0.83　1.00

0.38　0.34　0.24　0.36　0.27　0.38　0.40　0.51　0.35
0.52　0.36　0.44　0.31　0.31　0.41　0.35　0.28　0.32　0.40

0.53 0.31 0.38 0.50 1.00

0.27 0.32 0.38 0.39 0.29 0.45 0.37 0.30 0.31
0.43 0.29 0.25 0.19 0.36 0.28 0.23 0.12 0.25 0.20
0.39 0.19 0.30 0.39 0.35 1.00

0.48 0.38 0.39 0.58 0.51 0.42 0.46 0.41 0.38
0.49 0.32 0.37 0.41 0.43 0.47 0.33 0.24 0.37 0.38
0.43 0.40 0.48 0.50 0.43 0.58 1.00

0.50 0.52 0.52 0.60 0.55 0.62 0.60 0.59 0.64
0.66 0.62 0.55 0.53 0.53 0.48 0.38 0.41 0.45 0.49
0.68 0.37 0.54 0.57 0.52 0.48 0.66 1.00

0.19 0.23 0.33 0.29 0.27 0.38 0.35 0.28 0.25
0.37 0.32 0.25 0.23 0.20 0.31 0.08 0.18 0.33 0.17
0.34 0.46 0.29 0.39 0.20 0.41 0.38 0.41 1.00

0.20 0.37 0.44 0.45 0.43 0.59 0.57 0.51 0.41
0.51 0.45 0.46 0.37 0.41 0.51 0.40 0.33 0.29 0.25
0.39 0.39 0.31 0.38 0.24 0.31 0.37 0.51 0.33 1.00

0.27 0.37 0.43 0.43 0.41 0.50 0.45 0.57 0.48
0.47 0.45 0.40 0.40 0.30 0.42 0.27 0.33 0.28 0.25
0.37 0.39 0.24 0.38 0.23 0.25 0.29 0.43 0.45 0.64
1.00

0.18 0.28 0.27 0.28 0.41 0.38 0.26 0.42 0.33
0.38 0.28 0.28 0.26 0.27 0.26 0.32 0.16 0.19 0.20
0.20 0.34 0.05 0.18 0.12 0.20 0.18 0.21 0.32 0.52
0.63 1.00

0.28 0.45 0.48 0.45 0.52 0.53 0.50 0.51 0.44
0.51 0.54 0.52 0.49 0.47 0.39 0.34 0.35 0.44 0.39
0.49 0.34 0.46 0.50 0.31 0.36 0.41 0.60 0.41 0.63

0.54 0.49 1.00
0.22 0.35 0.39 0.56 0.44 0.63 0.65 0.50 0.49
0.52 0.45 0.56 0.54 0.55 0.40 0.38 0.38 0.34 0.41
0.52 0.48 0.45 0.54 0.44 0.42 0.41 0.58 0.36 0.64
0.52 0.39 0.64 1.00
0.20 0.39 0.33 0.44 0.28 0.55 0.44 0.58 0.39
0.45 0.49 0.47 0.50 0.38 0.41 0.29 0.48 0.38 0.41
0.45 0.49 0.41 0.51 0.37 0.18 0.32 0.50 0.40 0.61
0.54 0.48 0.65 0.65 1.00
0.27 0.41 0.34 0.50 0.40 0.57 0.46 0.49 0.49
0.43 0.53 0.42 0.41 0.32 0.51 0.43 0.44 0.38 0.38
0.52 0.43 0.29 0.36 0.36 0.34 0.38 0.52 0.31 0.51
0.43 0.35 0.47 0.65 0.61 1.00
0.41 0.51 0.44 0.54 0.52 0.53 0.53 0.44 0.47
0.48 0.38 0.45 0.35 0.42 0.31 0.23 0.31 0.26 0.42
0.36 0.53 0.14 0.28 0.27 0.32 0.41 0.44 0.39 0.37
0.40 0.28 0.35 0.45 0.35 0.44 1.00
0.51 0.50 0.46 0.50 0.49 0.52 0.54 0.50 0.54
0.67 0.53 0.55 0.55 0.59 0.44 0.46 0.37 0.51 0.45
0.65 0.37 0.38 0.45 0.39 0.25 0.51 0.62 0.35 0.45
0.46 0.29 0.52 0.56 0.47 0.40 0.48 1.00
0.49 0.49 0.55 0.53 0.46 0.63 0.62 0.55 0.58
0.58 0.58 0.59 0.47 0.61 0.42 0.44 0.44 0.52 0.47
0.64 0.43 0.48 0.55 0.44 0.33 0.39 0.64 0.33 0.48
0.49 0.38 0.61 0.64 0.53 0.45 0.43 0.75 1.00
0.48 0.57 0.51 0.58 0.52 0.59 0.55 0.61 0.63
0.67 0.65 0.58 0.50 0.55 0.44 0.52 0.41 0.47 0.44

0.66 0.43 0.44 0.52 0.42 0.43 0.49 0.64 0.42 0.52 0.52 0.43 0.66 0.61 0.53 0.50 0.55 0.71 0.75 1.00

0.51 0.55 0.50 0.59 0.61 0.59 0.61 0.61 0.51 0.58 0.56 0.59 0.55 0.54 0.48 0.46 0.41 0.50 0.44 0.51 0.44 0.46 0.45 0.34 0.29 0.45 0.56 0.35 0.52 0.53 0.35 0.64 0.52 0.53 0.50 0.47 0.63 0.64 0.73 1.00

0.45 0.48 0.43 0.51 0.49 0.43 0.43 0.52 0.35 0.51 0.39 0.45 0.36 0.34 0.43 0.41 0.28 0.39 0.36 0.42 0.34 0.35 0.43 0.44 0.50 0.60 0.59 0.42 0.39 0.37 0.30 0.51 0.43 0.38 0.49 0.42 0.49 0.45 0.53 0.56 1.00

0.56 0.57 0.60 0.64 0.66 0.54 0.58 0.55 0.54 0.62 0.52 0.43 0.37 0.36 0.48 0.35 0.38 0.38 0.36 0.42 0.34 0.43 0.44 0.34 0.38 0.49 0.62 0.36 0.45 0.49 0.36 0.61 0.49 0.42 0.43 0.62 0.51 0.59 0.64 0.63 0.58 1.00

MO NY = 11 NE = 2 NX = 31 NK = 2 PH = SY, FR TD = DI, FR TE = DI, FR BE = FU, FI

PA LY

7 (1 0)

4 (0 1)

PA LX

12 (1 0)

19 (0 1)

PA GA

```
1 1
0 1
FR BE 2 1
OU SS SC MI ND = 3
```

图书在版编目(CIP)数据

品牌导向型公司及其价值链整合模式/刘泳著.—
上海:上海人民出版社,2019
ISBN 978-7-208-15652-4

Ⅰ.①品… Ⅱ.①刘… Ⅲ.①企业管理-研究-中国
Ⅳ.①F279.23

中国版本图书馆 CIP 数据核字(2019)第 004167 号

责任编辑 张晓玲 刘华鱼
封面设计 小 新

品牌导向型公司及其价值链整合模式
刘 泳 著

出 版 上海人民出版社
(200001 上海福建中路 193 号)
发 行 上海人民出版社发行中心
印 刷 上海商务联西印刷有限公司
开 本 890×1240 1/32
印 张 9
插 页 2
字 数 208,000
版 次 2019 年 4 月第 1 版
印 次 2019 年 4 月第 1 次印刷
ISBN 978-7-208-15652-4/F·2577
定 价 40.00 元